证据法学原理与案例课堂

THE PRINCIPLE OF EVIDENCE LAW
AND CASE CLASSROOM

张华 ◎ 编著

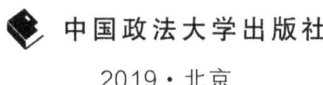 中国政法大学出版社

2019·北京

声　明　　1. 版权所有，侵权必究。

　　　　　2. 如有缺页、倒装问题，由出版社负责退换。

图书在版编目（CIP）数据

证据法学原理与案例课堂/张华编著.—北京：中国政法大学出版社，2019.7
（2025.7重印）
ISBN 978-7-5620-9127-1

Ⅰ.①证… Ⅱ.①张… Ⅲ.①证据－法学－中国 Ⅳ.①D925.013

中国版本图书馆 CIP 数据核字（2019）第 160173 号

出　版　者	中国政法大学出版社
地　　　址	北京市海淀区西土城路 25 号
邮寄地址	北京 100088 信箱 8034 分箱　邮编 100088
网　　　址	http://www.cuplpress.com（网络实名：中国政法大学出版社）
电　　　话	010-58908285(总编室) 58908433（编辑部）58908334(邮购部)
承　　　印	保定市中画美凯印刷有限公司
开　　　本	720mm×960mm　1/16
印　　　张	16.25
字　　　数	266 千字
版　　　次	2019 年 7 月第 1 版
印　　　次	2025 年 7 月第 3 次印刷
定　　　价	59.00 元

前言
PREFACE

本书根据最新修订的三大诉讼法及司法解释、规定，精选了近百个中外经典案例阐释证据法学原理、分析证据制度、证据规则，并结合了司法实践的最新研究成果，通过剖析一个个案例来掌握法律精神和适用，以满足现代教学需要。本书主要分为上下两篇，共16章。上篇证据论，共11章，全面介绍证据的基础知识，下篇证明论，共5章，选取重点内容讨论与证明有关的重要理论问题及证据的收集、保全、审查等实务问题。每章的案例将趣味性与知识性巧妙结合，将真实的案例与证据法知识融合在一起，同时通过图表的形式展现证据法学的体系构架和知识内容，能很好地帮助读者从整体上把握证据法学的知识体系，便于识记和理解。

由于编者水平有限，书中难免存在不足和错漏之处，敬请广大读者谅解指正。

编　者
2019年2月

目录 CONTENTS

上篇 证据论

第一章 证据法概述 …………………………… 003

第二章 物 证 …………………………………… 021

第三章 书 证 …………………………………… 034

第四章 证人证言 ………………………………… 045

第五章 当事人陈述 ……………………………… 060

第六章 犯罪嫌疑人、被告人供述和辩解 …… 078

第七章 视听资料 ………………………………… 092

第八章 电子数据 ………………………………… 103

第九章 鉴定意见 ………………………………… 112

第十章 笔录类证据 ……………………………… 124

第十一章 证据的分类 …………………………… 140

下篇 证明论

第十二章 证明对象 ……………………………… 167

第十三章 证明责任 ……………………………… 182

第十四章 证据规则 ……………………………… 196

第十五章 证据的收集与保全 …………………… 212

第十六章 证据的审查判断 ……………………… 224

相关法律法规节选 ……………………………… 240

《中华人民共和国刑事诉讼法》节选 ………… 240

《中华人民共和国行政诉讼法》节选 ………… 243

《中华人民共和国民事诉讼法》节选 ………… 245

图表目录
CHART CONTENTS

第一章　证据法概述 ················· 003
　图 1.1　证据的概念及特征 ················· 019
　图 1.2　刑事诉讼证据的种类 ················· 020
　图 1.3　证据的意义 ················· 020

第二章　物　证 ················· 021
　图 2.1　物证的概念 ················· 033
　图 2.2　物证的特征 ················· 033
　图 2.3　物证的意义 ················· 033

第三章　书　证 ················· 034
　图 3.1　书证的概念及特征 ················· 043
　图 3.2　书证的分类 ················· 043
　图 3.3　书证的意义 ················· 044

第四章　证人证言 ················· 045
　图 4.1　证人证言的概念及特征 ················· 058
　图 4.2　证人证言的分类 ················· 059
　图 4.3　证人证言的意义 ················· 059

第五章　当事人陈述 ················· 060
　图 5.1　当事人陈述的概念及特征 ················· 076
　图 5.2　当事人陈述的分类 ················· 077
　图 5.3　刑事被害人陈述的分类 ················· 077

图表目录

第六章 犯罪嫌疑人、被告人供述和辩解 …………………… 078
 图 6.1 犯罪嫌疑人、被告人供述和辩解的概念与分类 …………… 090
 图 6.2 犯罪嫌疑人、被告人供述和辩解的意义 ………………… 091

第七章 视听资料 …………………………………………………… 092
 图 7.1 视听资料的概念及特征 …………………………………… 102
 图 7.2 视听资料的分类 …………………………………………… 102

第八章 电子数据 …………………………………………………… 103
 图 8.1 电子数据的概念及特征 …………………………………… 111
 图 8.2 电子数据的分类 …………………………………………… 111

第九章 鉴定意见 …………………………………………………… 112
 图 9.1 鉴定意见的概念及分类 …………………………………… 123

第十章 笔录类证据 ………………………………………………… 124
 图 10.1 辨认笔录的分类 …………………………………………… 138
 图 10.2 侦查实验笔录的分类 ……………………………………… 139
 图 10.3 现场笔录的特征 …………………………………………… 139

第十一章 证据的分类 ……………………………………………… 140
 图 11.1 诉讼证据的分类 …………………………………………… 163

第十二章 证明对象 ………………………………………………… 167
 图 12.1 民事诉讼免证事实 ………………………………………… 181

第十三章 证明责任 ………………………………………………… 182
 图 13.1 举证责任倒置的概念和类型 ……………………………… 195

第十四章 证据规则 ………………………………………………… 196
 图 14.1 诉讼证据规则 ……………………………………………… 211

第十五章 证据的收集与保全 ………………………………… 212
图 15.1 证据保全的方法 ………………………………… 223

第十六章 证据的审查判断 …………………………………… 224
图 16.1 证据审查的基本方法 …………………………… 239

上 篇

证据论

第一章

证据法概述

本章学习任务

1. 证据的概念
2. 证据的特征
3. 证据能力与证明力
4. 法定证据的种类

一、证据的概念

【案例一】 什么是证据

被告人郝某文、郝某龙兄弟被指控以非法占有为目的，利用私制的装置侵入银行计算机系统，窃取银行资金72万元。对于被告人所实施的行为，公诉人提出下列证据加以证明：

1. 证人证言。（1）证人吴某某、李某的证词证实：1998年9月22日，被告人郝某龙没有上班。（2）证人王某某的证词证实：1998年8月下旬，被告人郝某文以吕某某的名义租住其房屋一间，并装了一部电话分机。（3）证人洪某某的证词证实：1998年9月18日上午，白鹤储蓄所的人员上班时，发现钥匙无法插入卷帘门的锁孔，门打不开，后想办法将门打开，并重新换了卷帘门的锁。（4）证人孙某的证词证实：1998年9月18日，其上班时，发现储蓄所窗户被锯，窗户上挂了一根电线，这根电线和主线接在一起；孙某还证实：1998年9月22日16时30分，白鹤储蓄所结账时，发现往来账上有72万元转入到1998年9月7日在白鹤储蓄所开户的16个活期存款账户上，每个账户是4.5万元。（5）证人张某某、陶某某、王某年、王某、吴某、王某青、朱某某、卡某某、钱某的证词分别证实了1998年9月22日13时左右至14时6分，有一男子持户名为吕某某、郭某某、胡某某、李某、江某、李某某等在白鹤储蓄所开户的活期存折，从瘦西湖储蓄所取走3万元、国庆北路分理处取走4万元、史可法路储蓄所取走3万元、沿河储蓄所取走1万元、解放桥储蓄所取走4万元、跃进桥储蓄所取走4万元、琼花分理处取走4万元、仙鹤储蓄所取走3万元以及到汶河储蓄所要求支取4万元，当向其索要身份证时，这名男子称没有身份证，钱未能取走的情况。

2. 公诉人当庭出示了无绳电话底座、配套专用稳压电源、调制解调器、电源插座、自制遥控装置、电脑电缆线、胶带纸、电脑键盘、计算机主机、显示器、电话机、电脑硬盘、变色眼镜、电烙铁、锯条、钥匙、502胶水、起子、大哥大皮包等作案工具的照片；出示了以吕某某、吕先生之名在扬州求租带有电话的住房一间的招贴，1998年8月至9月在扬州数个储蓄所内留下的写有王某、吕某某名字的存取款凭条，1998年9月7日以吕某某、王某、陈某某、张某、夏某、陈某、王某明、胡某、李某、李某军、江某、鲁某、李某、胡某某、杨某某、郭某某名义在白鹤储蓄所开立16个存款账户的凭条，以及1998年9月22日在扬州工商银行下设的瘦西湖、国庆北路、史可法路、沿河、解放桥、跃进桥、琼花、仙鹤、汶河等9个储蓄网点取款26万元的9张取款凭条。

3. （1）公诉人当庭宣读的扬州市公安局第30号物证鉴定书证实：署名"吕先生"的求租房招贴字迹以及当庭出示的储蓄存、取款凭条上的字迹，均系被告人郝某文所写。（2）公诉人当庭宣读的扬州市公安局第7号物证鉴定书证实：1998年9月22日在白鹤储蓄所案件现场6cm宽的淡黄色胶带纸胶面上所提取的指纹，系郝某文左手食指所留。（3）公诉人当庭出示的现场勘查笔录和现场照片证实：郝某文秘密将部分侵入银行计算机系统装置安置在白鹤储蓄所，并与银行计算机系统相连接。

上述证据经过庭审质证，被告人郝某文、郝某龙及其辩护人均未提出异议，能够作为认定事实的根据。郝某文、郝某龙对事实的供述，能够与以上证据相互印证。[1]

---

[1] 改编自1999年江苏省扬州市中级人民法院刑事判决书，"郝景文、郝景龙盗窃案"，载北京刑事辩护律师网，http://www.95ask.com/v.php?contentid=556。

第一章　证据法概述

思考问题

结合本案谈谈证据是什么？

参考意见与法理分析

证据（evidence）作为一个概念，似乎是耳熟能详的术语，它对我们每个人来说并不陌生，它不仅是实践中惯用的词语，还是日常生活中时常被提及的概念。无论是日常生活还是工作学习中遇到别人的质疑时，我们总会自然而然地提出反问："你有证据吗？"然而，这个看似简短而古老的词语在其定义问题上却又显得极为复杂甚至颇具争议。证据作为证据法的基本范畴，究竟何为证据？法学领域的证据与日常生活所说的证据在本质上有无区别？在理论和实践中却未有一个清晰、共同的认识与答案。这又是认识、理解与学习证据法必须解决的首要问题。对这一具有基础性的证据法范畴应当有所了解与认识，因为它是学习证据规则、证据原理、证据制度、证明活动以及其他证据问题必须具备的基础知识，也是掌握证据法这门课程的理论基础，更是理解证据法的逻辑起点。

证据，简言之，就是证明的凭据。因为"证"本身有"凭据、证据"的意思。"据"主要用来说明源于何，有显示来源之意。由于这一词语像其他法学术语那样具有多义性，学者对其定义时因视角的不同出现了各种各样的概念与众说纷纭的观点。

在我国，基于传统的研究习惯和逻辑思维，学者一般都很重视给证据下一个定义，并从法律有关证据的规定中寻找所给定义的诠释，在理论上形成了"根据说"、"资料说"、"原因说"、"方法说"、"结果说"、"反映说"、"信息说"以及"事实材料"和"证明手段"的"统一说"等不同观点。这些观点随着我国立法语言表述的变化出现一些新的变化，立法对证据的解释性概念的改变在一定意义上改变了学术界的观点。在此，我们仅对立法规定的解释性概念进行分析，并从立法的视角对证据含义作出界定。

我国《中华人民共和国刑事诉讼法》（2018修正）［以下简称《刑事诉讼法》（2018修正）］第50条规定"可以用于证明案件事实的材料，都是证据"，并且规定了法定的八种证据种类。因此对于证据的概念，必须从两个角度加以理解，即证据的内容方面与证据的形式方面，而不能将二者加以割裂。"能够证明案件的真实情况"是就证据的内容而言，而"以法律规定的形式表现出来的"则是从证据的形式而言，二者缺一不可。能够证明案件的真实情况，但是如果不符合法定的形式，则不是证据。反之，符合法律规定的外在形式，但是如果不能够证明案件真实情况的也不是证据。总之，证据是事实内容与法律形式的统一，即是以法律规定的形式表现出来的能够证明案件真实情况的一切事实。在本案中，控诉方为了证明被告人实施了所指控的罪行，运用了大量的证据对被告人进行指控。其中，从所提出的证据种类来看，控诉方所提出的证据种类包括：证人证言、被害人陈述、犯罪嫌疑人的供述和辩解、物证、书证、鉴定结论、勘验笔录、视听资料和电子数据，所有这些证据都属于法律所规定的证据种类，因此这些证据符合证据概念中的形式特征一方面，这些证据全部与案件事实相关，并且从不同的层面和侧面证明了案件事实，彼此之间能够相互印证，形成了一个完整的证据链条并且得出了相同的结论，即被告人实施了该犯罪行为。因此，控诉方所提出的这些证据在内容方面也符合证据概念的基本内涵。总之，本案中据以定案的根据都是符合证据概念基本要求的证据，因此才能够保证该案的判决建立在客观公正的基础之上。

【案例二】 什么是案件事实

一个露营者拎着满满一桶活鱼返回露营地。就在这时，一位狩猎监督官将她拦住了："你有捕鱼许可证吗？"

"没有，警官。这些鱼是我的宠物鱼。"那个女人回答。"宠物鱼？"狩猎监督官问。

"是的，警官。我每天晚上都带这些鱼来湖边，让它们在湖里自由地游一会儿。它们一听到我的口哨声，就会跳回到桶里，我再把它们带回露营地。"

"简直一派胡言。"狩猎监督官一边说一边伸手去拿罚单。

那个女人看了狩猎监督官一会儿，然后说："如果你不相信我，那你跟我回到湖边去看看好了。"

狩猎监督官仍然不相信她的话，但又感到好奇，于是就同意了。他们来到湖边，女人把鱼全都倒进了湖里，它们很快就消失了。

"好，"狩猎监督官说，"叫它们回来吧。"

"叫谁回来?"

"那些鱼呀。"狩猎监督官答道。

"什么鱼?"女人问。[1]

思考问题

1. 证据与案件事实的区别
2. 证据与定案根据

参考意见与法理分析

1. 证据与案件事实。

在理解证据定义时,注意分清证据与事实在概念上的差别。一般来说,事实并不是人的感觉和知觉,而是引起人们感觉和知觉的东西;事实也不是人的断定和陈述,而是被人断定和陈述的东西,事实没有真假,仅以真的形式存在。即使是虚假的,就虚假本身而言,它也是真的"虚假"。然而,任何已发生的事实都会成为历史,致使其存而不在。任何通过证据重塑的"事实"都不再是原来已经发生的原本事实,而转变成一种现代描绘的案件事实。因此,证据与案件事实应当是分开的。对于证据与案件事实的区分,通过案例二能够获得较为深刻的理解。

在上述例子中,女人违法捕鱼是事实,这一事实是永远抹不掉的,但证明此事实的证据却因女人耍花招被丢失,难以再次获得。由于证据可以与案件事实分离,即使案件事实已经过去或者"存而不在",也能借助于证据来证明成为可能与现实。因为证据没有随着案件事实的不在而消失。在此案例中,实质上证据并未完全丢失,仅仅是作为物证的鱼不可复收,但在狩猎监督官头脑中却形成了相关印迹,且女人的头脑中也存在此种事实,但因女人的证言无法获得,而狩猎监督官的证言因制度限制无法作为证据被信赖,致使本来存在的案件事实无法确定。交警在处理交通违章过程中,因违章在两者之间未有其他证据证明,也存在证据瞬时即失的情况,致使交警处罚显示证据不足。如司机开车未系安全带,因司机在接受交警询问时走出车接受处罚,在没有其他证据的情况下,其未系安全带的事实随司机走出车时消失。

---

[1] "机灵的露营者",载笑话集,http://wap.jokeji.cn/JokeHtml/ym/20100809010659.asp。

2. 证据与定案根据。

证据只有依照法定程序查证属实才能作为定案根据。我国《中华人民共和国民事诉讼法》（2017修正）[以下简称《民事诉讼法》（2017修正）] 第63条规定"证据必须查证属实，才能作为认定事实的根据。"证据是定案根据的来源，即使是具有证据资格的证据或者在诉讼中作为证据使用的证据仍可能真假并存或者有合法、非法与瑕疵之分。对于前者，经过法定程序去伪存真，获得真实的证据才能作为定案的根据；对于后者，非法证据即使是真实的，也会因价值选择或者制度要求而排除适用，不能作为定案根据。证据是证明案件事实的根据，其本身不是根据，而是需要查证属实的材料。

证据是用于证明案件事实的材料。从证据的内容来分析，它是与案件有关的材料，与案件事实具有形式上的关联性；从证明的关系来考虑，证据对案件事实起证明作用，具有一定的证明功能；从本质来分析，它是揭示与案件事实之间关系的事实表达或者叙说，本身具有客观性的特征。同时，证据的内容离不开证据形式，证据内容具有不变性，但证据的形式是可以变化的，如痕迹物证因鉴定转化为鉴定意见。因此，在学习证据法时应当准确理解证据概念的含义，树立证据意识，养成证据思维，获得判断证据真假的能力。只有这样，才能正确区分哪些材料是证据材料，哪些证据材料可以成为证据，哪些证据能够作为定案根据。证据真假在诉讼中是无法消除的，也并非绝对的关键，最为关键的是审查判断证据者是否有分辨真假的能力与智慧。[1]

二、证据的特征

【案例三】

周某系某单位职工，被控犯有盗窃罪，理由是：该单位财务室被盗，丢失现金38 000元，公安机关在现场勘验中，在存放被盗人民币的保险柜上提取了几枚清晰的指纹，经过鉴定，与周某的指纹完全一样。周某因此被逮捕，后被法院判处有期徒刑6年。半年后，公安机关在破获另一起盗窃案时，抓获了三名犯罪嫌疑人，他们主动交代了盗窃周某所在单位财务室的罪行，且

---

[1] 参见郭华主编：《法学原理与案例讲堂——证据法》，北京师范大学出版社2017年版，第5页。

交代的情节和现场情况完全一致。据供述，他们三人将38 000元钱每人分了12 000元，剩下的2 000元在某饭店挥霍掉了。他们同时还供述，作案时三人均戴有手套，故此现场柜子上没有留下指纹。后公安机关经仔细调查得知，柜子上周某指纹纯属偶然情况下所留。原来，这个保险柜曾经在失窃前刚刚油漆过，周某曾帮忙搬过刚油漆过的柜子，所以在某些油漆未干透的地方留下了他清晰的指纹，并被当作了罪证。至此真相大白。

思考问题

结合本案中的指纹与案件事实间的关系，谈谈证据的基本特征。

参考意见与法理分析

仅就证据本身而言，证据具有客观性与关联性。因为它是事实分解或者分离出来的案件事实碎片，且能够以客观的形式呈现出来被人们所认识。然而，我们所讲的证据与日常生活中的证据存在不同，它是在独特证据法框架下为了特殊地证明案件事实的目的而使用的术语，属于证据法中的证据，需要纳入法律的调整与规范，作为一个法律术语来理解，不能离开法律的特性。也就是说，证据不仅在使用过程中受法律的限制，而且在产生之前就存在相关法律对其能否作为证据、作何证据以及如何作为证据等问题进行规范，并赋予其不同的称谓，如物证、书证、电子数据、视听资料等。基于此，证据应当具有法律性，作为证据法中的证据必然要符合法律规定，至少不违反法律的禁止性或者限制性规定，从此角度来说，证据应当具有合法性。

我国学界对证据的基本特征存在不同的观点，即"两性说"（客观性与关联性或者客观性与主观性）"三性说"（客观性、关联性和合法性）"新三性说"（客观性、关联性和现实性或者证明性，或者相关性、可采性和证明力）"五性说"（客观性、关联性、合法性、多样性和两面性或者证明性、关联性、客观性、合法性和制约性）以及"可采性说"。以上观点从不同视角或者以不同方法对证据的基本特征进行描述，对于深刻认识与理解证据具有重要的意义。[1]本书赞同"三性说"，证据的基本特征是证据自身独特的征象或者标志，这种征象无论就证据在证据法中的内在本质还是就其外在形式而言，均

---

[1] 参见何家弘、刘品新：《证据法学》，法律出版社2013年版，第112页。

表现为关联性、客观性和合法性。

我们之所以固守传统证据法特征的界定，是因为这种特征易于在司法实践中把握，而且在实践中采取这种把握不会出现较多的错误和风险，甚至可以少犯错误。人们将一些手段作为认识或者认定事物的方法，不完全是因为它们在认定事物时的绝对正确性，而是因为它们与其他方法相比出错率较低。对于证据而言，无论是客观性还是关联性人们均能对此认识，合法性在证据法领域内作为证据特征至少不被反对，甚至被立法者和裁判者所认同。例如，非法证据排除的证据之所以不能作为证据，是因为它违反了法律的规定或者不符合法律要求，致使其不被采纳即不具有可采性。相反，如果我们采取西方的可采性作为证据的特征，同样会陷入以下困难：一是就证据本身而言，无论是否被采纳，不能改变证据的性质，那么，可采与否未能触及证据的本质；二是将可采性作为证据的特征，把握这一特征仍需要合法性和客观性来判断，这样一来又会陷入循环论的怪圈。同时，关联性、客观性和合法性虽然在理论上存在一些问题，但是基于实践经验的归纳，其运用中风险不大，所以没有抛弃其另寻证据三性的基本理由。我们以关联性、客观性和合法性作为证据基本特征的排列顺序是依据证据产生的顺序而确定的，在实践中判断是否作为证据需要从相反的顺序进行把握。

1. 关联性。

证据的关联性是指证据与案件事实之间的实质性联系。证据的关联性不仅体现在证据与案件中需要证明事项的关系，证据与案件事实之间的证明性作用，而且还表现为证据是基于案件事实而产生的。没有案件事实就无从谈起案件的证据，所以否认事实的一方是无法提供证据的。但是，在它们之间的关系上存在强弱、紧密或亲疏之分。证据的关联性就是足以影响诉讼所决定的任何事实存在与否的认定原因。若某一证据存在，其事实存在与否就具有可能性且相对于无该证据存在的可能性较大，任何具有此倾向性的证据都具有关联性。也就是说，证据的关联性是通过倾向性来把握的，但倾向性不是证据的属性。"相关性包括对证据所说明的事实问题与实体法律之间存在的通常称为'实质性的'或'因果的'关系的分析。"[1]证据是在案件产生和发展的行进中诞生的，它与案件事实必然存有这样或那样的关系，这种关系为办案机

---

[1] [美]格雷厄姆·利利："证据的相关性"，蒋恩慈译，载《环球法律评论》1984年第2期。

关或当事人通过证据认识案件事实提供了可能的途径。关联性既是案件事实诞生的认识"存而不在"的案件事实手段，也是通过证据认定案件事实的桥梁。

一般来说，证据的关联性可分为自然（逻辑）关联性（logically relevant）和法律关联性（legally relevant）。证据的自然关联性反映在证据与案件事实的关系上，表现为多种多样的联系和多层次、多系统的联系，体现出紧密关系的不同。案例三中的指纹与案件事实有自然关联，但是没有法律关联性，所以保险柜上的指纹与此盗窃案的事实没有关联性。有些证据与案件事实存在直接联系或间接联系；有些证据与案件事实存在必然的联系或偶然的联系；有些证据与案件事实存在因果关系或非因果关系；有些证据与案件事实保持一致的关系或不一致的关系，从而使证据的关联性相当复杂，这为审查判断证据增加了一定的难度，对证据调查、收集提出了更高的要求，也使得证据发现、收集不断向技术化、专业化趋势发展。如辽宁省营口青年李某结婚6个月的妻子在家中遇害，专案组发现了李某身上那件留有死者血迹的衬衣。[1]这一证据在李某与其妻子接触的事实上有关联性，但与杀妻的事实却没有关联性。

证据的法律关联性是从消极的方面限制具有自然关联性的证据材料，是指对某些易于使裁判产生偏见或者混乱的证据，限制将其作为证据提供给法庭的法律限制性，从而出现证据"在自然上关联而在法律上不关联"，相反则不成立。从程序的角度来看，作为证明使用的证据在先，而作为用证据证明的"案件事实"在后。这一顺序与证据产生的顺序恰好相反。在证据产生的自然过程中，案件事实在先，证据在后，不排除它们同时产生。因此，不能因为证明的顺序否定证据与案件事实的联系。证据之所以成为认识案件事实的唯一根据，是因为证据来源于案件事实，它是案件事实在现实的时空中唯一遗留的"遗产"，是案件事实的承载者，与案件事实存在着千丝万缕的内在关联，具有证明案件事实曾经存在的现实力量。在事情发生时行为人是否存在过错，需要依照行为本身产生的证据来证明，因为它与案件事实之间存有内在相关性。但不能仅仅依照行为后的行为证据来证明，因为行为后的证据与行为之间没有逻辑上的必然关联。如在司法实践中有关救人者采用救人行为及其事后的一系列施救行为与危险事实之间没有必然的联系，不能作为危

---

[1] 参见阎永纬："事实不清证据不足，辽宁高院再审15年前的杀妻案"，载《法制日报》2001年4月21日。

险事实的证据。再如，在撞人的实践中常常出现"你既然没有撞我，为何救我"的质疑。我们强调证据的关联性旨在使更多的证据能够进入办案机关或者当事人的视野范围，最大限度容纳证据，尤其是新的证据形式或者类型，体现证据的兼容性。

2. 客观性。

证据的客观性是指证据的客观实在性，它不是人的主观想象、猜测、臆断。最高人民法院《关于适用〈中华人民共和国刑事诉讼法〉的解释》（以下简称《刑诉法解释》）第75条第2款规定"证人的猜测性、评论性、推断性的证言，不得作为证据使用"。证据的客观性具有三个层面的含义：一是证据的表现形式或者称为载体，无论是人还是物或者状态，其本身是一种客观的存在，即使是歪曲反映即呈现的是"假象"，针对假象本身而言也是客观的；二是证据的内容是客观的，它是对案件事实的客观反映，即使是歪曲的反映也是客观的，能为人们所认识；三是证据与案件事实之间的联系是客观的，能为人们的经验所把握。

证据的客观性为办案机关或者当事人发现、收集、认识、理解证据提供了条件和基础。证据本身具有客观性，因为任何行为或事件必然在特定的时间、空间发生，并在时间的顺序上留下一些影响，造成特定的印迹；在空间上产生一些影像，遗留具有特定性的反映形象，即使毁灭证据也会产生毁灭行为的影像。从另一个侧面而言，办案机关或当事人在收集、审查证据时，不能主观臆想，单凭自己的一厢情愿或者个人经验，这必然会使证据的收集与运用走向反面甚至出现一些问题。证据是客观存在的材料，对于客观存在的材料，任何人都无法改变，这为人们能够正确地认识案件事实提供了可能性。案件事实是客观的，由案件事实产生的证据也是客观的，证据的形式必然表现为客观性，否则因人们无法触及而无法将其在诉讼中转化为定案的根据。尽管案件事实的"本体"随着案件事实的发生而成为过去，证据储存的案件信息也带有一定的过去性，但仅就其本身的外在形式而言仍是现实的、客观的。虽然证据在产生、存续、收集、固定等各个关键性环节，都存在对证据客观性的一些否定其本身的因素，甚至在某种条件下人们的主观决定着证据的命运，但不能因此否定它的实际存在性或客观性。

人们收集到的证据与实际存在的证据不是一个层次的问题。人们的主观认识可以反映客观事物，但是无论怎样反映，都不能使客观事物本身发生任何变化。虽然人们对案件事实的认识要受到客观条件的限制，人们的认识难与客观事实绝对一致，但决不能就此否定人们的认识对客观事实的判定作用。人的认识有对错，客体无所谓对错。也就是说，人们提供的证据存在虚假，但这些虚假并不是证据本身的虚假。有些虚假证据之所以被当作证据，在一定意义上仅仅是因为"被证据"而已，就其本身而言也是客观的，这种客观性使人受到蒙蔽而未能透过现象看到其本质。

证据的客观性不同于证据的真实性。客观性在实物证据中表现得较为充分；而真实性偏重于言词证据的特征。即使证据的形式与内容以及与案件事实的联系是客观的，因人们认识的差异，并不必然获得其真实的认识，但反推却是成立的。真实的证据则具有客观性，真实性以客观性为基础，客观性是通过真实性体现的。

3. 合法性。

合法性又称证据的法律性，是指证据应当符合法律的要求，至少不违反法律的禁止性规定。证据的合法性体现在以下三个方面：一是从证据的外部来表明自己符合法律的规定，具体体现在证据来源、表现形式和具体内容的合法性。二是从正面引导、规范证据收集、审查的主体合法地运用法定的权力（利）收集证据，强调证据调查程序的合法性。《刑事诉讼法》（2018修正）第56条规定："收集物证、书证不符合法定程序，可能严重影响司法公正的，应当予以补正或者作出合理解释；不能补正或者作出合理解释的，对该证据应当予以排除。"只有法定人员依照法律规定的程序收集、固定、保全和审查、运用的证据，才能成为定案的根据，才能发挥证明案件事实的功能。三是限制和禁止以非法的方法来收集证据，借非法证据的排除方法来限制非法证据流入证明领域，起到"净化瑕疵证据"的功能，体现收集证据方法的合法性。排除非法证据有助于遏制非法收集证据的行为或为获得证据而不择手段的行为，主要是从消极的层面来保障证据的来源与形式的客观性。如《刑事诉讼法》（2018修正）第52条、第56条规定："严禁刑讯逼供和以威胁、引诱、欺骗以及其他非法方法收集证据，不得强迫任何人证实自己有罪。""采用刑讯逼供等非法方法收集的犯罪嫌疑人、被告人供述和采用暴力、威胁等非法方法收集的证人证言、被害人陈述，应当予以排除。"在民事诉讼中，以侵害他人合法权益或者违反法律禁止性规定的方法取得的证据，不能作为认定案件事实的依据。

证据的合法性是证据作为证据法术语的基本特征，而不是指日常生活所说的证据的自然属性，也不是指其载体作为证据方法的合法性，无论是人证还是物证本身没有合法与否的问题。尽管证据的合法性不同于客观性、关联性，却属于人为添加的证据在证据法这一特殊领域的特征，是证据制度的产物，但因其在诞生之初就存在相关法律规范，所以不能因此否定其合法性。

三、证据能力与证明力

【案例四】

1998年4月，某市公安局通讯处女警员王某和该市路南县公安局副局长王某某双双被枪杀，惨死在一辆"昌河"微型车上。该市公安局组建了专案组对此案展开侦破工作。1998年7月2日，王某的丈夫杜某被警方以涉嫌故意杀人刑事拘留，随后被逮捕。杜某从此开始了他噩梦般的日子。杜某被拘留之后，在该市公安局刑侦三大队办公室，侦查人员采用不准睡觉、连续审讯、拳打脚踢、用手铐把杜某吊挂在防盗门上，反复抽垫凳子或拉拽拴在杜某脚上的绳子，致使杜某双脚悬空、全身重量落在被铐的双手上等方式对其进行了刑讯逼供。杜某难以忍受，喊叫时被用毛巾堵住嘴巴，还被罚跪、遭电警棍击打，直至杜某被屈打成招，承认了"杀人"的犯罪"事实"，并指认了"作案现场"。经该市医学院法医技术鉴定中心鉴定，刑讯逼供导致杜某双手腕外伤、双额叶轻度脑萎缩，已构成轻伤。1999年2月5日，根据警方的侦查结果和检察院的指控，杜某被该市中级人民法院以故意杀人罪一审判处死刑。判决下达后，杜某大呼冤枉，在向某省高级人民法院上诉时提出，他是被刑讯逼供才违心承认杀人的。1999年10月20日，省高级人民法院鉴于"杜案"扑朔迷离，案情中疑点难释，遂改判杜某死刑、缓期2年执行。当年11月12日杜某被送进省第一监狱服刑。二审判决"刀下留人"，使杜某活着看到沉冤昭雪。2000年6月，该市警方破获一起特大杀人盗车团伙。其中一名案犯供述1998年的王某、王某某被害案是他们干的。枪杀王某、王某某的真凶、"杀人魔王"杨某等人就此落入法网，顿时证明杜某显属无辜。随后，某省高级人民法院公开宣告杜某无罪。[1]

思考问题

谈一谈对证据能力的理解并据此分析为什么本案中作为"被告人供述"这一法定证据种类的杜某的供词没有证据能力，从而不能作为定案的根据？

参考意见与法理分析

证据能力又称为"证据的适格性""证据资格"。证据能力是某一材料能够用于严格的证明的能力或资格，也就是能够被允许作为证据加以调查并得以采纳的能力或资格。在英美法系国家，证据的关联性和可采性是证据能力的两个重要的判明标准。在我国，虽然法律上没有对证据能力问题作出明确规定，但是通说认为证据应当具有法律性，不具有法律性的证据不能被认为具有证据能力。所谓证据的法律性又称为"合法性"，具体包括四个方面的内容：（1）证据必须具有合法的形式；（2）提供收集证据的主体必须合法；（3）证据的内容必须合法；（4）证据必须依照法定程序收集，违反法定程序获取的证据不具有合法性。关于第四点值得注意的是，《刑事诉讼法》（2018修正）第52条规定："审判人员、检察人员、侦查人员必须依照法定程序，收集能够证实犯罪嫌疑人、被告人有罪或者无罪、犯罪情节轻重的各种证据。严禁刑讯逼供和以威胁、引诱、欺骗以及其他非法方法收集证据。"同时最高人民法院《关于执行〈中华人民共和国刑事诉讼法〉若干问题的解释》（已失效）第61条明确规定"严禁以非法的方法收集证据。凡经查证确实属于采用刑讯逼供或者威胁、引诱、欺骗等非法的方法取得的证人证言、被害人陈述、被告人供述，不能作为定案的根据。"也就是说，在我国，非经法定程序收集的证据没有证据能力从而不得作为定案的依据使用。显然，刑讯逼供获取的被告人供述是典型的运用非法方式收集的证据因此不具有证据能力。在本案中，办案的侦查人员对杜某实施了刑讯逼供，杜某是在受到刑讯的情况下屈打成招作出了供述，这种侦查人员运用刑讯逼供的方式获得的供述不具有证据能力，从而不能作为定案的证据。

---

[1] 参见殷红："警察对警察的刑讯逼供"，载人民网，http://www.peopke.com.cn/GB/Shehai/44/20010720/516262.html。

认识到证据的基本属性之一为具有证据能力，尤其是从我国证据法学理论的角度来认识证据的法律性对于树立司法权威、提高人们对程序价值的认识、增强诉讼法治观念有着重要的意义。另一方面，正如从本案中所看到的，非经合法程序收集所获证据的虚假可能性非常大，从而既不利于案件事实真相的发现，也会严重地破坏实体正义的实现。因此，规定证据应当具有证据能力即应当具有合法性，对于程序正义和实体正义的实现都具有重大的意义。

证据的证明力，又称为证据的效力或者证据价值，是指证据对案件事实证明是否有作用以及作用力大小的程度。它是证据本身所具有的自然效力及其内在的属性，具体指"证据资料对待证事实所起的认定作用的大小"。[1]

证明力是证据本身固有的属性，所有证据均对案件事实具有证明力，但因证据类型的不同，其证明力存在强弱的差异，同时证据证明力的客观存在形式也不是单一的，存在着多种多样的情形，但这些情形是能够被人们所认识的。

一般来说，证据对案件事实有无证明力以及证明力的大小取决于证据与案件事实有无联系以及联系的紧密程度。证据的证明力与证据的关联性有着密切的联系。关联性强调的是证据与案件事实的联系，证据的证明力强调的是证据对案件事实的证明作用。两者之间不能完全等同。因为证据的证明力只涉及证据的事实范畴，反映的是具有证据能力的证据对案件事实的反映程度与证明程度。这种对案件事实的反映和证明既存在着肯定性的证据，也存在着否定性的证据；既可用以证明相关的案件事实，又可用以反驳与案件事实不相关的情况。证据的相关性说明的是证据对案件事实有存在证明作用的一种可能，至于证据最终是否能够发挥证明作用以及证明作用的大小，在案件事实未被认定前一般是无法绝对化的。相对而言，否定性证据比肯定性证据的证明力大，在某种情况下其有绝对的证明效果。

证据证明力与证据自然关联性有关。证据的证明力取决于证据与案件事实的客观、内在联系及其联系的紧密程度。一般而言，同案件事实存在着直接的、内在联系的证据，其证明力较大；反之，其证明力较小。尽管证明力的有无以及大小一般由法官自由裁量，但不排除法律对不同证据之间证明力作出指导性规定，但在具体适用时绝对不能过于机械。

---

[1] 参见 [日] 高桥宏志：《重点讲义民事诉讼法》，张卫平、许可译，法律出版社2007年版，第27页。

四、法定证据的种类

【案例五】

2009年10月3日被告人马某在其单位某区接触网工区院内与同事王某因琐事发生争执,后被同事劝阻。当工区领导召集职工在该工区二楼会议室开茶话会时,被告人马某手持菜刀将王某身体多处砍伤,其中面部左眉弓上方创口长度达4.0 cm。经法医鉴定,王某的损伤程度为轻伤。

对于被告人所实施的行为,公诉人提出下列证据加以证明:

1. 被害人王某的陈述,证实2009年10月3日其与马某在某区接触网工区院内因琐事发生争执,而后工区领导召集职工在该工区二楼会议室开茶话会,在会上马某用菜刀将其头部、胳膊等多处砍伤。

2. 证人杜某(铁路供电段某区接触网工区工长)的证言及报案材料,证实2009年10月3日马某在某区接触网工区院内与王某因琐事发生争执而后杜某作为工区工长召集职工在该工区二楼会议室开茶话会,在会上马某用菜刀将王某身体多处砍伤,在场人员将二人拉开,将王某送至医院治疗。次日杜某向车站派出所报案。

3. 证人余某、孙某、袁某、瞿某、蒋某(均系某市铁路供电段动力设备车间工人)的证言,证实2009年10月3日马某在其单位某区接触网工区院内与王某因琐事发生争执,后工区领导召集职工在该工区二楼会议室开茶话会,在开会期间马某手持菜刀将王某身体多处砍伤。

4. 2009年10月4日,车站派出所侦查人员从接触网工区提取木制浅黄色刀把菜刀和木制红色刀把菜刀各一把(其中木制红色刀把的菜刀是马某伤害王某时使用的作案工具)。后由接触网工区派人将两把菜刀领走(此菜刀是某区接触网工区食堂的厨具)。

5. 某市铁路公安局的《法医学人体损伤程度鉴定书》,证实被害人王某被他人打伤造成全身多处皮肤裂伤,其中面部左侧眉弓上方创口长度达4.0cm,构成轻伤。

6. 被告人马某对上述事实当庭予以供认,其供述与法庭质证的证据相互印证。[1]

思考问题

公安机关在本案件侦查过程中所获取的证据分别属于我国《刑事诉讼法》（2018修正）规定的哪些法定证据种类？

参考意见与法理分析

我国三大诉讼法对各种证据种类进行了明确规定，赋予其特定的名称，并确立了收集和审查判断证据的程序和规则以规范诉讼证明活动。这些关于证据种类的规定具有法律约束力，只有符合证据法定形式的资料才能够作为定案依据。鉴于证据种类的法定性，证据种类又被称为"证据的法定种类"和"证据在法律上的分类"。

我国三大诉讼法分别确立了各自领域内的法定证据种类。其中，《刑事诉讼法》（2018修正）第50条规定"可以用于证明案件事实的材料，都是证据。证据包括：（一）物证；（二）书证；（三）证人证言；（四）被害人陈述；（五）犯罪嫌疑人、被告人供述和辩解；（六）鉴定意见；（七）勘验、检查、辨认、侦查实验等笔录；（八）视听资料、电子数据。"

《民事诉讼法》（2017修正）第63条第1款规定"证据包括：（一）当事人的陈述；（二）书证；（三）物证；（四）视听资料；（五）电子数据；（六）证人证言；（七）鉴定意见；（八）勘验笔录。"

《中华人民共和国行政诉讼法》（2017修正）[以下简称《行政诉讼法》（2017修正）]第33条规定"证据包括：（一）书证；（二）物证；（三）视听资料；（四）电子数据；（五）证人证言；（六）当事人的陈述；（七）鉴定意见；（八）勘验笔录、现场笔录。"

本案中，警方所收集的证据种类繁多，其中：

1. "被害人王某的陈述……在会上马某用菜刀将其头部、胳膊等多处砍伤。"属于被害人陈述；

2. 证人杜某的证言及报案材料属于证人证言；

3. 证人余某、孙某、袁某、瞿某、蒋某证实马某用菜刀将王某身体多处

---

[1] 摘自2010年洛阳铁路法院（2010）洛铁刑初字第6号刑事判决书。

砍伤属于证人证言；

4. 某车站派出所侦查人员提取的木制浅黄色刀把菜刀和木制红色刀把菜刀属于物证；

5. 某市铁路公安局的《法医学人体损伤程度鉴定书》属于鉴定意见；

6. 被告人马某对上述事实的当庭供认属于犯罪嫌疑人、被告人供述。

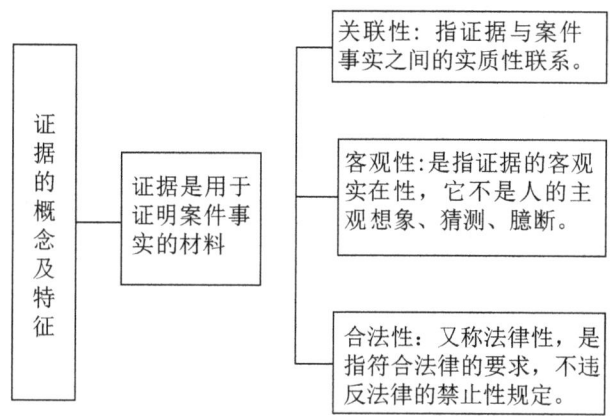

图1.1　证据的概念及特征

```
                   ┌─ 书证：是以文字、符号、图形等所表达的思想和记载的内
                   │   容对案件事实起证明作用的证据。
                   │   物证：物证是以其自身的物质属性、外部特征和存在位置
                   │   等方式来证明案件事实的材料。
                   │
                   ├─ 证人证言：证人所作的有关案件情况的陈述。
                   │
                   ├─ 犯罪嫌疑人、被告人供述和辩解：也称口供，是犯罪嫌疑
                   │   人、被告人在刑事诉讼过程中，就与案件有关的事实向办
                   │   案机关所作的供述和辩解。
                   │
                   ├─ 被害人陈述：受犯罪侵害的人就其遭受犯罪行为侵害的事
   刑事诉讼         │   实及犯罪人的情况向办案机关的陈述。
   证据的种类 ──────┤
                   ├─ 鉴定意见：诉讼过程中鉴定人运用科学技术或专门知识
                   │   对诉讼涉及的专门性问题进行鉴别和判断后提出的书
                   │   面意见。
                   │
                   ├─ 勘验、检查、辨认、侦查实验等笔录：为收集证据，对
                   │   与有关场所、物品、尸体和人身进行观察、检验、辨认
                   │   等活动的客观记录。
                   │
                   └─ 视听资料、电子数据：视听资料是以录音、录像机等技
                       术设备记录并显现出的声音、影像等来证明案件事实的
                       证据材料；电子数据是借助现代信息技术或电子设备形
                       成的，以电子形式起到证明作用的证据。
```

图1.2 刑事诉讼证据的种类

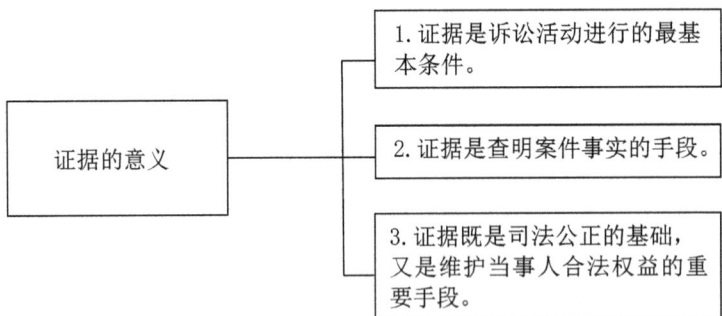

图1.3 证据的意义

第二章 物 证

本章学习任务

1. 物证的概念
2. 物证的特征
3. 物证的意义

一、物证的概念

【案例一】 什么是物证

王某、任某均系外地来京打工人员,某年10月5日21时许,二人驾驶面包车携带菜刀、匕首等作案工具闯入正准备结束营业的"金太阳"饭店内,将店内服务员赵某李某进行捆绑,并抢得该饭店当日的营业收入4 500元人民币,索尼牌29英寸电视机1台、万利达DVD播放机1台、熊猫牌功放机1台以及煤气罐、话筒、烟、酒等物品,共价值人民币1.6万元。10月7日下午,王某在某市场贩卖烟、酒时被公安机关抓获,并在询问中交代了他和任某一起实施的抢劫行为。公安机关随之对王某的住所进行了搜查,起获了电视机、DVD播放机、功放机等赃物,同时依据王某的交代拘留了犯罪嫌疑人任某。11月5日某县人民检察院以抢劫罪对王某、任某提起公诉,并当庭出示了各项证据,其中包括两名被告人抢劫所得的电视机、DVD播放机、功放机等赃物,两名被告人对此供认不讳。同时两名被害人也在法庭上辨认之后确认这些赃物正是该饭店被抢走的物品。法院依此判决两名被告人的行为构成了抢劫罪。[1]

思考问题

本案中,公诉机关提出的重要证据是在被告人住处发现的犯罪赃物,请问:这些赃物在我国《刑事诉讼法》(2018修正)当中属于何种证据?结合本案谈谈物证是什么?

参考意见与法理分析

依据我国《刑事诉讼法》(2018修正)第50条的规定,能够"用于证明案件事实的材料,都是证据"。根据证据自身的特点和属性以及对案件事实所起证明作用的方式和手段的不同,可以将证据分为不同的种类。在我国的三大诉讼法当中,物证都作为一项单独的证据种类被加以规定。所谓物证,是指能够以其外部特征、内在属性和存在场所来证明案件的真实情况或其他待证事实的物品或者痕迹。由于任何案件的发生必然都会对其所处的物质环境产生一定的影响,这些为案件事实所改变的物质就与案件事实之间发生了一定的联系,并以自身的这种改变来证明有关案件事实的存在。因此,任何以物体本身来直接证明案件事实的都是物证,而某一证据是否具有客观性和自我说明性也是用来判断其是否属于物证的一个重要标准。本案中,公诉方所列举的在被告人住所处发现的赃物和被害人被抢劫的物品是否完全相同,将直接决定本案中是否存在必要的犯罪对象。而通过对这些赃物的外部特征和基本属性的辨认,就可以直接确定两者属于同一物品,即这些赃物确实是被告抢劫所得。因此,本案中的电视机、DVD播放机、功放机等物品以其自身的存在直接证明了案件中的犯罪对象,应当属于物证。

二、物证的特征

【案例二】 物证具有较强的客观性

某市发生一起强奸案:一个农村的合同工,在傍晚回家的路上,被犯罪分

---

[1] 参见北京市高级人民法院编:《人民法院裁判文书选——北京2000年卷》,法律出版社2001年版,第144页。

子击昏后，拖到距离公路 50 米远的庄稼地里实施了强奸。由于被害人是被击昏后强奸的，所以对罪犯没有什么印象，无法提供有力的证据去查找犯罪嫌疑人。

在现场勘查时发现了一些散落的黄豆，根据其新鲜程度和散落的位置，可以断定是从犯罪嫌疑人身上掉下来的。经分析，认为身上携带黄豆的人有几种可能：

第一，农民；第二，粮食贩子；第三，粮库工人；第四，粮店工人；第五，做豆腐的。由于当地不种黄豆，农民家里一般没有黄豆，农民的可能性不大。而且，据调查，当地近期以来粮店基本没有卖黄豆，做豆腐的作坊因时近夏天，天气炎热而相继关门，这样，只有粮库工人的可能性最大。经调查该市有 13 个粮库，有 3 个存放黄豆，其中一个这几天正在倒腾黄豆仓。最后，经过对 10 个参与倒腾黄豆仓的工人进行调查，很快发现了重大嫌疑人。

思考问题

结合本案中的物证，分析物证的客观性特征。

参考意见与法理分析

案件必然发生在一定的时间和空间内，并与特定环境中的物体产生联系，引起一些物体的外在形式、外部特征、内在属性和整体结构在某些方面或某种程度上的变化。这种变化了的物体特征能够反映案件事实的发生、发展以及变化的过程，并作为载体记载这些事实情况，成为证明案件事实的证据材料。本案中的物证——黄豆是现场发现的唯一证据，以黄豆作为载体记载的案件事实的变化是不以人的意志为条件，仅受制于自然界的客观规律性。它具有能够证明案件事实的客观存在的特征，不容易被人任意左右或者肆意更改，与其他证据相比较，无论其形式还是其内容均表现出较强的客观性。

有些物证本身的内容难以被一般人所认识或者理解，只有借助于科学的方法或特殊的经验才能从物品或痕迹的客观存在或它们与外界的客观联系本身推导出证明事实的内容。然而，科学技术手段本身也具有一定的客观性，并能使物证被揭示出来的内容仍保持其原有的客观性，所以人们将物证作为一种最可信的证据，并视为"为自身说话"的证据。[1]

---

[1] 参见郭华主编：《法学原理与案例讲堂——证据法》，北京师范大学出版社 2017 年版，第 56 页。

在司法实践中，有人认为物证也会出错，因此否认其客观性。实质上，物证的这种错不是出在物证的客观性上，而是收集与保存物证所采取的方法、手段等有错误影响了物证的客观性或对物证的认识有误所造成的，属于人主观上的认识能力问题。如解读物证的人在逻辑推理上出现错误，或受到物证技术本身的限制而不能科学揭示物证的真正内容。这些问题不是物证内容本身的问题，而是受到了人的主观因素的影响，因此不应当得出物证也会出错的结论，出错的仅仅是人对物证的认识与判断，而并非物证本身。因此，只有在物体或痕迹的反映物与原物体或痕迹之间没有任何差异的情况下，这些所表现的物体或痕迹的模型、照片才能够作为原物或痕迹的替代品在法庭上证明案件事实。物证的这一特点决定了当事人及办案人员对物证进行调查时，应当遵循提交和出示原物的规则，只有出现提交和出示原物成为不能或者存在法定障碍时，才可以依照法定程序提交和出示原物的复制品或者复制件。如我国《民事诉讼法》（2017修正）第70条规定："物证应当提交原物。提交原件或者原物确有困难的，可以提交复制品、照片、副本、节录本。"

本案中的办案人员正是通过黄豆这一物证进行排查，成功排除了农民、粮食贩子、种黄豆的农民、做豆腐的人等各种可能的人，最后将犯罪嫌疑人的范围锁定在粮库工人，这主要依靠的是物证的客观性，所以物证被称为"哑巴证据"，由于物证本身不能直接证明案件事实，因此属于间接证据。

【案例三】物证具有稳定性和可靠性

20世纪70年代，在英国的南威尔士连续发生了三桩沉案。三名少女弗洛伊德、休斯以及牛顿先后离奇失踪。后来，三人的尸体先后在南威尔士尼思附近的偏远地区被发现。法医在验尸后证实，牛顿是在1973年7月被人杀害，弗洛伊德和休斯两人则是在1973年9月被人先杀后奸。三人遇害时都只有16岁。

2001年12月，英国警方先后从三名被害少女的尸体中重新提取了罪犯遗留的身体组织，并从中取得了罪犯的DNA样本。经过鉴定和分析表明，当年的这三起凶杀案系同案犯所为。警方在多方调查后，锁定一个名叫卡蓬的男子为头号犯罪嫌疑人。此人当时在南威尔士的一家夜总会做保镖。实际上，案发当年，卡蓬就曾被警方列为重点嫌疑人，但后来由于他提供了案发时不在犯罪现场的证据，案件也就成了无头悬案。卡蓬本人已经在1990年因患癌症死亡，时年49岁。尽管嫌疑人已经作古但为了让案情真相大白于天下，警方最终决定将卡蓬的尸体从棺材中取出，进行DNA检测。

2002年5月，法医从卡蓬的尸骨上提取了DNA样本，结果发现同当年在案发现场从三名少女身上采集到的DNA样本完全吻合。南威尔士警方随即公布了DNA检测结果并宣布卡蓬正是30年前三桩少女遇害案的元凶。至此，三桩拖了30年的悬案终于得以结案。[1]

思考问题

在本案中，从被害人和犯罪嫌疑人尸骨上提取的DNA样本成为后来证明案件事实真相的重要证据，请问：这体现了物证的什么特点？

参考意见与法理分析

第一，物证具有较强的稳定性和可靠性这一特点是与言词类证据相比较而言的。所谓言词证据，是指法律规定的主体所作的能够对案件事实起到一定证明作用的陈述。虽然这些陈述的内容通常都来自于陈述主体对案件事实的直接认识，但案件的信息只有经过主体的反映（感受）、存储（记忆）、再现（陈述）过程之后，才能发挥其自身的证明作用，因此其最终的表现形式必然会受到陈述主体自身条件的影响。

一方面，言词证据中的信息必然以陈述的主体为其物质载体，因此要受到陈述主体生理状态的影响。例如，在陈述主体发生记忆力减弱、患有精神疾病、失去表达能力等各种生理上的变化时，该主体所储存的信息也可能会因此受到损失或无法正常还原。另一方面，言词证据在表现的过程中也要受到该陈述主体主观状态的影响。在陈述主体是案件当事人的情况下，由于其与案件的处理结果存在利害关系，因此很可能在陈述时故意曲解案件的真实情况以取得有利于自己的事实判断。此种情况下取得的言词证据的可信性就会大打折扣。与言词证据相比，物证的稳定性和可靠性就要大得多。虽然不同的物证由于其属性不同会存在保存期限长短的不同，但随着现代科技的发展，人类已经发展出了越来越多的先进手段来延长物证的保存期限或以勘验、拍照、提取复制模型等方式来准确重现物证的基本情况。因此，即使是那些

---

[1] "DNA检测挖出作案元凶"，载证据法学案例，http://www.doc88.com/p-994979396129。

易腐烂、变质、不易长期保存的物品，只要能够及时收集，用科学的方法提取、固定并妥善保存，也都可以在相当长的时间内完整地保持对案件事实的证明作用。

第二，物证对案件事实的证明作用依靠的是其自身的物质特征，通常可以直接向案件事实的裁判者发挥证明作用。在特殊的情况下，即使需要由专业人员对物证的证明作用进行一定的解读，这种解读也仅仅是对该物证所包含的证明信息进行的某种评价，而并不改变其信息的内容。本案中，犯罪事实发生在 30 多年前，被害人与犯罪人都已经死亡。但是由于犯罪分子的 DNA 样本在 30 多年后仍然能够完整提取，因此仍然可以对案件事实发挥证明作用。另外，DNA 检验技术的科学性已经得到了整个社会的普遍承认，因此其对案件事实的证明作用也非常可靠，其在认定主体的同一性方面具有很高的准确性。本案虽然已经难以再找到充分的言词证据，但却通过 DNA 样本比对找到了真正的杀人凶手，这无疑要归功于物证发挥的关键作用，同时也反映出物证具有的稳定性和可靠性的特点。[1]

【案例四】 物证在证明上具有间接性

牛某替其妻杨某在市场上卖布头，刚喝过酒的李某走过来指着一块布头要牛某拿给他看，牛某问明情况后告诉李某布头小，不够做衬衣的料，但还是将布头拿给了李某。李某接过布头简单看了一下，即将布头扔到牛某的脸上，牛某接过布头后抽了李某一个耳光，双方发生了口角，后经他人拉开。牛某为避免事态扩大，急忙收拾部分布头准备离开市场。牛某离开市场不久，李某即带了一个有文身的男青年返回原地。不久，有文身的男青年离去，但李某仍然留在市场没走。当日 17 时许，牛某返回市场收拾余下的布头时，被等候多时的李某发现。李某即追上去击打牛某的面部，将牛某的近视镜片打碎在地，眼镜碎片划破了牛某的眼皮，但牛某并没有还手。接着李某又用手臂夹住牛某的颈部，继续殴打牛某。

由于李某身体高大健壮，牛某身体瘦小，所以牛某挣脱不开。牛某为逃脱挨打，情急之下掏出随身携带的水果刀朝李某捅了一刀，将李某的手臂扎伤，但李某仍未停止对牛某的殴打。后牛某又向李某的左腹部捅了一刀，李

---

〔1〕 参见卞建林、刘玫主编：《证据法学案例教程》，知识产权出版社 2012 年版，第 23 页。

第二章　物　证

某才将牛某放开，牛某也没再捅李某。在市场管理人员赶到后，牛某将水果刀交给了管理人员，并于次日向公安机关投案自首。李某的腹部伤经法医鉴定为重伤；后检察院向人民法院以故意伤害罪对牛某提起公诉，并向法院提交了法医鉴定书、证人证言、被告人陈述、牛某使用的水果刀等证据。牛某在向法院所作的陈述中则认为自己的行为是正当防卫，不构成犯罪。法院经审理认为，牛某在遭到李某的不法挑衅时，为避免事态扩大，采取了克制和躲避的态度。后在李某对其进行殴打、身体健康遭到严重威胁的情况下，为保护自己的人身权利免受正在进行的不法伤害，被迫用随身携带的水果刀将李某捅伤。牛某制止不法侵害后，没有继续捅刺李某，而是主动投案自首，足见牛某的行为属于正当防卫。而且其防卫行为与不法侵害行为的性质和程度基本相适应。没有超过必要限度，不负刑事责任。[1]

思考问题

本案中，检察院向法院提交了牛某使用的水果刀作为其犯罪事实的物证，但最终法院认定牛某的行为不构成犯罪，请问：这说明了物证的何种特征？

参考意见与法理分析

物证作为证据在证明案件事实时，因无法证明自身与案件事实之间存在联系，一般要与其他证据结合起来，借助于陈词才能发挥证明作用，所以法律一般对收集物证的方法和程序均作了严格规定。按证据能否单独证明案件的主要事实，通常可以将证据分为直接证据和间接证据。一般来讲，作为言词证据主体的自然人通常都是案件经过的直接参与者或见证者，对案件事实有着较为全面、充分的了解。作为其主观印象表现形式的言词证据往往能够包含比较全面丰富的案件信息，并能够对案件的主要事实起到证明作用。因此言词证据在诉讼当中经常属于直接证据，如犯罪嫌疑人、被告人对犯罪经过的陈述，被害人对被害经过的陈述等。而物证由于受到自身属性的限制通常只能成为案件处理中的间接证据，需要配合其他证据使用才能对案件事实起到全面的证明作用。这是因为物证在形成的过程中不具有主动性，不能像

---

[1] "牛津龙正当防卫案"，载中国司法判例网，https://wshi.sogou.com/article/detail/7QXR8V7OOOXE.html.

自然人一样主动地对案件事实进行观察和记录，而只能被动地接受案件事实的影响。如果某物证只是受到案件中某个情节的影响才形成，那么，它也只能与该情节发生联系，并对此情节起到证明作用。如果要证明案件事实的整个经过，就必须将案件事实各个阶段的物证全部收集并相互印证之后才能完成。

因此，单个的物证在大多数案件中只能作为间接证据被使用。不过，在某些案件中，如果案件的主要事实争议就是该案的标的物，物证本身就可以证明案件的主要情节，此时物证就成为该案的直接证据，如当事人非法持有某种特定物品的情况。本案中，牛某所使用的水果刀确实是本案主要的物证，是牛某捅伤李某所使用的工具。不过，该物证只能证明牛某确实实施了捅伤李某的行为，但对整个案件的发展经过却无法起到证明作用。由于牛某是在李某先实施殴打行为的情况下才进行的反击，其主观故意是为了制止不法侵害和对加害人实施打击两方面的情节，而本案的物证水果刀只能证明其中一方面的情节，因此只能属于间接证据。

三、物证的意义

【案例五】 物证是促使犯罪分子认罪伏法的有力武器

2003年春，昆明市的一家银行发生持枪杀人案，凶手在银行大厅里枪杀了一名妇女后，又开枪打伤了陪同她一起来的三名男子。

遇害的妇女是在办理汇款手续时被枪杀的。不过，令警方感到疑惑的是，死者当时准备汇走的40万元现金却依旧摆放在银行的柜台上，并没有被凶手抢走。案发后，警方迅速封锁了枪击现场。在现场，他们提取到了两枚弹壳。它们不仅可以表明凶手开枪时站立的位置，甚至可以表明凶手使用的武器到底是什么。

警方把弹壳送往枪弹痕迹检验部门进行技术检验，也许，他们可以找到关于凶器的答案，以及它的使用者的更多的信息。同时，警方也调看了案发当时银行的监控录像，里面记录了案发第一时间枪击现场最珍贵的影像资料。警方仔细研究监控录像中凶手的动作，他们发现凶手在观察完被害人填写的汇款单内容后，他向前走了几步后站在了摆放空白单据的柜台前，假装从柜台上拿了一张空白单子，然后，又把它放了回去。这是凶手的一个无意的动

第二章 物 证

作,但却是警方的一个意外的收获,一个重要的发现。事实证明,这个细微和重要的发现,成了警方破案的关键性的转折点。警方重新返回案发现场,并从那个柜台前找到了凶手曾经拿取过的这张空白单据。在这张单子上,警方提取到了两枚凶手遗留的清晰指纹。事实上,正是凶手用自己的一个不经意间的动作提示了警方,并帮助他们找到了破案的关键性证据。

随后,这两枚指纹被录入公安部的指纹信息比对系统。比对系统会自动把两枚指纹信息和全国各地刑事案件中提取到的其他犯罪嫌疑人的指纹进行比对。系统足够强大而完整,它每分钟可以比对10万份已经提取到的犯罪嫌疑人的指纹。2005年某日,昆明警方接到了武汉警方的一个电话,对方说,他们从指纹信息比对系统中发现,刚刚被判贩毒罪入狱的一名罪犯的指纹和昆明警方提供的凶手指纹比较相似。尽管已经是时隔了两年,但这个消息仍旧令昆明警方为之振奋。因贩毒入狱的这名罪犯名叫李宗波,吉林省人,2005年初被武汉市中级人民法院判处死刑,缓期两年执行。昆明警方随即赶赴武汉,经过指纹检验人员的进一步比对发现,李宗波的指纹和枪击案中凶手留下的指纹完全一致。李宗波随后被带回昆明审讯。在证据面前,李宗波承认了持枪抢劫杀人的犯罪事实。他说,预谋抢劫银行储户后,他专门从境外买了枪支,案发时,当他开枪准备实施抢劫的一刹那,银行的报警系统骤然响起,受害人的几名同伴也围了过来,慌乱中他又开了一枪,顾不得拿钱就匆忙逃跑了,随后,他逃到了西安,并把枪藏到了西安附近的一个涵洞中。这是一起依靠指纹识别、弹道痕迹分析以及细微观察而破获的案件,尽管这前后经历了两年的时间,但警方最初的发现仍旧起到了至关重要的作用。凶手一个无意中的动作,被银行的监控录像所记录,被现场勘查人员所发现,最终,通过强大而有效的信息比对系统,这些发现得以帮助警方锁定真凶。[1]

思考问题

本案中,犯罪嫌疑人在现场留下了重要物证,请说明本案中物证所起的作用。

---

[1] 参见"持枪抢劫故意杀人案犯李宗波在昆明伏法",载东北法治网,https://legal.dbw.cn/system/2006/07/11/050465660.shtm。

参考意见与法理分析

由于物证具有客观准确的特点，而且又被称为"科学证据"，因此其对案件事实的证明作用具有较强的可信性。物证的这种可信性不仅能够保证法官在审理中能够准确地认定案件事实而且常常能够对那些想隐瞒事实进而逃避法律责任的犯罪分子起到震慑作用。在刑事诉讼中，犯罪分子为了掩盖罪行、逃避法律制裁总是千方百计地隐匿毁灭罪证，或者伪造证据制造假象。当罪行暴露后，又往往百般抵赖，负隅顽抗。在这种情况下，侦查机关通常会采取两种方法来侦破案件。一种方法就是以获取犯罪嫌疑人的口供为重点，希望犯罪嫌疑人自己主动交代犯罪事实，并根据其交代的线索进一步收集其他有关的证据，这就是所谓"由供到证"的侦破方法。但是，在犯罪嫌疑人不主动交代案情的情况下，侦查机关或者无法进一步有效地侦破案件，或者迫不得已采取某些非法的手段逼取犯罪嫌疑人开口。因此，这种"由供到证"的办案方法既不利于提高案件的侦破效率，也不利于刑事诉讼中的人权保障。另一种方法则与前种方法相反，即侦查机关以提取案件当中的关键物证为重点，在收集到了确实、充分的物证之后，再对犯罪嫌疑人进行讯问。此时犯罪嫌疑人即使想要抵赖，也会在确实、充分的物证面前低头认罪，坦白交代，这就是所谓的"由证到供"的侦破方法。这种方法不但可以起到促使犯罪嫌疑人在侦查阶段主动交代罪行提高案件侦破效率的作用，而且可以有效地抑制侦查阶段的刑讯逼供现象，保护犯罪嫌疑人的基本权利。

本案是一起抢劫杀人案，被害人已经死亡，恰恰是依据犯罪嫌疑人留在现场的指纹查出了杀人凶手，嫌疑人在证据面前无法抵赖，承认了犯罪事实。本案符合"由证到供"的科学办案规律，是运用物证促使犯罪分子认罪伏法的典型案例。

【案例六】 物证是检验、鉴别其他证据真实性、可靠性的客观依据

李某在担任某税务局食堂管理员期间，该食堂于 2000 年 6 月底至 7 月初期间发生数十名就餐人员中毒事件，其中中毒明显的 19 人先后住院接受治疗。某市公安局法医对中毒人员的尿样、血样进行分析，确定为灭鼠药"澳敌隆"中毒。同年 7 月 29 日，公安人员发现李某曾于 2000 年 4 月 1 日从该区爱国卫生运动委员会购买"澳敌隆"母粉灭鼠药 1 千克，现该鼠药下落不明。

公安机关将李某列为重大犯罪嫌疑人，李某被羁押后不供认投毒。经公安机关多次讯问，李某于同年8月8日供认了其于2000年6月28日中午趁人不备将灭鼠药"溴敌隆"母粉投放在食堂蒸熟的红豆米饭中，并亲笔写下供词。在一审中，法院认定被告人李某的供词属实。并采纳了其他证人的有关证言判决李某的行为构成投毒罪。在审理过程中对该案的证据进行重新调查核实，并委托该市法庭科学技术鉴定研究。李某对此判决不服，并提起上诉。二审法院对本案进行模拟试验。该市法庭科学技术鉴定研究所进行试验的报告记载，将850克"溴敌隆"母粉放入红豆米饭（案发时所用量）中，可见白色粉末附着米粒亮度消失，米饭黏度降低，从肉眼观察会有明显变化。此外，根据某军事医学科学院微生物流行病研究所的证明材料及鼠药专家分析意见，食堂每天进餐人数为100人左右，有38人出现中毒症状，这种结果需由1千克至2千克浓度为0.5%的母液或母粉造成。而李某在认罪供述中称其购买1千克鼠药，除正常灭鼠用去3两左右，其余全部投入红豆米饭中。以上证据表明，如投入"溴敌隆"鼠药的数量不易被人发现，就不能导致本案的中毒结果，而根据李某的有罪供认，投入上述数量的鼠药，则投毒载体红豆米饭便会出现异样反映，食堂就餐者和卖饭者都能观察到这一事实，但本案的所有被害人都没有证明红豆米饭有任何异样变化。李某的口供与案件事实之间存在无法解释的矛盾，而现有的证据也不能认定李某向何种食物中投放灭鼠药"溴敌隆"及其投放的数量。二审法院由此认定李某的有罪供述及亲笔供词与其他证人的证言和本案的鉴定结论之间存在重大的矛盾。被告人李某有罪的供述没有其他证据进行印证，因此二审法院判决李某犯投毒罪的证据不足，而改判其无罪。[1]

思考问题

本案中，作为犯罪工具的鼠药"溴敌隆"是证明案件事实的重要物证，请问：其在案件的审理当中发挥了何种关键作用？

参考意见与法理分析

物证是对客观发生的案件事实的一种直接反映，其与案件事实之间的联

---

[1] 参见北京市高级人民法院编：《人民法院裁判文书选——北京2000年卷》，法律出版社2001年版，第1~8页。

系是一种客观事实。虽然对这种联系的发现和解读需要发挥人的主观能动性，但是物证本身的证明作用具有较强的客观性。与之不同的是，证人证言、被害人陈述、犯罪嫌疑人及被告人供述和辩解以及民事当事人陈述等言词证据，却容易受到陈述人主观意志的干扰，影响其证明作用的发挥。由于物证对案件事实具有较强的客观证明性，要想使人们对案件事实的认识达到主观符合客观，就有必要以较为客观的物证来对各种主观色彩较为浓厚的言词证据进行检验，以保证言词证据的真实可靠。不过，从另一方面来看，虽然物证与言词证据相比具有较为客观、真实的特点，但物证在证明案件中所具有的重要作用却是随着人类自身认识能力的逐步提高才被一步步地承认的。实际上，在人类司法证明的历史上曾经经历过两次重大的转化：第一次是从以"神证"为主的证明方法向以"人证"为主的证明方法的转化；第二次是从以"人证"为主的证明方法向以"物证"为主的证明方法的转化。[1]

我国《刑事诉讼法》（2018修正）第55条规定："对一切案件的判处都要重证据，重调查研究，不轻信口供。只有被告人供述，没有其他证据的，不能认定被告人有罪和处以刑罚；没有被告人供述，证据确实、充分的，可以认定被告人有罪和处以刑罚。"这说明我国在立法上要求审判机关在认定案件事实时对待被告人的口供应当采取谨慎的态度，应当实行口供补强规则，即口供只有在与其他证据（尤其是物证）相互印证的情况下才能够作为认定被告人有罪的证据。同时，如果在案件的审理过程中已有的证据能够组成完整、合理的证据链条，即使没有被告人供述，仍然可以认定其有罪。这无疑体现了现有法律对证明方式从"口供本位"向"物证本位"转变的要求。

本案中，一审法院并没有对关键物证——"溴敌隆"进行全面、充分的审查判断，而是过度依赖于本案的言词证据——被告人李某的有罪供词和其他证人的相关证言，并以此认定被告人李某有罪。但二审法院经过全面的审理之后，尤其是在对物证"溴敌隆"进行了科学模拟试验之后，发现如果依被告人李某所述，其在米饭中投放的"溴敌隆"剂量会造成米饭发生在肉眼上可以明显发现的变化，而本案中的各个被害人却都没有声称在吃饭时发现米饭有何变化，这就说明言词证据与物证之间存在重大矛盾，从而也使对李某实施投毒犯罪的指控无法得到证明。二审法院因此作出了李某无罪的判决。

---

[1] 参见何家弘、张卫平主编：《简明证据法学》，中国人民大学出版社2013年版，第17页。

可见，正是通过物证对各种言词证据进行的检验和印证，才发现了检察院指控证据之间的主要矛盾，并帮助李某摆脱了被定罪的后果。

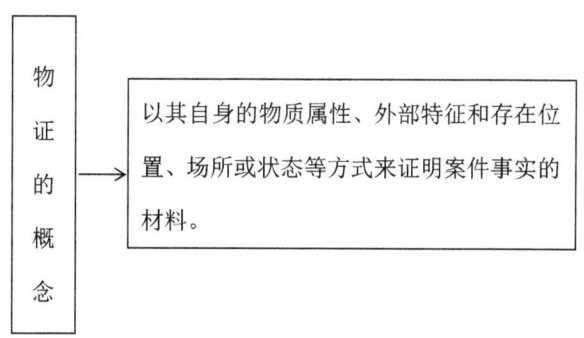

图 2.1　物证的概念

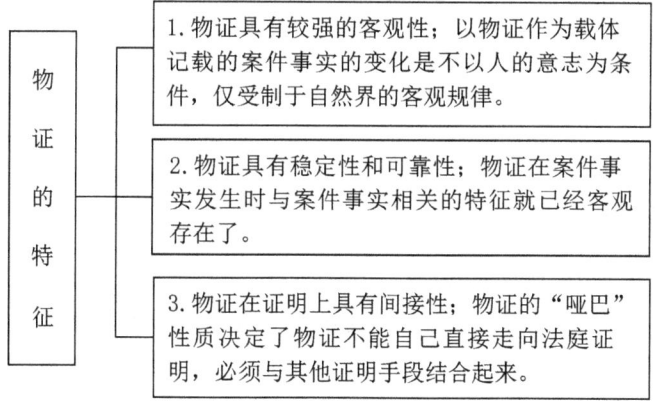

图 2.2　物证的特征

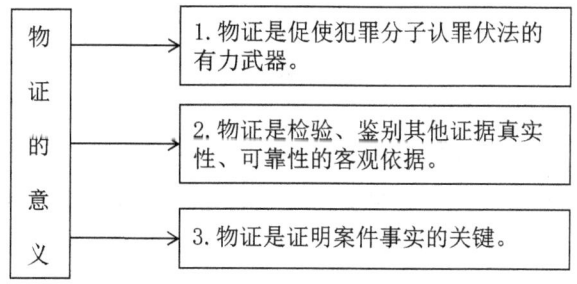

图 2.3　物证的意义

第三章 书 证

本章学习任务

1. 书证的概念
2. 书证的特征
3. 书证的意义

一、书证的概念

【案例一】

2002年3月14日6时20分，南昌市交通管理局某交通支队接到报警，在某区二环主路泰基桥北侧发生一起重大交通事故。事故发生后，办案民警立即赶到事故现场，发现一女子倒在由南向北主路的快车道内，头颅被轧崩裂，脑组织溢出，已死亡，肇事车辆逃逸。民警在现场勘察中发现，从破碎散落的肇事车挡风玻璃碎片中，可以拼凑出标注着"冀A4503"车牌号的一张"检"字，现场还有掉落的蓝色漆片及几张印有河北省家和家具城杜某名字的名片。办案民警后经调查证实，"冀A4503"号牌的车辆是辆蓝色的1041型货车，行驶证登记的车主是家住河北省某县的刘某，而在家具城登记的车主名字叫杜某。进一步查证发现，车主刘某已死亡。3月17日，交通队对杜某进行了讯问。杜某在大量的证据面前坦白了自己驾车肇事的经过，并说出了肇事车的下落。此案至此真相大白。[1]

---

[1] "书证教学案例"，载中国司法案例网，http://lok.badidu.com/view10745a326ed630b1059eeb5bf.

第三章　书　证

思考问题

本案中，从车挡风玻璃碎片中拼凑出的"检"字是证明肇事车辆的重要证据，请问该证据属于《刑事诉讼法》（2018修正）当中规定的何种证据？

参考意见与法理分析

书证是我国三大诉讼法当中都明确规定的一类证据形式，并普遍地存在于司法实践中所遇到的各类案件中，尤其是在一些民商事案件中，作为重要书证的合同文本经常是认定当事人各方是否正当地履行了各自的权利和义务的关键依据。因此，在司法实务工作中注重对书证的搜集和运用将有助于全面准确地认定案件事实。从概念上来看，书证是指以文字、符号、图画等记载的内容和表达的思想来证明案件事实的书面文件和其他物品。从存在的形式上来讲，书证也表现为某种文件或物品，其所包含的内容和信息形成于案件发生之前或案件发生的过程中，一旦形成就不会受人的主观因素的影响而任意发生改变，因此书证无论从形式上还是从内容上都具有一定的客观实在性。但与物证不同的是，它并非以自身的存在形式来对案件事实起证明作用，而是通过其记载的内容和表达的思想来证明案件中的某些事实。因此决定某一物品或文件是否属于书证的标准不在于该物品或文件采用了文字、符号或图案的表现形式，而在于这些文字、符号或图案是否记载或表达了一定的思想内容，并且能够被人们所感知。如果这些文字、符号或图案不能够表达任何思想内容，或者其表达的思想内容还不能够被司法人员所理解，那么，其就不能作为书证来使用。

例如，某人在纸上随意涂鸦所写的字，如果没有任何思想内容，就不能成为案件中的书证。不过，如果案件中需要证明的是当事人的笔迹问题时，这份涂鸦则可能作为进行笔迹鉴定依据的物证。另一方面，书证中所记载的信息量也会因为案件情况的不同而存在差别，并不需要每一个书证中都能够包含完整、详细的信息量。即使在特定的情况下某份书证所记载的信息并不会构成对案件事实的一个完整描述，但只要该信息能够形成一份可被人们所认识和理解的信息单元，并对案件事实的某一环节起到证明作用，都应当被包括在书证的范围内。本案中，侦查人员通过在犯罪现场发现的印有"冀A4503"牌的"检"字查找到了肇事的车辆，进而抓获了犯罪分子。而这份被拼凑起来的"检"字就是本案中的重要书证。虽然该书证的文字很少，但却包含了能够证明肇事车辆的重要信息，并通过这些文字的含义对案件事实起到了证明作用，因此在证据的种类上应当属于书证。

二、书证的特征

【案例二】 书证的直接证明性

原告季宜珍、张加凤、许艳兰、季拎彤诉称：2005年11月18日14时50分左右，原告方的亲属季崇山驾驶车牌号为苏F-CS490号的二轮摩托车由北向南行驶至海安县海安镇平桥路与翻身河西交叉路口时，被被告穆广进驾驶的车牌号为苏F-AD263号的轻型厢式货车（登记车主为被告徐俊）撞伤，在海安县人民医院住院治疗13天，终因抢救无效，于同年12月1日死亡。根据海安县公安局交通巡逻警察大队（以下简称交警大队）作出的事故认定，被告穆广进对本案交通事故负次要责任，季崇山负主要责任。故原告方请求判令被告方承担以下赔偿责任：（1）季崇山的医疗费50 199.91元；（2）季崇山的误工费，按照江苏省统计部门公布的2004年度从事交通运输业人员的年收入标准15 850元计算13天，为564.52元；（3）季崇山住院期间伙食补助费按每天18元计算13天，为234元；（4）季崇山住院期间营养费，按每天6元计算13天，为78元；（5）季崇山住院期间护理费，按照江苏省统计部门公布的2004年无固定收入人员年收入标准7 053元计算13天，由二人三班倒轮流护理，为1 506.96元；（6）死亡赔偿金，按照江苏省统计部门公布的2004年度城镇居民人均纯收入10 482元的标准计算20年，为209 640元；交通费1 400.4元。

原告季宜珍、张加凤、许艳兰、季拎彤提交以下书证：

1. 四原告的户籍证明及季崇山与原告许艳兰的结婚证书，用以证明四原告的身份及与季崇山的亲属关系。

2. 季崇山的病历及医疗费用票据，用以证明季崇山因本案交通事故受伤后，在海安县人民医院抢救治疗以及产生医疗费、误工费、住院伙食补助费、护理费等损失的事实。

3. 交警大队制作的交通事故认定书，用以证明发生本案交通事故的事实及肇事双方当事人过错责任的分担。

4. 季崇山的户籍证明、海安县角斜镇新坝村村民委员会及海安县角斜镇人民政府、角斜镇派出所出具的证明、海安县海安镇海光社区居委会出具的证明，用以证明季崇山的户口性质虽为农村居民，但季崇山常年工作生活在县城等事实。

5. 原告许艳兰的房产证，用以证明季崇山与许艳兰在县城购有房产，并在该处常年居住的事实。

6. 交通费用票据，用以证明因本案交通事故致原告方发生交通费用损失的事实。

江苏省海安县人民法院认为：季崇山在交通事故中受伤，经抢救无效死亡。原告季宜珍、张加凤、许艳兰、季拎彤作为季崇山的亲属，依法享有请求侵权人赔偿医疗费、误工费、住院伙食补助费、营养费、护理费、死亡赔偿金、丧葬费、交通费、精神损失费、被抚养人和被赡养人生活费、财产损失费等损失的权利。

原告方所主张的季崇山的医疗费50 199.91元、误工费564.52元、住院伙食补助费234元、营养费78元、丧葬费9 101元、车辆损失费796元等损失，合法有据，予以支持。关于交通费问题，原告方虽提供了交通费用票据，但对部分交通费票据不能作出合理的解释，又不能提供证据证明确实与事故有关，难以认定。故只认定原告方的交通费用损失为158.4元。[1]

思考问题

根据本案中提供的一系列书证说明书证的直接证明性特征。

参考意见与法理分析

书证与其他证据之间的最大区别就在于其证明方式是通过所包含的思想内容来发挥对案件事实的证明作用的，而书证的这种证明方式也决定了书证具有的直接证明性的特点。所谓直接证明性，是指书证一般不需要通过任何媒介和中间环节来对其加以分析和判断，就能够依其内容直接来判明其与案件事实的联系。而与之不同的是，物证与案件事实之间的联系往往不够明显、

---

[1] "季宜珍等诉财保海安支公司、穆广进、徐俊交通事故损害赔偿纠纷案"，载110法律咨询网，http://www.110.com/ziliao/article-208018.html。

直观,在多数情况下需要专业人员借助专门的知识技能和必要的设备来对其进行审查、分析、判断之后才能够发现其证明作用。书证之所以具有直接证明性,源于其自身具有的内容与形式相统一的属性。由于书证所包含的信息总是以某种能够被人们所理解的形式表达出来,因此在书证表达其自身的内容,并被人们所感知和理解的时候,其对案件事实的证明作用也就同时被人们所认识到了,不需要任何中间的过程和人员。因此从这点上来看,书证是证明内容与证明过程的统一。此外,书证的内容无论是以文字,还是以数字、符号、图画等方式被表达出来,都具有明确、直观的特点,即使是在使用外文、行话、专业术语、密码等特殊表达方式的情况下,也仅仅表明了该书证的表达形式具有一定的特殊性。

本案中的书证:医疗费用、户籍证明、交通事故认定书、身份证明、结婚证等就能够直接对案情发挥证明作用。所以原告方所主张的季崇山的医疗费 50 199.91 元、误工费 564.52 元、住院伙食补助费 234 元、营养费 78 元、丧葬费 9 101 元、车辆损失费 796 元等损失,法院都认定合法有据,予以支持。这也恰恰说明了书证的直接证明性这一特点。

【案例三】 书证的稳定性

龚某原有祖遗房屋一栋,坐落于广州市天水区下家街,该房面积 120 平方米,坐西朝东,有两间房屋临街。1954 年 10 月 5 日,广州市房地产管理局发给其证字 807606 号房地产所有权证,确认龚某系该房屋所有人。1956 年 12 月,天水区人民政府下属单位天麻缝纫社将龚某临街的南幢房屋租用。1958 年 3 月,龚某被错划为右派分子,1958 年 6 月被开除公职,送往劳动教养,其家属也被强行从下家街迁往广州市下属某县居住。同年下半年起,天麻缝纫社开始停止向龚某支付房屋的租金。此后,房屋一直被天麻缝纫社所使用。1982 年,广州市进行了全市范围内的房屋登记,但天麻缝纫社并未进行房屋产权登记。1983 年 1 月,天麻缝纫社解散,该房屋被天水区人民政府收回使用。1983 年 9 月,龚某获平反,被调回天水区某小学工作。此后,龚某多次要求天水区人民政府返还其祖遗的房屋,但天水区人民政府一直拒绝答复,并继续使用该房屋。1984 年 6 月,龚某向天水区人民法院提起诉讼,要求天水区人民政府归还其所有的房屋,并向法院提交了该房尾的房地产所有权证。法院经过审理,判决天水区人民政府败诉,应当归还龚某所有的房屋,此案至此了结。[1]

思考问题

本案中，龚某所有的房屋被区政府占用了近30年，但由于其一直保留了该房屋的所有权证，因此成功地收回了房屋。请问：作为本案关键证据的房屋所有权证体现了书证的什么特征？

参考意见与法理分析

书证与物证虽然在证明方式上存在一定的差别，但在存在方式上也是以一定的客观物质为载体的。只要承载书证的物质载体不灭失，即使是经历了很长的时间，书证所包含的案件信息也能够一直得到保存，并对案件事实发挥应有的证明作用。与言词证据相比，承载书证的往往是客观的实物体，一般不受人的因素的影响。而且书证的载体往往是无生命的物品，只要能够采取妥善的保管措施，一般不受期限的限制。而言词证据的载体则是人，在其获得、保存、再现案件信息的过程中要受到承载主体的生理和心理因素的影响。言词证据的主体不仅会因为某些生理上的疾病或障碍以及正常的生理衰退而影响其对案件事实的感知记忆和表达能力，主体与案件之间可能存在的利益纠葛也可能会影响其对案件事实的准确再现。如果案件事实跨越的时间范围过长，一旦言词证据的主体发生了死亡，还会使该证据所包含的信息彻底丧失。

此外，在司法实践中，言词证据常会因为主体的原因"一会儿一变"，而书证却是"白纸黑字"，在内容上始终保持稳定。本案涉及的是房屋的产权纠纷，案件的事实经过近30年。了解房屋所有权事实真相的证人已经难以找到，而龚某作为原告仅凭其所作的陈述也无法说服法院相信其拥有房屋的所有权，况且近30多来一直是由区人民政府对该房屋实际占有。不过由于确定房屋产权的关键证据是房屋所有权证，而龚某一直妥善保管了该份书证，因此法院最终还是判决龚某拥有房屋所有权。这也体现了书证的稳定性特征。

---

[1] "证据法学案例"，载豆丁网，http://www.docin.com/touch/detail.do?id=483053888。

【案例四】 书证的思想性

某单位男青年张某与女青年赵某系恋人关系，赵某曾几次在张家居住，并多次与张某发生性关系；两人关系极为密切，即使有短暂的分离也有频繁的书信往来。但双方的父母却都对他们的婚事坚决表示反对，为此张某和赵某曾外出私奔十余天。2005年10月2日下午，二人又在张某的家中见了面，在谈到结婚的事情时禁不住抱头痛哭。哭了一会儿之后赵某提议，既然二人在今生不能结为夫妻，不如一起自杀，去阴间一起生活，张某对此表示同意，二人分别为各自的家人写了一封遗书，说明了相约自杀的意愿。此后，张某到商店买了两瓶农药回到家中，并与赵某分别喝下了1瓶农药，不久，张某的父亲回到家中，发现了已经昏迷的张某和赵某，并叫了救护车将二人送到医院。经抢救，张某脱离了危险，而赵某却因农药中毒而死亡。某市人民检察院以故意杀人罪对张某提起公诉。并向法院提交了证人证言、被告人供述、赵某的尸体检验报告及张某与赵某写的遗书等证据。后法院经过审理认为，赵某死亡的直接原因虽然是其自杀行为，但张某在赵某自杀的过程中起到了一定的帮助作用，因此对赵某死亡的结果负有一定的过错，其行为已经构成了故意杀人罪，应当承担刑事责任。但考虑到张某协助赵某自杀的动机是为了二人死后的结合，并不存在欺骗的恶意，因此其主观恶性较小，可以依法对其从轻进行处罚，最终判处其3年有期徒刑。[1]

思考问题

本案中，张某与赵某所写的遗书对于证明二人在实施自杀前的主观心态具有重要的作用，这说明了书证所具有的何种特征？

参考意见与法理分析

虽然书证在形式上具有较强的客观性和稳定性，但从内容上来说却具有较强的思想性。书证的内容是对某事件经过的物体或人的单纯描述，这同样会受到描述者自身的情绪、能力、个性倾向等主观因素的影响，并体现出描述主体一定的思想内容。物证虽然在记录案件事实方面具有客观性，但却无

---

[1] 选编自中国司法判例网。

法反映案件发生期间有关主体的思想活动，无法全面地再现案件发生的主、客观情况。正是在这一点上，书证与物证相比具有无可比拟的优势。由于书证能够以文字、符号或图画等多种方式来反映人的思想感情，因此常常能够在证明案发期间当事人的主观心态时发挥特殊的作用。尤其在刑事案件中，人民法院在认定案件事实时，不仅要了解被告人在犯罪时是否存在故意或者过失，还要了解其作案的动机、目的以及是否存在认识错误等主观因素，以便通过全面的审查来判断其是否构成犯罪，并通过对其主观恶性的了解来对其判处相应的刑罚。[1]本案是一起相约自杀案件，依据我国刑法的规定，协助他人自杀的行为仍然属于故意杀人的行为，协助人应当承担一定的刑事责任。

本案中赵某的遗书内容也表明了赵某实施自杀是自愿的，张某主观恶性不大，可以从轻处罚。张某协助自杀的主观意图主要体现在他写的遗书中，在没有任何欺骗意图的情况下实施了协助他人自杀的行为，则表明其在自杀前的真实想法都是通过本案的书证来反映的，并对案件的最终处理结果产生了重要影响，而书证在本案中所起的作用正体现了其具有思想性这一特征。

三、书证的意义

【案例五】

东方肾脏病医院（以下简称东方医院）于1999年4月2日在四川日报社的报纸上登载了《治疗肾脏病尿毒症的新希望〈东方肾脏病医院全息根治疗法〉》，该广告对肾脏病、尿毒症的中医全息根治疗法的特点疗效、临床应用、治疗方式等进行了介绍。王泉在报纸上看到广告后，向东方医院进行咨询，东方医院则在1999年5月13日，以信件作出了其医院中医全息疗法能从根本上治疗肾脏病的回复。据此王泉于2003年10月至2004年10月期间向东方医院邮购了"东方生力散、东方肾病胶囊"和"GS系列全息治疗仪"，支付价款20 180元。但是王泉服用上述药品及使用治疗仪后，病情未得到改善。因此王泉认为东方医院的广告宣传不实，遂于2005年2月，向相关部门反映了情况，潍坊工商局（山东省潍坊市工商行政管理局）作出了内容为其已对

---

[1] 参见卞建林主编：《刑事诉讼法学》，科学出版社2008年版，第234页。

东方医院发布的医疗、内部制剂广告问题进行了立案调查处理,且责令其停止发放违法广告的回复。

王泉以东方医院在报刊上登载虚假广告,使其受误导购买相关药品和产品,损害其经济利益,报社在其报刊上刊登虚假广告,亦应当承担侵权责任为由,提起诉讼,请求判令东方医院双倍返还医疗费 40 360 元,报社赔偿相应损失。[1]

思考问题

本案中,广告内容应当属于双方发生买卖合同内容的一部分,因此当双方因药效与宣传不相符发生争议时,应当以广告的内容为准。请问:这说明了书证在解决案件争议时具有何种意义?

参考意见与法理分析

书证是通过文字、符号或图画的形式来记载案件信息的,一般具有意思表示清楚、直观、形象的特点,容易被常人所理解。因此在对特定的法律关系和法律事件进行描述和记录时,往往采用书证的形式,而书证的内容常常就是该法律关系中当事人权利、义务的内容。当双方当事人对某法律关系的内容发生争议时,通常也应当以书证记载的内容为准。在某些情况下,书证如果经过了公证等特殊程序,其真实性和合法性就会得到进一步承认,从而对案件事实或争议起到更强的证明作用。此外,书证一旦以某种物质为载体被固定下来之后,就具有了较强的稳定性,不会受案件中当事人主观的影响而随意变化,这也使书证与其他口头约定相比更值得人们信赖。本案中,东方医院广告含有能够根治肾病的内容,误导患者接受治疗,结果又达不到根治的效果,所以东方医院发布的广告作为书证无疑起到了重要的证明作用。

---

[1] "王泉诉东方肾脏病医院、四川报社买卖合同纠纷案",载新浪新闻,http://blog.sina.cn/dpool/blog/s/blog_9c705adb0102v0dk.html。

第三章 书 证

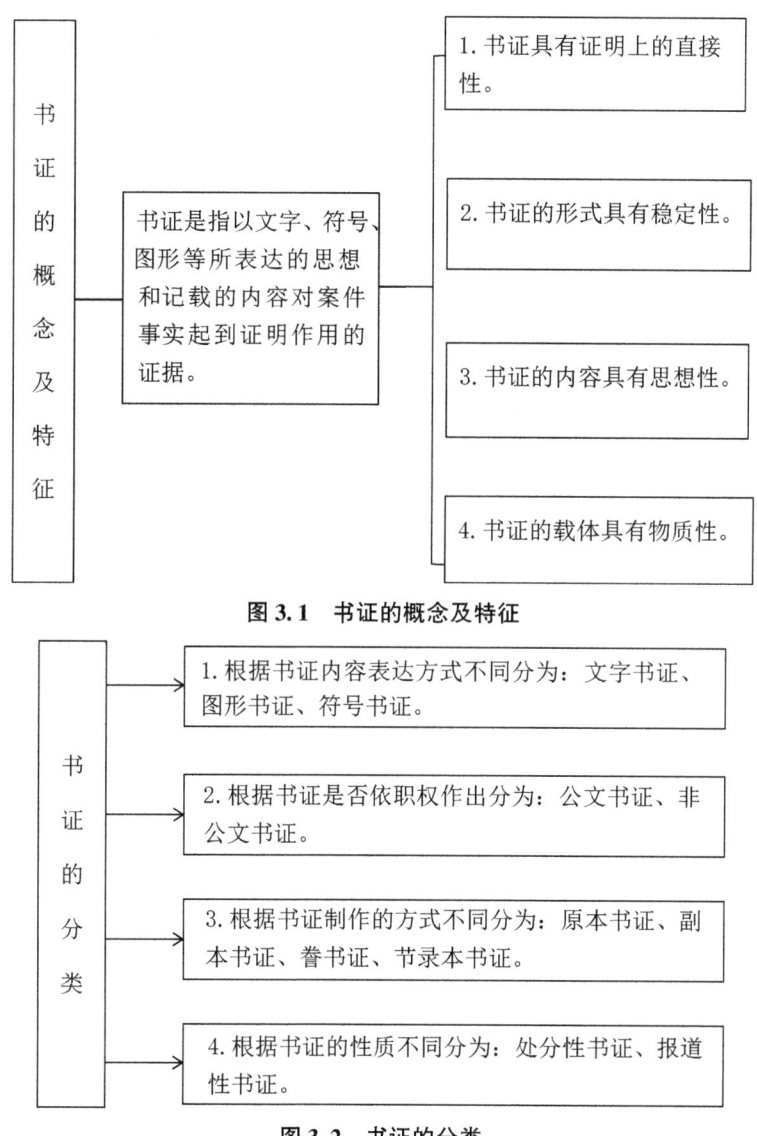

图 3.1 书证的概念及特征

图 3.2 书证的分类

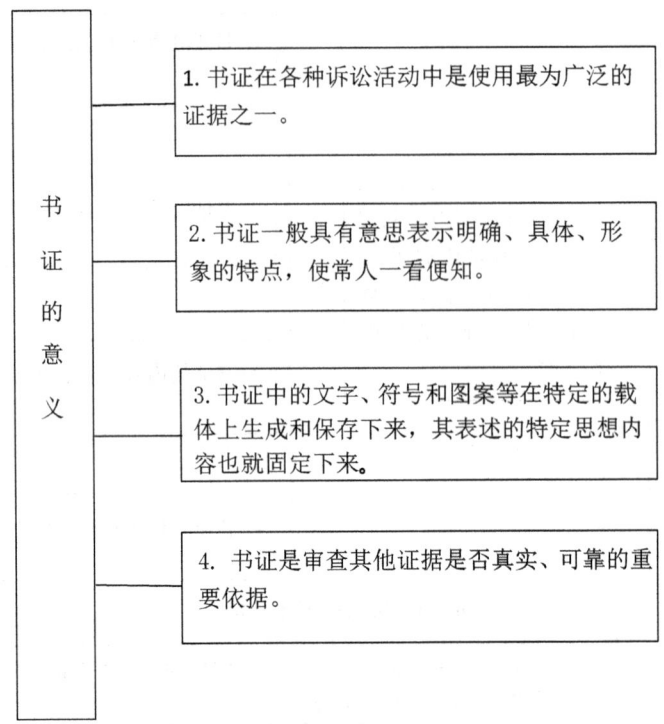

图 3.3　书证的意义

第四章

证人证言

本章学习任务

1. 证人证言的概念
2. 证人证言的特征
3. 证人证言的分类
4. 证人证言的意义

一、证人证言的概念

【案例一】 什么是证人证言

2004年8月20日下午2时，陈某（另案处理）打电话与被告人林某联系，要一包毒品做血管注射，后两人在街上闲逛。当日下午5时许，苏某与被告人林某联系要购买几十克毒品，叫林某送毒品到罗豆农场后打其手机联系。尔后，林某将5包用黑色塑料薄膜包裹的海洛因毒品和一张写有苏某手机号码的纸条以及人民币50元给陈某，叫陈某乘坐出租车将毒品送到罗豆农场三角路口处交给苏某，并收取毒资2 000元。陈某乘坐出租车到达三角路口后，到附近公用电话亭打电话与苏某联系时，被守候的公安干警抓获，并从其身上搜获5包毒品。之后在公安人员的安排下，由陈某和苏某与林某联系，再次索要毒品，地点在某酒店。当日晚8时，被告人林某携带8包海洛因来到酒店，被公安人员抓获。

认定事实的证据有：林某的供述和辩解，证实其犯罪过程；陈某的陈述，证实贩毒的过程；苏某的陈述，说明其与林某联系索要毒品以及之后协助公安机关再次索要毒品的事实，还有陈某、林某被抓获的事实以及证实以前曾从林某处买过毒品；李某、邓某两名出租车司机证言证实案发当日下午 5 点多和 7 点多，各自送两名青年去罗豆农场和某酒店的事情；黄某和姚某两人证实向林某买过毒品，周某（吸毒人员）证实听说林某有毒品；黄某的辨认笔录以及现场勘验笔录和刑事技术鉴定结论。[1]

思考问题

本案中，陈某、苏某、李某、邓某以及黄某、姚某、周某的陈述是否为证人证言？

参考意见与法理分析

证人证言，是指证人在诉讼过程中向当事人和司法机关所作的与案件情况有关的陈述。其具有以下特点：（1）是由知晓案件情况有关内容的自然人所作的陈述；（2）是案件有关情况的客观陈述，而非对案件情况的分析和看法；（3）是证人主观对客观的认识和反映，受人的主观影响较大。判断某一证据是否为证人证言，应当从三个方面进行：一是陈述的主体是否为证人，是否符合法律规定的证人的条件；二是陈述的内容是否是案件有关的情况；三是要看陈述的对象和陈述的时间。这在学者间有不同的观点，主要有两种代表性观点：一种认为"证人就所了解的案件事实向当事人和人民法院所作的陈述，称为证人证言"[2]；还有一种认为"证人证言，是指证人在诉讼过程中，向司法机关陈述的与案件情况有关的内容"[3]。笔者认为，从陈述的对象来看，应当包括当事人和司法机关，一般而言，证人应当向法庭直接陈述；但是在特殊情况下，只能形成笔录，这种笔录应归入证人证言，此时应当包括律师和当事人进行的证据保全时进行询问而形成的证人证言（笔录形式）。从时间上看，也不能局限于法庭。

本案中，苏某、李某、邓某以及黄某、姚某、周某的陈述符合证人证言的概念和特点，是法律规定的证人证言。具体分析如下：苏某陈述的是有关林某贩毒的事实以及林某曾经贩毒的事实，这些都是与案件情况有关的事实

---

[1] 改编自 2002 年海南中级人民法院（2002）海南刑初字第 26 号判决书。
[2] 常怡主编：《民事诉讼法学（修订版）》，中国政法大学出版社 1996 年版，第 163 页。
[3] 江伟主编：《证据法学》，法律出版社 1999 年版，第 365~368 页。

的陈述。李某和邓某是出租车司机，其陈述的事实说明了林某和陈某是坐出租车去案发地点的，也证明了案发的时间。这也是与案件事实有关的情况。至于黄某等三人的陈述证实了林某此次并非为偶然贩毒，而是直接从事贩毒活动。这为公安机关授意陈某和苏某与林某联系索要毒品的行为提供了正当化的根据，是认定林某有贩毒行为的重要证据，因此陈述的内容与案件事实有关。而苏某等人的陈述都是客观描述，没有自己的评论，也符合法律规定的证人的资格。因此，他们向司法机关的陈述应属于证人证言。本案还涉及对于同案犯陈某的陈述的理解，这首先要理解犯罪嫌疑人、被告人供述和辩解的含义。犯罪嫌疑人、被告人供述和辩解，是指犯罪嫌疑人、被告人在刑事诉讼中就其被指控的犯罪事实以及其他案件事实向公安司法机关所作的陈述。它是我国《刑事诉讼法》（2018修正）规定的刑事证据的一种，通常称为口供。犯罪嫌疑人、被告人供述和辩解的内容，主要包括犯罪嫌疑人、被告人承认自己有罪的供述和说明自己无罪、罪轻的辩解。同案被告人如果供述与自己犯罪有关犯罪事实中共犯的事实，应属于其供述的部分；对共犯的其他犯罪事实或犯罪事实非共犯的陈述，则与自己的罪责无关，才属于证人证言。所以本案中陈某的陈述属于犯罪嫌疑人供述和辩解。

【案例二】 证人资格

一起交通肇事案件中，司机压死两个儿童后逃逸，没有成年的目击者，只有一个6岁的小女孩在现场附近玩耍。后来几番周折，侦查机关找到小女孩，孩子在监护人陪同下提供了录音证言，根据小女孩的叙述，肇事车辆为电视广告见过的"××牌1041大货车"，并指认广告图片上的天蓝色××牌1041大货车与肇事车辆一样。以此为线索，找到了肇事司机。

思考问题

该小女孩能否作为本案的证人？证人资格包括哪些内容？

参考意见与法理分析

在我国，证人是指知道案件情况，应当事人的询问和人民法院传唤到庭作证的人。我国《刑事诉讼法》（2018修正）第62条规定："凡是知道案件情况的人，都有作证的义务。生理上、精神上有缺陷或者年幼，不能辨别是非、不能正确表达的人,不能作证人。"根据这条法律规定,只有在生理、精神上有缺陷或者年幼不能正确表达意志的人不能作为证人。积极条件则有三点:(1)了解案情;(2)能正确表达意志;(3)能够认识作证的法律后果并有承担相应法律责任的能力。具备了证人资格的主体向有关机关所作的陈述为证人证言。

我国《民事诉讼法》(2017 修正)第 72 条第 2 款规定:"不能正确表达意思的人,不能作证。"生理上、精神上有缺陷或者年幼,只要其能够辨别是非、能够正确表达,就可以作为证人。相反不能辨别是非就不能作为证人;能够辨别是非但不能正确表达的,也不能作为证人,如处于醉酒、麻醉品中毒或者精神药物麻醉状态,以致不能正确表达的人不能作为证人。

对于儿童作证我国没有年龄上的限制。我国香港特别行政区《诉讼证据条例》第 3 条规定,7 岁以下儿童以及对有关事实似乎没有准确认识且不能准确加以陈述的精神病人没有作证资格。对于儿童作证,一般"法院应审查儿童之资格,并决定其是否有足够之智力对于事实为观察、回忆及叙述,以及其是否具有真实陈述义务之意识。如可具备,应许儿童作证。"[1]案件事实与其年龄、智力状况或者精神健康状况相适应的无民事行为能力人和限制民事行为能力人,可以作为证人。

证人作证应当具有感知能力、辨别能力和表达能力。辨别是非不要求具有辨别案件情况的真理性认识的能力,只要能够客观正确地陈述耳闻目睹的案件情况则应当视为能够辨别是非。

另外,凡是知道案件情况的人,都有作证的义务。"国家有权力得到任何人的证据。"[2]只要了解案件情况的人,无论其与当事人有何利害关系,其作证的目的、动机如何,也不论其了解案件情况的渠道或者途径如何,只要不是当事人,都可以作为证人提供证言。我国没有建立特殊证人的免证特权制度,也不存在证人的豁免制度,仅存在不强制被告人的配偶、父母、子女到庭作证的规定,其仍负有不出庭作证的义务,对于自愿出庭作证也没有限制。

对于儿童能否成为案件中的证人,法律对此没有明文规定,实践中做法

---

[1] [美] Edmund M. Morgan:《证据法之基本问题》,李学灯译,世界书局 1982 年版,第 107 页。

[2] J. Wigmore, *Evidence*, MeNaughten Rew, 1961, p. 2192.

不一,理论上观点存在分歧。笔者认为,一般情况下儿童不宜作证。儿童是指16周岁以下的未成年人,不具备完全行为能力,其认识感知事物的能力比较弱,心理状况不稳定,独立判断能力较差。在严肃的法庭上让儿童出庭作证接受询问,其证言的可靠性是大打折扣的。但是,也不能将该问题绝对化,因为如果完全以年龄作为划分是否能够成为证人的标准是不科学的,对于心智健全、年龄在16周岁以下的儿童,可以陈述与其年龄和智力相符的事实,在具体程序上可以在其监护人的监护下作证或者经法庭允许出庭作证,以确保其陈述的稳定性。本案中的女孩,尽管年仅6周岁,但其身体和智力发育正常,有一定的辨别是非和正确表达的能力,按照法律的规定,可以作为证人。

二、证人证言的特征

【案例三】 证人证言具有较强的主观性

1999年7月某日凌晨,某市一大街上行人尚少,一名清扫工正在打扫街面。突然,一辆卡车开了过来,清洁工因躲闪不及被卡车撞倒。肇事卡车径行逃走。案发后,侦查机关立即来到现场,部署拦截车辆,但卡车已经逃出拦截范围。经过调查,侦查人员找到了现场唯一的目击证人李某。李某陈述道,案发时他正好在清洁工旁的人行道上锻炼身体,看清肇事司机是一位穿着黄色上衣的姑娘。公安机关根据这一线索,对本地区的女司机以及可能驾车经过该市的女司机进行了排查,但是没有结果。数天后,该案的肇事司机投案自首。但是该司机是一位小伙子,当时穿着红色的上衣。那么,究竟是怎么回事呢?难道李某有意作伪证?后经调查,发现李某患有色盲,只能感知黄色和青色两种色调,对红色的东西一律感知为黄色。而性别上的误差,则是由于司机留着长发,在当时卡车飞驰而过的情况下,仅凭这点就得出了是女性的结论。[1]

思考问题

如何正确对待证人证言主观性较强的特征?

---

[1] 参见陈光中主编:《刑事诉讼法案例选编》,中国城市出版社2001年版。

参考意见与法理分析

证人证言是证人的陈述,其陈述的内容一般是过去的事实并在案件发生后提供的,它经过了证人观察、辨认、理解、记忆和表达等一系列思维过程。这一过程中的任何一个环节都存在外在和内在因素影响其真实的可能性,况且证人的年龄、心理、文化、生理、职业、好恶等因素与作证能力环境也存在一定的关系,在实践中证人作证所表达的内容往往与案件发生时的实际情况存在一定差距。即使证人感知、辨认和表达能力都是正确的,其记忆能力也会受到时间长短或者印象强弱的影响,致使证人对案情的陈述会出现与案情的实际情况不完全吻合的情况。

另外,证人作为普通人,不仅具有人的弱点,而且还处在特定的社会关系之中,作为社会人还会考虑一些社会性的因素,如担心受到打击报复或受当事人的威胁、指使、贿买、利诱等,其陈述存在故意歪曲表达案件事实的可能或者倾向。可以说,证人证言是在众多因素作用下经过证人自己的意志加工后形成的,与物证、书证等实物证据相比,其主观性更为明显。

【案例四】 证人证言主要表现为口头形式

被告人张×尔利用其担任北京某护卫中心第七支队第一中队中队长,负责全面管理中队工作的职务便利,于 2011 年 5 月,将北京奥某汽车安全系统有限公司应向北京某护卫中心支付的 2011 年 1 月份、2 月份保安服务费共计人民币 23 600 元据为已有(已退赔)。2013 年 11 月 18 日,被告人张×尔被查获归案。

针对上述指控,公诉机关向本院移送了该案的证人证言及书证等证据,认为被告人张×尔利用职务便利侵吞国有财产的行为触犯了《中华人民共和国刑法》第 382 条及第 383 条第 1 款第(三)项之规定,犯罪事实清楚,证据确实充分,已构成贪污罪。

检察机关提交经法庭质证已认证的证人证言有:

(1)证人孙×的证言证实,2011 年 1 月开始,孙×担任北京某护卫中心的法律顾问,2011 年 1 月份、2 月份,北京某护卫中心向奥某公司提供了保安服务,张×尔于 2003 年至 2011 年 3 月底担任原北京某护卫中心第七支队第一中队中队长,其将奥某公司支付的 2011 年 1 月份、2 月份的保安服务费支付给某卫士公司，张×尔从某卫士公司将该笔钱款人民币 23 600 元领走，北京某护卫中心向张×尔索要该笔钱款，其拒绝归还。（2）证人向×的证言证实，2011 年春节前后，张×尔给向×介绍北京奥某汽车安全系统有限公司需要保安，让向×的某卫士公司提供保安服务。2011 年 3 月，某卫士公司和奥某公司签订了安保服务合同，合同服务期限为 2011 年 1 月 1 日至 12 月 31 日，从 3 月至 12 月由某卫士公司向奥某公司提供安保服务，虽然某卫士公司实际是 3 月份开始向奥某公司提供安保服务，但合同中的服务期限是 1 月 1 日开始。奥某公司将 2011 年 1 月份、2 月份的保安服务费支付给了某卫士公司，郑×对向×说 2011 年 1 月份、2 月份奥某公司的安保服务是他找人做的，让向×把 2011 年 1 月份、2 月份的保安服务费给他，2011 年 5 月，郑×让张×尔到某卫士公司领走了 23 600 元。（3）证人郑×的证言证实，2010 年 12 月 31 日，北京某护卫中心与奥某公司的安保服务合同到期，张×尔说他认识某卫士公司的向×，可以让向×的某卫士公司接替某护卫中心为奥某公司提供安保服务，郑×与奥某公司的刘×沟通后，奥某公司和某卫士公司签订安保服务合同，2011 年 1 月份、2 月份，北京某护卫中心向奥某公司提供安保服务，具体怎么支付服务费不清楚，郑×没有向某卫士公司要过 23 600 元的保安费。（4）证人雷×的证言证实，奥某公司、海某公司于 2011 年 1 月份、2 月份的保安服务都是由北京某护卫中心提供，3 月份才由某卫士公司的保安接手进行安保服务。（5）证人刘×的证言证实，2010 年奥某公司的前身德某公司与北京某护卫中心签订了保安服务协议，2010 年 1 月，北京某护卫中心的付×带领保安负责执勤工作。2011 年 3 月，奥某公司和某卫士公司签订了新的保安服务合同，2011 年 1 月份、2 月份的保安费支付给了某卫士公司。（6）证人孙×的证言证实，2011 年 1 月份、2 月份北京某护卫中心正常向北某中队的职工发放工资，张×尔作为中队长，负责管理考勤、工资、人员管理等方面工作。[1]

思考问题

如何理解证人证言主要为口头形式？

---

[1] 选编自 2014 年北京市西城区（2014）西刑初字第 183 号刑事判决书。

参考意见与法理分析

证人证言一般应当采用口头形式,并通过其声音、语气、表情等来判断其真实性。证人口头作证不仅有利于证人出庭接受质证,通过面对面回答,可以澄清疑问、辨清事实真相,而且通过前后陈述是否一致、表情状况等来判断其真实与否相对容易。同时,证人证言只有采取口头形式,才有利于贯彻直接言词以及辩论原则,更有利于查明案情、明辨证人证言的真伪。"证人不得事先准备一部分或者全部之书面报告以代证言,在作证时伴为恢复其记忆,实则以之为蓝本陈述证言。"[1]

证人证言采用口头形式不应绝对化,法律允许特定条件下的书面形式。如我国《刑事诉讼法》(2018修正)第192条规定"公诉人、当事人或者辩护人、诉讼代理人对证人证言有异议,且该证人证言对案件定罪量刑有重大影响,人民法院认为证人有必要出庭作证的,证人应当出庭作证。"《民事诉讼法》(2017修正)第73条规定"经人民法院通知,证人应当出庭作证。有下列情形之一的,经人民法院许可,可以通过书面证言、视听传输技术或者视听资料等方式作证:(1)因健康原因不能出庭的;(2)因路途遥远,交通不便不能出庭的;(3)因自然灾害等不可抗力不能出庭的;(4)其他有正当理由不能出庭的。"在行政诉讼中,当事人在行政程序或者庭前证据交换中对证人证言无异议的,也无需出庭作证。

证人证言的书面形式,又被称为书面证词,一般情况下能够体现出证人的真实表达,也不乏有些书面证词是经过证人深思熟虑和权衡利弊"制作"出来的。由于书面证词无法接受当事人或者其他证人的当面质证,由他人宣读或者提供书面证言,对其的理解有可能出现与证人意思或者思想存在差异的可能,这也为判断真伪带来了一定的难度。

证人证言的书面形式不同于书证。尽管书证与书面证词在形式上具有相似性。书证是在案情发生、变更、消灭过程中遗留下来的,属于历史性的记载,且形成便具有不可改变性,办案机关一般仅对其静态特征进行审查,如形成的时间、有无涂改痕迹、内容是否确切等,即可确认其真实性。书面证词的文字内容则是对证人直接或者间接对案件事实感知的记录,它不是原始

---

[1] 刁荣华主编:《比较刑事证据法各论》,汉林出版社1984年版,第51页。

案件事实本身。

本案中收集的证人证言有十多个,证明的事实也各不相同。案中证人证言多数采用的是口头形式,口头形式有利于证人接受质证,通过证人的神态、表情等因素来判断证人陈述的真伪性。但是,司法实践中无法做到证人证言都表现为口头形式,法律允许有书面形式。书面形式证词无法接受质证,由于提供书面证言或由他人宣读,对其的理解有可能出现与证人意思或者思想存在差异的情况,这也为判断真伪带来了一定的难度。

【案例五】 证人证言是客观陈述而非分析性意见

某镇甲村和乙村的村民曾发生过争斗,双方结下仇怨。1997年9月某日凌晨1时许,被告人刘某和陈某(已判刑)为甲村人,他们从外面回来的途中经过老街一水井时,发现乙村村民王某正和女青年邓某谈恋爱。为报复乙村人,陈某提议乘机殴打王某,被告人刘某表示同意。两人潜到该镇农械厂内一简易厨房里找来菜刀一把和木棒。被告人刘某手持木棒,陈某手持菜刀,并用衣服蒙面来到水井围端处。被告人刘某持木棒冲上去朝王某头部身上乱打,王某逃出水井围墙外,陈某立即追上去朝其头背部乱砍。被告人刘某则守住水井围墙门口,不准邓某出去呼救。被害人王某在逃跑中失足跌倒在附近的鱼塘里,最后因失血性休克而死亡。认定的证据有被告人供述、证人证言、同案犯陈某的陈述以及现场勘查笔录和法医鉴定等。被告人刘某承认其在1997年9月某日伙同陈某杀害王某的事实,证实了陈某是犯意的提起者。同案犯陈某的陈述证实了该日为报复乙村人伙同被告人刘某将王某乱砍致死的事实。证人邓某证实案发当日,她与王某在水井处谈恋爱,遭到两名蒙面歹徒的袭击,其中一人持棒先殴打王某,王某逃走后,则守住水井围墙处不让其出去。事后,她与王甲和王乙在水井附近的鱼塘发现了被害人,送医院后发现已经死亡。证人王甲和王乙的证言与邓某的证言互相印证。证人李某证言证实,在1997年9月间,听张某说过放在工厂厨房里的火刀丢了。证人黄某的证言证实被告人刘某是该镇初中年级学生,在校表现差,学习成绩不好,不遵守纪律,自1997年第一学期起就不上学了。[1]

---

[1] 改编自海南中级人民法院2002年判决书。

思考问题

如何理解证人证言是客观陈述而非分析性意见?

参考意见与法理分析

证人证言是案件有关情况的客观陈述,而非对案件情况的分析和看法。证人只能就案件情况进行客观的陈述,不能对案件事实发表意见和评论,这是法律的普遍要求,因为从已知事实得出结论是法庭而非证人的职责。需要注意的是在英美法系国家,证人是个广义的概念:包括专家证人,此时其证言就是案件事实的分析。而且实际上证人对案件情况的感知和陈述不可能是完全纯客观的过程,因此在一定程度内的主观判断是难免的。在我国,学理上认为,证人不能对案件事实的有关情况进行分析判断但在实际作证的过程中,证人根据日常生活中的常识就自己所见所闻作出简单的推测、判断,应当予以考虑。[1]

本案中,证人证言的形式多样,证明的事实情况也各不相同。其中,证人邓某以及王甲和王乙的证言属于自己亲身对于案件有关情况的感知,而邓某的证言更是直接证明了案件的主要事实,即被告人持棍打人的经过,非常直观。但是,本案中证人李某的证言是传来证据,是转述他人所知的有关案件情况。而黄某的证言是对被告人有关背景情况的证实。此外,本案中,在证人证言的认识上,对于同案犯陈某的陈述的归属有分歧。在本章案例一中曾经讨论过,犯罪嫌疑人、被告人供述和辩解是指犯罪嫌疑人、被告人在刑事诉讼中就其被指控的犯罪事实以及其他案件事实向公安司法机关所作的陈述。犯罪嫌疑人、被告人陈述他人犯罪的性质和内容,应当具体分析,只有同案犯罪嫌疑人、被告人检举其他共犯的犯罪事实才属犯罪嫌疑人、被告人供述和辩解的内容,否则属于证人证言。因为共犯是指二人以上的共同故意犯罪,共犯相互之间就共同犯罪的情况相互检举,与个人的罪责有关。而单个犯罪嫌疑人、被告人检举他人的犯罪事实,或者同案犯罪嫌疑人、被告人对共犯其他犯罪事实或犯罪事实不属于共犯的检举,则与自己的罪责无关,此时应属于证人证言。

---

[1] 参见何家弘、刘品新:《证据法学》,法律出版社2013年版,第167页。

三、证人证言的意义

【案例六】 证人证言直接证明案件事实的作用

被告人王某,在某市打工,由于资金短缺,产生了抢劫的歹念。为进行抢劫,被告人于 2009 年 10 月底购置了两把尖刀和蒙面针织帽。同年 11 月 9 日上午,正值糖厂开榨季节,被告人携带尖刀来到国营春江糖厂门口,伺机对蔗农进行抢劫。当日 17 时许,被告人戴针织帽蒙面,尾随蔗农江某登上某中巴车,当车驶至高速公路 141 公里时,被告人持铁管猛击坐在汽车发动机木罩上的被害人江某的头部,遭反抗后,拨出尖刀朝其脸部和胸部乱刺,乘机搜走现金 6 600 元,然后逃走。江某被刺破心脏,当场死亡。上述事实有被告人供述、证人证言现场勘验笔录、刑事鉴定结论等证据。其中,证人证言起了很大的作用,本案共有目击证人 6 名,为当时中巴车上的乘客,其证言证实:(1) 被告人的体形特征;(2) 被告人和被害人相同的上车地点;(3) 两人乘车的路线一致以及在车上的就座位置;(4) 行抢经过以及逃跑经过;(5) 失落尖刀和蒙面。还有两名证人证实被告人王某在实施抢劫后的次日,用赃款购买了摩托车的零配件。[1]

思考问题

结合案件谈谈证人证言对案件事实的直接证明作用。

参考意见与法理分析

证人证言在诉讼证明上有很重要的意义,具体有三个方面:第一,证人证言的内容与案件事实的一部分或者全部联系,往往能够证明案件所涉及的法律关系中的部分或者全部内容;第二,证人证言具有相对较强的客观真实性,可以与其他证据材料相互印证,核实各类证据的真实性;第二,证人证言具有生动、直观和直接的属性,能够直接对案件有关情况作出回答。证人证言对于案件事实的证明可以是案件的全部内容,也可以是部分内容。因为犯罪行为的发生往往会留下痕迹,尤其是实施的主体往往通过人来感知,因

---

[1] 改编自海南中级人民法院 2002 年判决书。

此证人证言就发挥着物证、书证无法替代的作用。不过证人证言从内容上还可以进行区分,其中有些证人证言能够直接证明案件的主要事实,即在刑事案件中能直接证明犯罪嫌疑人是否实施犯罪行为的事实;另一些则不能单独证明案件主要事实,只能证明案件的非主要事实或者主要事实的某个片断,也就是间接证据。

本案中,6名目击证人的证言直接证明了案件主要事实,描述了犯罪主体的特征以及犯罪行为的实施过程,非常直观和生动,直接证明了案件事实,同时与被告人供述形成印证,因此在案件事实的认定中起到非常重要的作用。

【案例七】 证人证言间接证明案件事实的作用

北京市西城区人民检察院指控,被告人张×于2013年10月27日9时许,在本市西城区西直门南小街金灿酒店停车场外,因琐事与被害人田×发生纠纷,后张×将田×摔倒在地,致田×右侧髌骨骨折,经法医鉴定,田×身体所受损伤程度为轻伤二级。针对上述指控,公诉机关向法庭提供了相应的证据。公诉机关认为,被告人张×故意伤害他人身体,致人轻伤,其行为侵犯了公民的人身权利,触犯了《中华人民共和国刑法》第234条第1款之规定,犯罪事实清楚,证据确实充分,应以故意伤害罪追究其刑事责任。

经审理查明,被告人张×于2013年10月27日9时许,在本市西城区西直门南小街金灿酒店停车场外,因琐事与被害人田×发生纠纷,后张×将田×摔倒在地,致田×右侧髌骨骨折,经法医鉴定田×身体所受损伤程度为轻伤二级。2014年2月12日,被告人张×经民警电话传唤到案。

上述事实,有公诉机关提交,并经法庭质证、认证的证据如下:

1. 被害人田×的陈述及辨认笔录:2013年10月27日8时40分许,我将我开的黑色奔驰车停在青年宫东北侧马路边上,停在了一辆咖啡色宝来车的前面,9时30分许,从金灿酒店里出来一名男子让我挪车,好让宝来车驶出,我当时在车下看到宝来车后方有很大一段距离,便告诉那名男子退一下就可以出去,实在不行,我可以帮他指挥。那名男子说不会倒车,走上前双手抓着我的上衣领口,往其左边方向甩,我就倒地了,当时是右膝跪地,我欲起身与其理论,没能站起来我就用左脚挡在他车的右前轮下,不让他走,同时拿出手机准备报警,那名男子上前抢走了我的手机,当时我的车右侧后门是开着的,他就把我的手机扔在了我的车上,然后上前把我从他的车前拉开,就上车走了，当时开车的是一名女司机。

经过法庭辨认程序，田×辨认出8号照片张×就是将自己拉倒在地的中年男子。

2. 证人刘×的证言及辨认笔录：2013年10月27日8时许，我送儿子到青年宫学习舞蹈，将车停到青年宫门口偏北一点的位置，因为我儿子的舞蹈班10时许才会结束，我就到丁字路口的顺天府超市去购物，我从超市里买完东西回来时看到马路东侧停放着一辆奔驰ML300的轿车，一名约三十六七岁的男子坐在车的副驾驶位置玩手机，当时我觉得那名男子应该也是来送孩子学舞蹈的，就想过去和他聊聊，等我将东西放到车上后，刚坐在车的副驾驶位置上，就看到奔驰车的旁边围了很多人，我就过去看，正好看到一个50多岁的男子正将奔驰车上的男子拉倒在地，开奔驰车的男子右膝跪在地上，之后他们就被旁边两个拉架的男子拉开了，还听到那名50多岁的男子说不服就打你，之后这名50多岁的男子就和路边的一名女子到奔驰车后面的一辆轿车里去了。开奔驰车的男子见那名男子要走，就还想找那名男子理论，他摇摇晃晃站起来走到后面那辆车的前轮位置时就倒在地上，将脚伸到了车轮下，我们就大声提醒那名50多岁的男子，50多岁的男子就从副驾驶位置上下来，一把将奔驰车的男子拉到了一边，之后上车就走了，开奔驰车的男子就报了警。

经过法定辨认程序，刘×分别辨认出10号照片田×就是被拉倒在地的开奔驰车的男子；8号照片张×就是将开奔驰车的男子拉倒在地的人。

3. 证人宋×的证言：2013年10月27日9点左右，我在西城区金灿酒店停车场外的马路边坐在车里等朋友，我们要走时，让停在我们车前方的黑色奔驰车挪开，对方车主下车说我朋友态度不好，在他们互相推搡时我下车去拉他们俩，没拉开，我就回到车上，然后我朋友也上了车，我们就开车走了。

4. 北京市西城区公安司法鉴定中心出具的京西公司法鉴临床字（2013）第1984号法医学人体损伤程度鉴定书及补充说明，证明田×身体所受损伤程度属轻伤二级。

5. 北京大学人民医院诊断证明，证明被害人田×的伤情情况。[1]

---

[1] 选编自2014年北京市西城区人民法院（2014）西刑初字第786号判决书。

思考问题

本案中证人证言如何发挥其证明作用?

参考意见与法理分析

如前所述,证人证言是诉讼中广泛运用的证据形式,在诉讼中有重要的意义,其证明案件事实的作用是多方面的。在有些情况下,证人证言可以完整、清晰地证明案件发生的整个经过,此时其对案件的证明作用就比较大,通常可以作为直接证据来使用。而在其他情况下,证人可能并非对案件的所有情况都能够清楚地了解,或者只看到了案件事实的某个方面,或者只见证了案件发展中的某个阶段。此时,该证人只能就其直接了解的案情进行作证,而这些证言由于不能完整明确地表明某一案件是由何人所为,因此只能属于间接证据。对于间接证据,在运用的时候应当更加慎重,必须要在所有的证据之间能够形成完整的证据链条的情况下才能认定案件事实,切不可根据部分片面的证据来进行主观臆断,否则就容易发生错误。

而证人刘某、宋某等证人都未直接目睹事件的经过,因此不可能对案件事实进行全面的作证,其证言只能作为间接证据使用。法官在断案时必须全面审查证人的证言,看其是否与被告人供述和辩解、物证、书证、鉴定结论等其他相关证据相互印证。充分利用好间接证据,才能更准确地认定案件事实,避免主观臆断发生的错误。

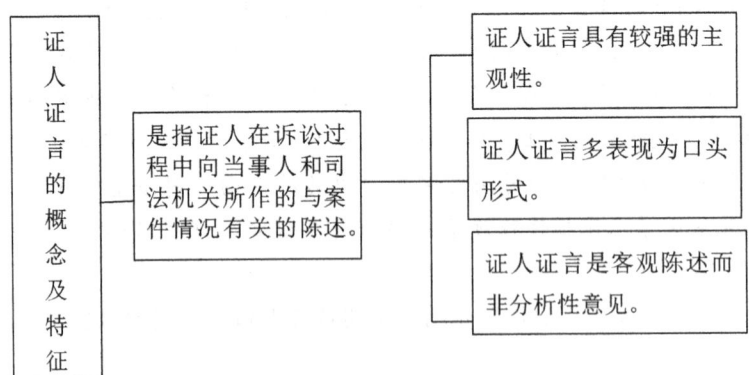

图 4.1 证人证言的概念及特征

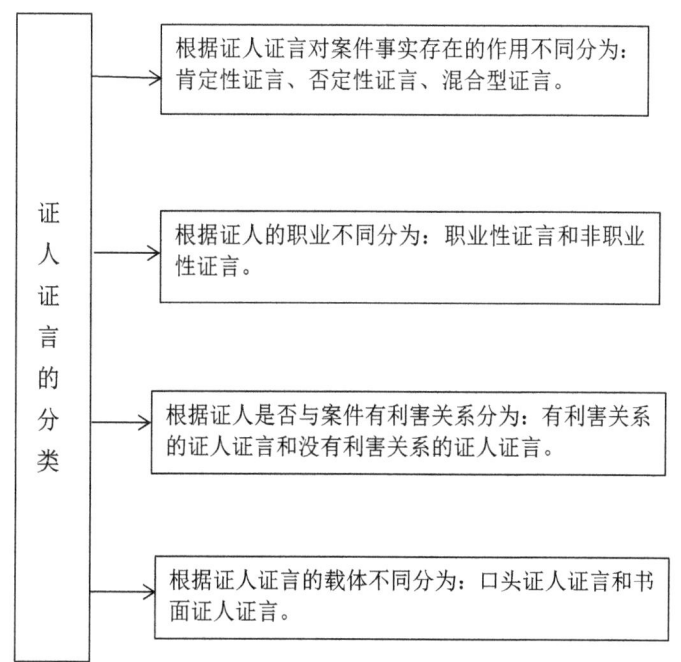

图 4.2 证人证言的分类

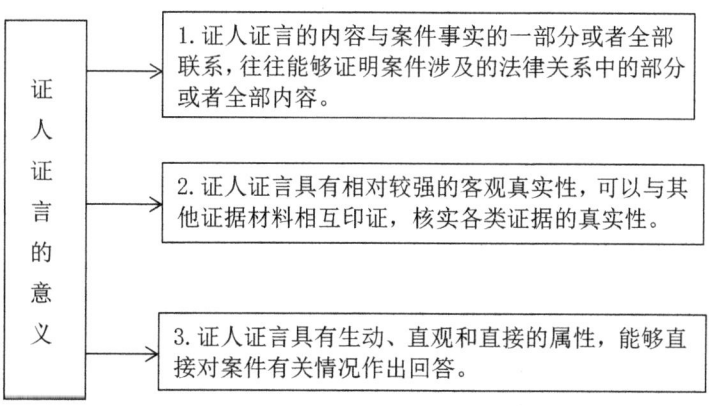

图 4.3 证人证言的意义

第五章 当事人陈述

本章学习任务

1. 当事人陈述的概念
2. 当事人陈述的特征
3. 什么是当事人承认
4. 当事人陈述的意义
5. 刑事被害人陈述的概念与特征

一、当事人陈述的概念

【案例一】 当事人陈述

泰和县小龙镇由于地处山区的特殊地理环境,这里的耕牛在农闲时都放到大山里放养,几个月不找回家,因此,当地的农民经常打"牛"官司。某日,李某看见邻村张某家牛圈里的牛,认为是自己的而牵回家,双方因此产生纠纷,张某将李某告上法庭。庭审中,除双方和证人对该牛的毛色、毛圈、牛角等外部基本特征进行了描述外,李某陈述的"该牛左耳上有一个永久性的小洞,被毛盖住不能直接看到",以及张某证人陈某所陈述的"该牛是2004年3月我卖给张某的,该牛右前蹄的底部有白毛"的事实均经现场查看得到证实。法院认为,原告张某的证人陈某所陈述的特征的隐蔽性明显大于被告李某所证明的事实,根据证据的高度盖然性原则,依法判决确认诉争之牛归原告张某。[1]

思考问题

结合本案理解当事人陈述的概念？

参考意见与法理分析

当事人陈述是指当事人在诉讼中就自己所知道的有关案件事实情况向办案机关所作的叙述。这里所说的当事人陈述包括民事诉讼中当事人陈述和行政诉讼中当事人陈述。这种陈述包括原告、被告、共同诉讼人、诉讼代表人以及第三人的陈述。在民事诉讼或行政诉讼中，当事人陈述包括以下主要内容：（1）案件事实情况的陈述；（2）诉讼请求的提出、说明和案件处理方式的意见；（3）对证据的分析、判断和应否采用的意见；（4）对系争事实适用法律的意见等。当事人陈述一般基于一定目的，希望在诉讼中起到对自己有利的作用或影响。但是，在诉讼中能起证明作用，可以作为证据使用的，只是当事人关于案件事实情况的陈述。它主要包括：（1）涉及实体法律关系和程序法律关系的各种事实；（2）民事争议或行政争议的发生、发展经过；（3）其他对正确处理案件事实情况的陈述等。

当事人基于诉讼利益而参加诉讼，向人民法院作出有关案件情况的陈述。需要注意的是，并不是当事人的任何陈述都是证据，都能起证据作用。作为证据来源的当事人不仅向法院陈述他所知晓的对案件具有法律意义或证据意义的事实材料，而且还提出请求，对应当解决的一切问题提出意见等各种各样的内容。这些内容主要包括以下几个方面：（1）关于案件事实的陈述；（2）关于诉讼请求的说明和案件处理方式的意见；（3）对证据的分析和应否采用的意见；（4）对系争事实的法律评断和适用法律的意见。

在当事人的陈述中，这些性质各不相同的陈述常常结合在一起，以达到对诉讼起不同的作用和影响的目的。但是，可以被当作证据看待的并不是当事人在诉讼中所谈到的一切，而只是他向法院所作的有关案件事实的陈述，因此，应对当事人陈述的内容加以严格区分，只有对当事人所作的对案件具

---

[1] "利用证据的高度盖然性巧断牛案"，载110法律咨询网，http://www.110.com/ziliao/article-235744.html。

有证据意义的事实陈述才能适用"当事人陈述"这一术语。

本案中李某陈述的"该牛左耳上有一个永久性的小洞,被毛盖住不能直接看到",属于当事人陈述,它是当事人根据自己的理解和记忆对有关案件情况,向人民法院所作陈述。本案在审理中,虽然双方当事人对诉争之牛的外部特征进行了详细地描述,并申请了许多证人予以证明,但这些外部特征容易直接感知,带有一定的倾向性,不足以判断牛的归属。尽管被告李某陈述该牛左耳上有一个不易发现的小洞的事实得到证实,但相比较原告证人陈某所证明的右前蹄底部有白毛的特有特征而言,被告所有证据的证明力明显小于这一特征的证明力,法官巧妙地利用证据的高度盖然性规则,作出诉争之牛归原告的判决,令人信服。

二、当事人陈述的特征

【案例二】 当事人陈述具有两面性

原告储德金诉称:被告刘兵因做生意需要资金,2012年12月26日向原告储德金借款6 000元。2013年6月23日,刘兵再次向储德金借款,储德金没有现金,在刘兵一再要求下,储德金在安徽岳西农村商业银行股份有限公司下属主簿支行(原安徽岳西农村合作银行主簿支行)贷款48 000元转借给刘兵,刘兵承诺利息由其支付。借款到期后,刘兵没有如约偿还本金和利息,储德金于2015年4月1日还清该贷款的全部本息。现依法提起诉讼,请求:(1)被告刘兵立即偿还原告储德金的借款本金54 000元和储德金已经给付银行的利息5 590.05元;(2)本金为6 000元借款的利息自2014年12月24日起按中国人民银行同期贷款利率计算利息至款清之日止;(3)被告刘兵自2015年4月1日起按中国人民银行同期贷款利率计算利息给付53 590.05元的利息至款清之日止;(4)由被告刘兵承担本案诉讼费和公告费。

被告刘兵辩称2012年12月26日没有向原告储德金借过6 000元,只借过48 000元。后经审理查明:原告储德金与被告刘兵是同村居民,相互认识。被告刘兵因做生意需要资金,2012年农历12月26日向储德金借款6 000元,储德金出具了借条。2013年6月23日,被告刘兵出具借条,向储德金借款48 000元。两份借条均没有约定借款利息和还款时间。

法院认为:公民之间合法的借贷关系受法律保护。本案中,被告刘兵向原告储德金借款，有其出具的借条为证，且没有证据证明该借贷关系违反法律规定，该借贷合法有效，理应偿还；其中的 6 000 元借款，没有约定归还时间和利息，原告储德金要求自起诉之日开始按银行同期贷款利率计算利息至款清日止的诉求，不违反法律规定，法院予以支持；另一笔 48 000 元的借款，原告储德金能够证明其在银行借款后转借给被告刘兵，且没有加收利息，本着公平合理的原则，被告刘兵理应承担在此期间产生的银行利息。原告储德金为减少损失，在借款展期到期后如约付清本息 53 590.05 元，其中的银行利息 5 590.05 元为储德金实际付出现金，因此，原告储德金要求被告刘兵自 2015 年 4 月 1 日起按银行同期贷款利率给付 53 590.05 元借款利息的诉求，法院予以支持。[1]

思考问题

结合本案谈谈你对当事人陈述具有双重性的理解。

参考意见与法理分析

首先，当事人陈述的双重性即陈述的真实性与虚假性。关于当事人陈述的真实性，一方面，当事人作为当事人陈述的证据来源，是发生争议的实体法律关系的主体，大都是案件事实的经历人，是引发争议的实体法律关系发生、变更和终止的行为的实施者。因此，当事人是对争议案件的事实情况了解和掌握得最直接、最全面也是最深刻的人。另一方面，当事人既然已将他们之间的争议提交法院进行裁决，就带有一种"到法院把事实讲清楚"的心态，因此当事人为了证明自己的主张的正当性和合理性，会自愿地、积极地向法院举证，陈述他们知道的有关案件的全部事实情况。对原告来说，一般是认为自身的合法权益受到了侵犯，因此为了"讨回公道"，使自己的权利恢复到未被侵害的状态或使自己能获得恰当的补偿，在主观上愿意将其感知记忆的案件情况向法院作客观的陈述。对被告来说如果认为原告的主张不合理或不尽合理，也愿意向法院陈述案件事实，以便有效地抗辩原告的主张，保护自己的合法权益。本案中，原告为使被告承担还款的责任，维护自身权益，向法院提起诉讼，被告在答辩中却谎称有一笔钱他不曾借过。原被告双方作

---

[1] 选编自 2015 年安徽省岳西县人民法院（2015）岳民一初字第 00159 号民事判决书。

为发生争议的法律关系的主体,其陈述对于发现案件真实,正确处理纠纷具有重要作用。

其次,关于当事人陈述的争辩性,诉讼中的双方当事人为了胜诉或获得对自己有利的结果,在整个诉讼过程中总是处于紧张的对立状态之中。当事人为了支持自己的主张和事实或者为了反驳对方当事人提出的不利于己的主张和事实,总是不断地提出有利于己的事实和证据。而在这个过程中,当事人向法院所作的陈述扮演着最重要的角色,成为诉讼双方对抗状态的最直接体现者。有时当事人会作承认性陈述,承认对方当事人提出的不利于己的事实或主张。在这种情况下,争辩性归于消灭,当事人认识到自己的错误或对方提出的事实和主张的正确性和合理性而为承认。因此,从某种意义上说,正是当事人陈述的争辩性使当事人为承认性陈述。[1]

【案例三】 当事人陈述具有全面性

原告陈丽玉起诉称:2014年10月8日,被告陈允传驾驶二轮电动车,途经苍南县灵溪镇韩桥北街203号前路段时,与陈丽玉的二轮电动车发生碰撞,造成原告陈丽玉受伤及两车不同程度损坏的交通事故。该事故经苍南县公安局交通警察大队认定,被告陈允传负事故全部责任,原告不负事故责任。原告受伤后,在苍南县人民医院进行治疗。原告受伤至今,就赔偿事宜经交警部门调解未果。为维护原告的合法权益,故来院起诉,诉讼中原告将诉讼请求确定为:(1)判令被告陈允传赔偿原告医疗费3 000元;(2)本案诉讼费由被告承担。被告陈允传未作答辩。

原告陈丽玉为支持其主张的事实,在举证期限内提供了下列证据材料:(1)身份证、户籍信息,用以证明原、被告的诉讼主体资格;(2)医疗票据,用以证明原告的医疗费用支付情况;(3)道路交通事故认定书,用以证明被告负事故全部责任的事实。经庭审出示,被告陈允传未出庭应诉视为放弃质证权利。本院经审查后认为,对原告提供的上述证据,其来源形式合法,内容客观明确,与待证事实具有关联性,本院确认上述证据作为认定本案相关事实的依据。

经审理查明,法院认定的交通事故发生的事实及责任认定与原告诉称的

---

[1] 参见卞建林、刘玫主编:《证据法学案例教程》,知识产权出版社2012年版,第69页。

事实一致。另查明：原告因本案交通事故受伤后，即被送往苍南县人民医院进行门诊治疗，期间原告支付了医疗费 3 013.70 元。[1]

思考问题

结合本案谈谈如何理解当事人陈述具有全面性特征。

参考意见与法理分析

当事人与案件事实有直接利害关系，对争议的产生、发展、变化等事实情况知道得最为清楚，甚至了解事情的起始动因以及因果关系，其真实的陈述能为办案机关提供较为全面的案件事实情况。相对于证人证言、鉴定意见等对某些事实的陈述，当事人能够直接全面地了解案件情况，其陈述内容具有广泛性和深刻性。

本案中原告与被告之间发生侵权法律关系，原告提供了比较全面的案件事实情况，而且提供了充分的证据证明，所以能够让法院全面了解案件情况，作出公正的裁判。

三、什么是当事人承认

【案例四】 当事人承认的含义

原告：北京市国东经济发展公司

被告：北京市海淀区规划管理局

第三人：中国外文出版发行事业局

原告不服被告 1999 年 6 月 2 日作出的"责令第三人于 1999 年 6 月 17 日前无条件拆除违法建设"的 1-182 号限期拆除通知，向法院提起行政诉讼。

原告诉称：被告明知原告在此建筑物中的产权地位，故意不向其送达限期拆除决定，严重侵犯了其合法权益。

被告答辩认为：1995 年 12 月其依据第三人的申请，批准第三人在海淀区西三环北路 89 号建设临时工业用房，期限为两年。在使用期限内，被告与第三人间建立了行政管理关系。到期后，因第三人未申报延长使用期，该临时

---

[1] 选编自 2014 年浙江省苍南县人民法院（2014）温苍民初字第 1424 号民事判决书。

建筑已属违法建筑，作为使用单位，第三人负有拆除的义务。其对第三人作出并送达限期拆除决定，符合法律规定，无须向原告送达拆除决定。

第三人认为：第三人通过行政划拨合法取得了西三环北路89号的土地使用权。1995年，第三人以自己的名义向被告申请在自有土地上建设临时建筑，得到批准。根据"房随地走"的原则，第三人是上述临时建筑的使用单位。在批准的两年使用期满前，因无继续使用此临时建筑的需要，未申请被告延长使用期。被告作出拆除决定是依法行使对违法建设的查处权，第三人愿意服从并履行被告作出的拆除决定。

法院经审理查明，原告仅是基于其与第三人下属公司订立的房屋租赁协议而取得了第三人所有的部分房屋的使用权，原告事实上的使用行为不能否定第三人为上述临时建筑的使用单位的事实。[1]

思考问题

什么是承认？本案第三人的行为是否构成了承认？为什么？

参考意见与法理分析

承认，是指当事人一方对他方所主张的不利于己的事实承认其为真实或者对他方的诉讼请求加以认诺的意思表示。根据现有法律和司法解释的规定，要构成承认，必须具备以下三项条件：（1）承认的主体只能是当事人。这里的当事人包括原告、被告、共同诉讼人第一人和法定代理人。（2）承认的内容是承认对方当事人所主张的不利于己的事实或者对对方当事人提出的诉讼请求加以认诺。这里的不利于承认主体的事实是由对方当事人提出的，而不是由承认主体本人提出的；必须是对方当事人提出的对己不利的事实而不是有利的事实。（3）承认必须为明确的意思表示。承认对方当事人所主张的不利于己的事实为真实或者对对方当事人以书面形式提出的诉讼请求的认诺，必须以语言或书面的形式明确、积极地作出，而不能以消极的沉默为承认。

本案第三人的行为已构成了承认。因为：（1）这里的承认为第三人承认，因此承认的主体合格。（2）第三人承认的内容为被告答实，即"到期后，因

---

[1] 参见北京市高级人民法院编：《人民法院裁判文书选——北京2000年卷》，法律出版社2001年版，第757~761页。

第三人未申报延长使用期,该临时建筑已属违法建筑,作为使用单位,第三人负有拆除的义务"。该事实是被告提出的,并且是对第三人不利的事实,因此第三人承认的内容符合构成承认的第一项条件。(3) 本案中,第三人表示愿意服从并履行被告作出的拆除决定,其以明确的意思表示承认被告主张的不利于己的事实为真实,因而也符合了承认的第三项条件。

【案例五】 当事人承认的特征和分类

原告张某诉被告某县爆竹厂货款纠纷案已由某县人民法院公开开庭进行了审理。审理中,双方当事人进行了陈述。

原告张某诉称:多年来爆竹厂多次到我家购买原材料和半成品,前期该厂能按时付款,到了后期,该厂以各种理由拒付货款,1998年8月8日,双方进行结算,该厂共欠我货款6万元。此后,我多次向该厂的领导催收,但他们均以困难为由一拖再拖,拒不偿还。因此,向法院提起诉讼,要求被告偿还所欠的货款6万元及利息等。

被告辩称爆竹厂结欠原告货款是事实,但其中有部分原材料不合格,价值1.5万元,认为该部分货款应予减除。并提出原告曾因资金周转不灵,于2006年2月向本厂借现金4 000元,又于同年9月向本厂借现金3 000元,两笔借款至今未还。

原告称:我确实于2006年2月向被告借现金4 000元,但已在同年5月将4 000元偿还被告;2006年9月向被告借的3 000元尚未偿还。后来在审理中,原告又记起了一件事,他指出:在1997年3月爆竹厂来我家购买原材料时,已将其借的4 000元从该次的货款中扣除,这一事实有当时写的情况说明为证,因此实际上我已偿还向被告借的4 000元。[1]

思考问题

1. 结合本案,谈谈你对承认的特征的认识?

2. 根据不同的标准,可以对承认进行哪些分类?本案当事人的承认分别属于什么类别?

3. 本案当事人双方的陈述内容中哪些构成了承认?

---

[1] 参见卞建林、刘玫主编:《证据法学案例教程》,知识产权出版社2012年版,第79页。

参考意见与法理分析

1. 承认具有两大基本特征,即不可分性和不可撤销性。

承认的不可分性是指承认不得加以分割而作出不利的认定。当事人的陈述是不是承认,应当从整体上加以观察,不能断章取义,而作出不利于陈述者的认定。如本案中原告陈述其确实于1996年2月向被告借现金4 000元,但已在同年5月将4 000元偿还被告。在这里,法院不得只选择前半句而认定原告已有承认。

承认的不可撤销性是指承认一经作出,就产生效力,不得随意加以撤销。法院认定当事人承认的事实为真实,而免除对承认的事实负有举证责任的一方当事人的责任。因此,当事人要充分认识到承认的后果,一经承认,不得反悔。但是,对承认的不可撤销性也有例外,即在证明了承认不仅违反了真实的情况,而且当事人是基于错误才作出承认的可以撤销承认。本案中,不得随意撤销被告的承认;而对于原告的承认,他提出证据证明其因错误作出承认,已经违反了真实的情况,所以可以予以撤销。

2. 根据承认作出的时间和场合的不同,可分为诉讼上的承认与诉讼外的承认。诉讼上的承认是指当事人在诉讼过程中向人民法院作出的承认对方所主张的事项为真实的意思表示,又称为审判上的承认或裁判上的承认。本案中,双方当事人的承认都是在诉讼过程中作出的,因此都属于诉讼上的承认。

根据承认的客体的不同,可分为对事实的承认与对诉讼请求的承认。所谓对事实的承认,是指当事人一方对他方所主张的不利于己的事实承认其为真实的意思表示。而对诉讼请求的承认,是指被告对原告的诉讼请求,即某种实体权利义务关系之主张予以承认的意思表示。本案中,双方当事人的承认都是承认对方主张的不利于己的事实为真实的意思表示,因此都属于对事实的承认。

根据对当事人的承认是否附加限制为标准,可分为完全的承认与限制的承认。所谓完全的承认,是指当事人一方对另一方所主张的事实全部予以承认,又称为无条件的承认。而限制的承认是指当事人一方承认对方所主张的事实附加一定的限制条件,又称为有条件的承认。限制的承认主要有两种情况:(1)当事人一方在承认对方所主张的事实时,附加独立的攻击或防御方法;(2)当事人一方对于他方所主张的事实,承认其中一部分而争执其他部分。本案中,原告的承认为完全的承认;而被告的承认为限制的承认,并且属于其中的第一种情况,即附加了独立的攻击或防御方法,因为被告依原告之主张,承认有结欠货款之事实,但同时又提出应减除不合格原材料的价值1.5万元,即其提出了附加的独立防御方法。

3. 承认是指当事人方对他方所主张的不利于己的事实承认其为真实,对他方的诉讼请求加以认诺的意思表示。据此,可以认定本案存在两个承认:其一为被告的承认,其中有部分原材料不合格,价值1.5万元,认为该部分货款应予减除;其二为原告的承认,即2006年9月向被告借的3 000元还没有偿还。

四、当事人陈述的意义

【案例六】 当事人陈述有助于法院确定管辖权

2009年6月20日,原告A县绿源饮水机公司与被告B县良友不锈钢厂签订一份加工承揽合同。原告委托被告加工生产绿源牌Ⅰ型、Ⅱ型、Ⅲ型饮水机共计2 000台,总加工费为120万元。合同对验收标准、运输方式、付款方法作了约定。由于被告生产的系列饮水机存在严重质量问题,使原告在销售过程中出现返修、被索赔及滞销等情况。2009年9月13日,湖北武汉用户家中饮水机着火事故导致原告赔偿5 000元;同年12月5日,因湖南长沙用户家中饮水机烧毁事故赔偿8万元。被告生产的系列饮水机已经技术监督部门鉴定为不合格产品,原告多次与被告协商退回不合格产品无果。因此,原告向A县人民法院起诉,请求法院判令被告退还加工费及无条件接收积压的次品。

被告良友不锈钢制品厂在答辩期间提出管辖权异议,认为根据我国《民事诉讼法》的有关规定,因加工承揽合同纠纷提起的诉讼,由被告住所地或者合同履行地人民法院管辖。本厂与饮水机公司在合同中未对合同履行地作出约定,所以本案的被告住所地和合同履行地都为B县,应由B县人民法院管辖。

因此,A县人民法院将案件移送B县人民法院,由B县人民法院对此案进行审理。被告在B县法院审理案件过程中辩称:原告委托我厂制作的绿源牌饮水机是我厂"乐思源"品牌的技术设计,该产品经技术监督部门质量检验为合格产品。原告借个别事件,全面否定我厂产品质量,实为我厂不能接受，请求法院驳回原告的诉讼请求。在案件审理过程中，经原被告双方当庭举证质证，B县人民法院认为双方对标的物（饮水机）的质量问题争议较大，故委托技术监督部门对被告生产的现存放在原告仓库的三个品种型号的饮水机再次进行检验，检验结论为：样品经检验，不符合 Q/JY01－1994 和 GB4706.1-92 的要求，本次抽样不合格。

最后，B县人民法院判定原告将积压的次品饮水机退还被告；被告退还饮水机加工费及赔偿饮水机事故损失费共计12万元。[1]

思考问题

请结合本案对当事人陈述具有的这方面的作用予以说明：当事人陈述有助于法院确定管辖权、划定案件审理的基本范围。

参考意见与法理分析

当事人陈述具有的一个重要作用是其对法院确定管辖权、划定案件审理的基本范围有着重大帮助。当事人一般是在其合法权益遭受侵害或者与他人发生争议时才求助于诉讼这种解决纠纷的手段的。他们希望通过法院的正确裁决保护自己的合法权益，但是法院实行"不告不理原则"，如果原告不到法院起诉，诉讼程序就不会启动。正是当事人的口头或书面的陈述行为，才使法院得以享有对当事人争议进行审理的管辖权而发动诉讼程序。被告向法院所作的陈述，如管辖权异议，使法院据以正确认定自己对案件是否有管辖权。可见，当事人陈述是法院正确确定管辖权，避免错误立案受理的有效途径。另一方面，原告的起诉、被告的答辩都是围绕着诉讼标的进行的。当事人在诉讼行为中所陈述的有关事实构成了人民法院审理案件的基本范围，人民法院要根据当事人的陈述，围绕着他们的诉讼请求，明确案件有关事实，才能正确处理各种纠纷。离开了当事人陈述，法院审理案件就会无的放矢，既不利于纠纷的彻底解决，又会造成司法资源的浪费。

在本案中，原告绿源饮水机公司因饮水机质量问题与良友不锈钢制品厂发生纠纷，向法院起诉以保护自己的合法权益。被告提出管辖权异议，使A县人民法院认定自己对本案没有管辖权，明确了对本案有管辖权的是B县人

---

[1] 选编自中国司法判例网。

民法院。所以，有了原告的起诉，本案的诉讼程序才得以启动；有被告向法院所作的关于管辖权异议的陈述，就避免了 A 县法院有可能对本案错误立案受理。在 B 县人民法院审理过程中，当事人陈述的有关事实，特别是双方争议较大的标的物（饮水机）质量问题构成了案件审理的基本范围。法院根据当事人的陈述，最终查明被告为原告加工生产的饮水机为不合格产品，正确地处理了双方当事人因饮水机质量问题而产生的纠纷。

【案例七】 当事人陈述有助于法院查清案情、正确断案、保护当事人合法权益

原告邱亮亮（以下简称其姓名）与被告北京运旺源运输有限责任公司（以下简称运旺源公司）、被告利宝保险有限公司北京分公司（以下简称利宝保险北京分公司）机动车交通事故责任纠纷一案。

邱亮亮诉称：2014 年 7 月 24 日 21 时，在朝阳区东四环大郊亭桥南，刘克成驾驶京 X 号大货车与我驾驶的京 X1 号机动车发生交通事故，经快速处理协议认定刘克成负事故全部责任。肇事车辆登记在运旺源公司名下，并在利宝保险北京分公司投保了交强险及商业三者险 5 万元。诉至法院，要求二被告赔偿其修车费 12 986 元。

运旺源公司辩称：我公司对交通事故责任认定没有异议。事故发生当时刘克成驾驶我公司车辆履行公司工作是职务行为。因肇事车辆在利宝保险北京分公司投保了交强险及商业三者险 5 万元，故应该由该保险公司予以赔偿。

利宝保险北京分公司辩称：我公司对交通事故责任认定没有异议。肇事车辆在我公司投保了交强险及商业三者险 5 万元。本次交通事故发生在保险期限内，事故发生后，我公司曾对邱亮亮受损车辆定损金额为 4 600 元，我公司同意按照定损金额赔偿邱亮亮修车费损失。

经审理查明：2014 年 7 月 24 日 21 时，在朝阳区东四环大郊亭桥南，刘克成驾驶京 X 号大货车与邱亮亮驾驶的京 X1 号机动车发生交通事故，经快速处理协议认定刘克成负事故全部责任。肇事车辆登记在运旺源公司名下，事故发生当时刘克成驾驶运旺源公司车辆履行公司工作是职务行为。事故发生后，邱亮亮将受损车辆送修，支付修车费 12 986 元，并提供修车费发票及维修结算单予以佐证。

另查，肇事车辆在利宝保险北京分公司投保了交强险，事故发生在保险期限内，财产损失赔偿限额2 000元。肇事车辆另投保了商业三者险5万元。利宝保险北京分公司曾经进行定损，定损金额为4 600元。

以上事实，有交通事故快速处理协议、修车费发票、结算单、定损通知及各方当事人当庭陈述等在案佐证。

法院认为：侵权行为人因其侵权行为导致其他人遭受损害的，应对导致的损害结果承担赔偿责任。本案中，刘克成负事故全部责任，因事故发生当时刘克成驾驶运旺源公司车辆履行公司工作是职务行为，故运旺源公司应赔偿邸亮亮的合理损失。机动车发生交通事故造成人身伤亡、财产损失的，由保险公司在交强险保险责任限额内予以赔偿，超过交强险责任限额的部分，由商业三者险赔偿，不足部分由运旺源公司承担。

思考问题

结合本案谈谈当事人陈述有助于法院查明案件的作用。

参考意见与法理分析

当事人陈述具有的一个重要作用是其对法院查清案情、正确断案、保护当事人的合法权益有着重大帮助。当事人是案件的直接利害关系人，人民法院调查了解审理案件事实往往首先是从当事人的陈述入手的。原告向法院提出诉讼请求，必须要有相关事实情况为依据；被告进行答辩和反驳也要递交所根据的事实和理由。可见，当事人在参加诉讼时必定会提出有关的事实根据以支持其主张，或者说明与案件处理结果有法律上利害关系的有关事实和根据，而这些事实和根据大多是以口头或书面陈述的形式出现的。当事人提出的这些事实和根据，不仅为法院明确证明对象，而且便于法院把这些对案件事实的系统陈述加以印证，借以了解案件的事实真相。人民法院正是通过对当事人提供的证据特别是当事人陈述和法院自行收集的证据的审查核实，去伪存真，而构建出相互协调统一的证明锁链或证据体系，以此作为定案的事实基础。

此外，不应忽略当事人陈述的反证意义。那些歪曲案情的不真实的陈述，对案件事实的认定也是有证据意义的。如果能够查明当事人陈述的欺骗性，就可以假定需要查明的事实是客观存在的。人民法院正是通过对当事人一致陈述的认定和不一致陈述的鉴别、比较，在结合其他证据加以逻辑整理的基础上，最终作出对事实的裁决，然后再通过适用法律解决纠纷，达到切实保障当事人合法权益的目的。从某种意义上，是当事人的陈述而不是其他证据，使法官在当事人双方的紧张对立中把握了事实真相，使司法正义成为现实。

五、刑事被害人陈述的概念与特征

【案例八】

1991年的一天凌晨，两个女孩（一个16岁，一个13岁）在家中睡觉时有人破窗入室，把她们捆绑起来强奸。事后，两个女孩向警察局报案说，那是一个黑人，好像是曾经在她们家干过零活的约瑟夫·阿比特。警方找来约瑟夫的照片，让两个被害人进行照片的混杂辨认。得到确认结果之后，警方便把约瑟夫定为嫌疑人。但是约瑟夫已离开当地，去向不明，案件只好搁置起来。1994年，警方通过线索得知，约瑟夫被关押在得克萨斯州的拘留所里，因涉嫌支票欺诈而接受审查，于是通过州际警察合作把约瑟夫抓捕归案。

1995年6月，当地法院组成陪审团，开庭审理约瑟夫涉嫌强奸、绑架、入室盗窃案。虽然警方在案件现场提取到带有精斑的被害人内裤、床单等物证，但是DNA鉴定结论表明内裤和床单上的精斑可能是约瑟夫的，也可能不是约瑟夫的，属于非确定性鉴定结论。实际上，公诉方指控约瑟夫的主要证据就是两个被害人的辨认，包括二人在法庭上的当庭指认。约瑟夫否认有罪，声称自己在案发那天上早班，没有作案时间。辩护律师还请他当年的雇主出庭作证。检察官在质证时要求雇主提供该公司当时的上班打卡记录，但雇主说四年过去了，记录没有保存。经过评议，陪审团认定被告人约瑟夫有罪。随后，法官判处约瑟夫两个终身监禁外加110年。约瑟夫提出上诉。1996年，上诉法院维持原判。

约瑟夫坚称自己是无辜的，不断提出申诉。2005年，北卡州的"无辜者中心"经过审查认为，这可能是一起冤案，而且存在通过DNA鉴定纠错的可能性，于是受理了他的申诉。虽然北卡州当时还没有要求警方在判决之后保存物证并向申诉的当事人提供物证的法律规定，但是该警察局还保留着当年的内裤、床单等物证，并同意约瑟夫的代理律师请专家重新进行DNA鉴定。第一次鉴定的精确度不够，得出的结论还是非确定性的。第二次鉴定使用了更为精确的检测方法，终于得出确定性结论——那些精斑不是约瑟夫的。随后,"无辜者中心"的律师代理约瑟夫向法院请求再审。经过相当漫长的诉讼,2009年9月2日,约瑟夫终于拿到了法院的无罪判决。至此,他已经在监狱里被关押了14年,而他的索赔诉讼还在进行中。[1]

思考问题

结合本案谈谈被害人陈述的概念和特征。

参考意见与法理分析

被害人陈述是指受犯罪直接侵害的人就其遭受犯罪行为侵害的事实以及犯罪人的情况向办案机关所作的陈述。被害人陈述的内容主要包括:(1)叙述犯罪人侵害的实际经过;(2)提供犯罪人的个人体貌特征等基本情况;(3)提出有关维护自己合法利益的请求。作为证据上的被害人陈述只包括叙述犯罪人侵害的经过和提供犯罪人的个人情况,不包括提出维护自己合法权益的相关请求性陈述。

从程序意义上说,被害人陈述包括公诉案件被害人所作的陈述,也包括自诉案件中作为自诉人的被害人和刑事附带民事诉讼中作为附带民事诉讼原告人的被害人关于案件事实所做的陈述。在美国,还存在一种被害人影响陈述,也称为被害人被害陈述(Victim Impact Statements),是指被害人就犯罪行为所遭受的社会、经济、生理和心理的损害提出的感受、看法,主要用来表明被害人所遭受的损害。[2]这种陈述对量刑存在影响,但在性质上不同于我国的被害人陈述。被害人陈述与其他证据相比具有以下特征。

(一)被害人陈述是直接受到犯罪行为侵害的人的叙述

被害人是遭受犯罪行为直接侵害的人,是诉讼中的当事人,具有当事人的权利和义务,其诉讼地位不同于与案件无利害关系的证人、鉴定人等其他诉讼参与人。一般在涉及人身权犯罪的案件中,被害人与犯罪人有过直接的接触,曾置身于犯罪过程之中,对犯罪行为、过程及犯罪人体貌特征有一定的了解,能够较全面地陈述犯罪过程的事实以及犯罪前后的具体情节。被害人陈述与目击证人的证言存在内容上的相似性,但在诉讼地位上被害人与证

---

[1] 参见何家弘:"美国刑事错案一瞥",载《法制资讯》2011年第5期。
[2] 参见沈达明编著:《英美证据法》,中信出版社1996年版,第52页。

人属于不同的诉讼参与人。

我国《刑事诉讼法》（2018修正）第127条规定了询问被害人适用证人的有关规定，但被害人陈述与证人证言还是存在差别的，由于被害人在案件中"身受其害"，这决定了被害人作证与证人作证既有共同点又存在许多重大差异，二者不能混同。被害人在以下方面不同于证人：（1）被害人同案件的关系与证人同案件的关系不同。被害人是犯罪行为的直接受害者，与案件的事实有着切身的直接利害关系；证人只是了解案情的人，与案件事实之间一般无直接利害关系。（2）被害人参与诉讼活动的理由是由于其合法权益受到不法侵害；证人是由于了解案情、履行公民向国家作证的义务。（3）被害人参加诉讼活动的目的在于维护自己的合法权益；而证人参与诉讼是协助办案机关查明案情。（4）被害人的陈述具有控诉的性质，内容比较广泛；证人主要是提供他了解的与案件有关的事实。（5）与故意作虚假证言的法律后果不同，前者情节严重的，构成诬告陷害罪；后者构成伪证罪。

（二）被害人陈述的内容一般具有直接性

被害人在犯罪人实施犯罪过程中，一般既了解犯罪人作案的过程等情况，也知晓犯罪人的人体特征，同时又直接遭受犯罪的侵害，对犯罪经过的独特感受是其他任何人不具备的，也是无法替代的，对于某些案件（如伤害、抢劫、强奸、诈骗、绑架等案件）更是刻骨铭心，甚至终生难忘。被害人陈述对于揭露、证实犯罪具有较高的证据价值。在某些案件中，尤其是财产侵害案件，被害人虽然不能亲身接触到犯罪人及犯罪过程，但对于涉及的案件事实相对比较清楚，如盗窃案件，对被盗窃财务数量的多寡以及盗窃发生的时间相当明确。因此，被害人陈述可以作为一种具有独立来源的证据类型。

（三）被害人陈述存在着真假交织性与复杂性

由于被害人与犯罪案件存在着直接的利害关系，基于仇恨犯罪以及报复犯罪的心理，其陈述往往夸大其词，有些内容存有添枝加叶的成分；有时会因案发当时情况紧急或者精神紧张对犯罪存在错误认识，出现一些错误的陈述，其陈述内容的真实性与虚假性常常交织在一起，甚至存在为陷害他人而作虚假陈述的可能。

被害人在向办案机关作陈述时，不仅就案件事实进行陈述，其陈述中往往还包括自己对犯罪人的控诉、要求以及附带民事诉讼的请求等，这些内容交织在一起使陈述具有一定的复杂性。在控诉中往往会存在被害人以其自身感知的案件情况的陈述。

（四）被害人陈述具有不可替代性

被害人陈述只能由被害人本人亲自提供而不能由他人代替，具有与证人相似的特征。在有些未成年人为被害人的案件，因未成年人陈述需要监护人在场，未成年被害人陈述时，常出现监护人补充的情况。监护人补充的内容不是被害人陈述，不能作为被害人陈述的内容。

本案中，约瑟夫服刑期间坚持称自己是无辜的，不断提出申诉，后得出确定性鉴定意见，即精斑不是约瑟夫的，他得到了法院的无罪判决。两个女孩作为受害人，其陈述与指认出现了错误，为什么会出现这种错误呢？我们认为这并不属于诬告陷害，而是由于被害人陈述这种言词证据的复杂性导致的，因此我们应当正确把握这种证据。

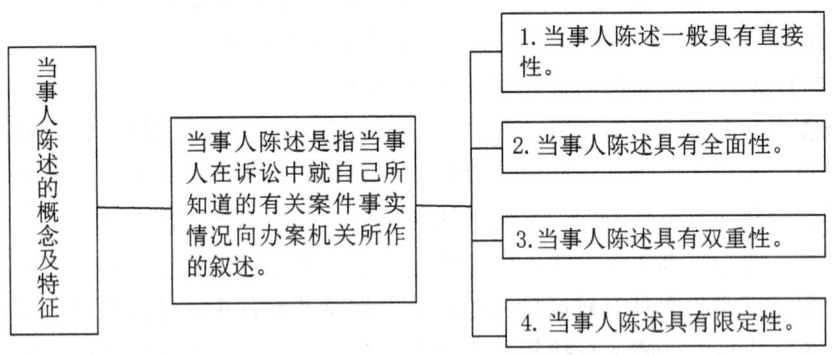

图 5.1　当事人陈述的概念及特征

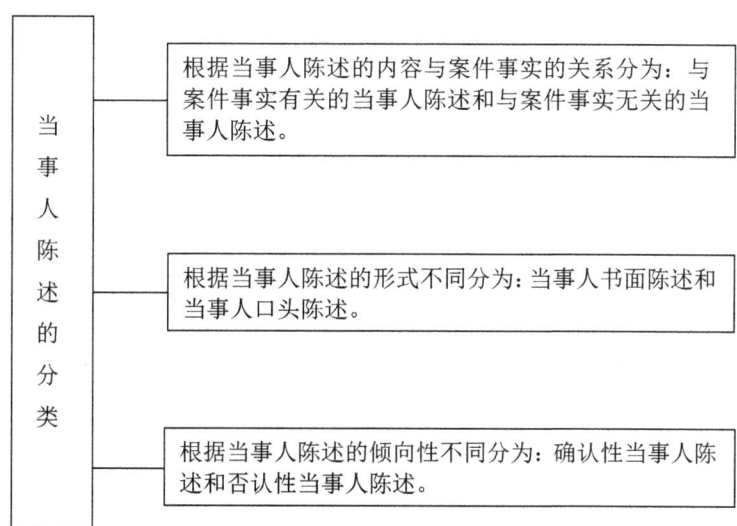

图 5.2 当事人陈述的分类

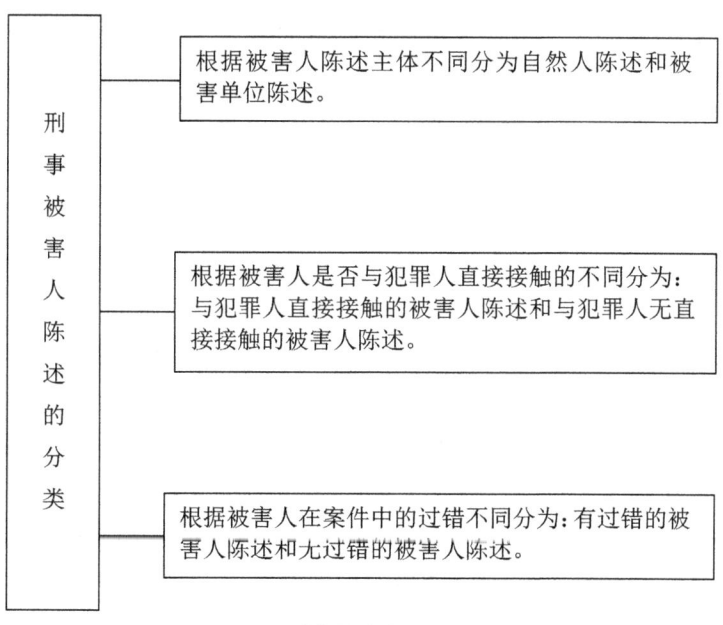

图 5.3 刑事被害人陈述的分类

第六章
犯罪嫌疑人、被告人供述和辩解

本章学习任务

1. 犯罪嫌疑人、被告人供述和辩解的概念
2. 犯罪嫌疑人、被告人供述和辩解的特征
3. 犯罪嫌疑人、被告人供述和辩解的运用原则

一、犯罪嫌疑人、被告人供述和辩解的概念

【案例一】 犯罪嫌疑人、被告人供述和辩解的判断

1995年3月15日,河北省石家庄市中级人民法院对聂某在鹿泉市孔寨村村民的玉米地故意杀人、强奸妇女案判处死刑。2005年1月18日,河南省荥阳市公安局抓获通缉逃犯王某。王某供述其曾经多次强奸、杀人,其中一起是1994年8月,在其打工的石家庄市液压件厂旁边的一块玉米地里,奸杀了一名30多岁的妇女。2005年1月22日,河北省广平县警方押着王某,来到石家庄市液压有限责任公司(原石家庄市液压件厂)旁边鹿泉市孔寨村村民的玉米地,指认他当时的作案现场。在一审庭审中,王某意欲主动供认玉米地奸杀案,但被法官以"与指控无关"制止,被公诉方以"查无实据"驳回。2007年4月,一审宣判后,王某以未起诉他在石家庄西郊玉米地的奸杀案为理由之一,向河北省高级人民法院提出上诉。

2007年6月25日9时,河北省高级人民法院在邯郸市中级人民法院二审开庭审理王某故意杀人、强奸上诉一案。在二审中,辩方认为,王某供述的石家庄西郊玉米地强奸杀人的情况,不能认定是他所为。检察人员认为:(1)王某关于被害人尸体特征的供述与西郊案实际情况不符。该案中被害人尸体

身穿白色背心，颈部压有玉米秸，拿开玉米秸后，可见一件花衬衣缠绕在颈部。王某没有供述这一细节。（2）王某关于杀人手段的供述与西郊案的实际情况不符。该案中被害人尸体除颈部有花衬衣缠绕外，全身未发现骨折，被害人系窒息死亡；王某供述的是先掐被害人脖子，后跺胸致被害人当场死亡。（3）王某关于作案具体时间的供述与西郊案实际情况不符。（4）王某关于被害人的身高供述与被害人实际身高不符。

思考问题

结合本案理解犯罪嫌疑人、被告人供述和辩解的含义

参考意见与法理分析

犯罪嫌疑人、被告人供述和辩解，也称"口供"或"自白"，是指犯罪嫌疑人、被告人在刑事诉讼过程中，就与案件有关的事实情况向办案机关所作的供述和辩解。犯罪嫌疑人、被告人口供在各国的刑事诉讼法或证据法中均被作为证据的重要种类之一。

犯罪嫌疑人、被告人供述和辩解一般由三个部分组成：（1）犯罪嫌疑人、被告人的有罪供述，即犯罪嫌疑人、被告人向办案机关承认自己的犯罪行为，叙述犯罪的具体起因、过程、情节和后果等。（2）犯罪嫌疑人、被告人否认犯罪或者主张罪轻、应免除刑罚的辩解，即犯罪嫌疑人、被告人否认自己实施了犯罪行为，或者虽然承认自己的犯罪行为，但申辩、解释依法属于不应当追究刑事责任以及有从轻、减轻或免除处罚的情况。（3）犯罪嫌疑人、被告人检举、揭发同案其他犯罪嫌疑人、被告人的犯罪行为，即所谓"攀供"。

对犯罪嫌疑人、被告人供述和辩解中有关检举、揭发他人的犯罪内容的性质不能一概而论。犯罪嫌疑人、被告人检举、揭发的内容与其犯罪行为有联系的应当属于犯罪嫌疑人、被告人供述和辩解的组成部分。如果是为了立功或者从宽处理而对非同案犯罪嫌疑人、被告人的检举、揭发，或者是对同案犯罪嫌疑人、被告人与其共同犯罪以外的罪行的检举、揭发，则不属于犯罪嫌疑人、被告人供述和辩解。因这种检举、揭发的内容与共同犯罪的事实无关，一般可以作为侦查案件的线索或者作为另案的证据。

本案中，对王某的交代加以分析。其供述"曾经多次强奸、杀人，其中一起是1994年8月，在其打工的石家庄市液压件厂旁边的一块玉米地里，奸

杀了一名30多岁的妇女。"这属于供述,因为其交代的内容与自己犯罪有关。

二、犯罪嫌疑人、被告人供述和辩解的特征

【案例二】 犯罪嫌疑人、被告人供述和辩解具有直接性

2011年2月14日23时50分许,犯罪嫌疑人陈某(未成年人)、王某酒后行至某地夜市找朋友玩。王某进入夜市找人时,让陈某在夜市门口等候。陈某在等候期间,与从夜市里出来的受害人陶某发生口角,陶某打了陈某两巴掌,将陈某打倒在地。此时,王某从夜市内走出,发现陈某躺在地上,便询问发生何事。陈某告知王某:"我被人打了。"王某问:"谁打了你?"陈某便上前指认正准备离开的陶某,说:"就是他打的"。王某掏出随身携带的杀猪刀塞到陈某的手里,说:"谁打你的,你就捅谁!"陶某见状即到自己私家车后备箱内取出一根钢管,陈某手拿杀猪刀站在原地,未发一言,亦没有上前。王某见陈某没有反应,就将陈某手中的杀猪刀夺回,上前与陶某对殴,在打斗过程中,王某将陶某捅伤在地,犯罪嫌疑人陈某见陶某倒地,遂上前踢了陶某两脚,后陶某被朋友送往医院救治。犯罪嫌疑人王某、陈某随即离开现场。在审问过程中,王某如实供述在斗殴的过程中是他用刀子将陶某捅伤的,他当时也是头脑发热,想逞强好胜。[1]

思考问题

结合本案如何理解犯罪嫌疑人供述和辩解具有直接性?

参考意见与法理分析

犯罪嫌疑人、被告人是案件的当事人,他们对自己是否犯罪以及犯罪的情节和过程,犯罪前后及犯罪过程中的心理状态最为清楚,也最为了解。因此,犯罪嫌疑人、被告人客观真实的有罪供述,能够详尽地陈述其犯罪的动机、目的、作案的手段、过程、具体情节和结果以及赃物的去向等,尤其是犯罪构成的主观方面,这对查明案件事实具有极其重要的价值。犯罪嫌疑人、

---

[1] "以案例分析故意伤害罪的共同犯罪",载华律网,http://www.66law.cn/domainblog/96485.aspx.

被告人所作的无罪或罪轻的辩解一般也会说明理由或提出某些具体的事实根据，为查明案件事实提供依据支持。

在共同犯罪案件中，犯罪嫌疑人、被告人的口供还可以展现不为人知的在共同犯罪中的分工、地位、实施犯罪的全过程以及犯罪集团、有组织犯罪的形成及其实施犯罪的各种情况，因此，查证属实的犯罪嫌疑人、被告人的供述和辩解，可以证明案件事实的全貌，成为认定案件事实最为直接的证据；犯罪嫌疑人、被告人供述和辩解的这一优点，是其他证据类型无法比拟的。这也是犯罪嫌疑人、被告人的"口供"在法定证据制度中被奉为"证据之王"的主要原因。

本案中犯罪嫌疑人王某对自己实施的犯罪行为，比任何人都清楚。犯罪嫌疑人、被告人供述可以全面详尽地反映出作案的动机、目的、手段和过程，经查证属实一般可以成为认定案件事实的直接证据。

【案例三】 犯罪嫌疑人、被告人供述和辩解的其他特征

2010年10月6日凌晨1时许，被告人林某、陈某路过林羊农场中学旁边的"丽华快餐店"时，看到被害人李某和钟某在店里喝酒。陈某走进店里拍钟某的肩膀打招呼，李某误会责问为何打钟某，引起双方争吵。经钟某解释后，大家一起坐下来喝酒。言谈间因互相顶撞，两被告与李某又发生争吵，相互厮打，经钟某和该店厨师劝阻后，双方各自离开。3时许，被告人林某、陈某又回到"丽华快餐店"，见李某也返回该店，又与其争吵。钟某劝阻并护送李某回住处休息。当二人走到农场报刊亭处时，被告人林某、陈某持啤酒瓶追打李某，钟某拦住陈某，林某刺中李某左胸部。而后二人逃离现场。李某经送医院抢救无效死亡。林某被抓捕归案，陈某潜逃。林某在公安机关的几次讯问中，第一次不承认是自己刺中李某，第二次说是陈某刺的，后来又承认是自己刺中了李某。在开庭审判时，林某又说是陈某刺中了李某，自己之所以承认是警察刑讯逼供的结果。[1]

思考问题

结合本案谈谈犯罪嫌疑人、被告人供述和辩解的其他特征。

---

〔1〕 选编自2002年海南中级人民法院（2002）海南刑初字第51号刑事判决书。

参考意见与法理分析

除了上述案例中具有直接性特征外,犯罪嫌疑人、被告人供述和辩解还具有以下两个特征:

第一,犯罪嫌疑人、被告人的供述和辩解内容具有不稳定性。

在刑事诉讼过程中,基于某种原因,犯罪嫌疑人、被告人的供述往往前后不一致,其陈述的内容之间存在矛盾,表现出极大的不稳定性。

犯罪嫌疑人、被告人供述和辩解属于言词证据,而言词证据易受陈述主体的心理情绪、个人感情及思想变化的影响或外在因素的左右。由于犯罪嫌疑人、被告人与刑事诉讼的结果有着直接的利害关系,往往基于某种利益的考虑或受某种外界因素的影响,导致其供述和辩解带有易变的特点。如有的犯罪嫌疑人、被告人在诉讼之初存在侥幸心理,企图蒙混过关,作了否认犯罪或否认罪重的虚假供述,后经办案人员的政策教育而真诚悔罪,或者在确凿的证据面前认为无法抵赖又如实供述;有的犯罪嫌疑人、被告人在供述有罪或者罪重之后,由于受到羁押场所其他犯罪嫌疑人、被告人的教唆,为了逃避惩罚而推翻以前的供述;有的犯罪嫌疑人、被告人的亲友在迫使、收买某些被害人、证人改变陈述或证言的情况下,经过各种渠道与犯罪嫌疑人、被告人"通气",使其改变供述,出现串供现象;也有的犯罪嫌疑人、被告人根本没有实施犯罪,在办案机关的错认强迫下,违心供述了自己没有的罪行,诸如此类。犯罪嫌疑人、被告人的供述在司法实践中具有"前供后翻""时供时翻""边供边翻"等不稳定的变化特征。被告人林某的供述很不稳定,主要是因为同案犯未抓获,林某企图推脱自己的责任逃避惩罚。

第二,犯罪嫌疑人、被告人的供述和辩解的内容具有复杂性。

犯罪嫌疑人、被告人的供述常常有真有假、真假混杂,表现出相当的复杂性。从承认有罪的供述来看,犯罪嫌疑人、被告人除投案自首可能是真诚悔罪者外,大多是为了减轻罪责或逃避惩罚而采取狡辩抵赖、避重就轻的手法来掩盖罪行。有的只讲自己从轻或减轻的犯罪情节,回避不利于自己的从重的犯罪情节;有的只承认已被办案机关掌握的犯罪事实,否认、掩盖其他未被发现的罪行;有的为了转移办案人员的视线或试探办案机关掌握的事实和证据情况而承认并不存在的犯罪事实;有的为了掩盖同伙或亲友的罪行代人受过而违心供述等。

从否认有罪或罪重的辩解来分析，大致存在两种情况：一种是犯罪嫌疑人、被告人确实无罪或罪轻，而进行实事求是的辩解。有些犯罪嫌疑人被告人否认有罪或罪重，又提不出证据或说不出理由的，但对此也不要轻易得出否定的结论。另一种是犯罪嫌疑人、被告人确实犯罪或犯重罪而作无罪或罪轻的辩解。

对同案犯罪嫌疑人、被告人供述和辩解不能作为定案的唯一依据。如果一个案件中仅有同案犯罪嫌疑人、被告人的口供，没有其他证据的，不能依此认定被告人有罪并处以刑罚。这是因为：（1）同案犯罪嫌疑人、被告人的口供相互之间不是证明犯罪事实的证人证言。犯罪嫌疑人、被告人的口供与证人证言，在证据法上属于两种不同的证据类型。对于同案犯罪嫌疑人、被告人相互揭发的同案事实，不能按照一般证人证言来对待。尽管同案犯罪嫌疑人、被告人的口供中有彼此互相牵连的供词，但同案犯罪嫌疑人、被告人彼此揭发的供词在性质上仍属口供，不是一般意义上的证人证言，不能作为定案的唯一依据。（2）同案犯罪嫌疑人、被告人一旦推翻口供，据以定案的口供就无任何证据支撑，如果同案件的犯罪嫌疑人、被告人前供后翻，也难辨其真假，其相互印证就失去依据。（3）同案犯罪嫌疑人、被告人检举揭发同案犯罪嫌疑人、被告人与本案无关的犯罪事实问题，可视为另案的证人证言。（4）从犯、协从犯的口供可以作为证明首犯、主犯罪行的证据。共同犯罪往往有分工，因共同犯罪人参与犯罪的程度和在犯罪中起的作用以及所处的地位不同，存在主犯与从犯之分。司法实践中，一般将处于次要地位和从属地位的销赃者、包庇者、窝藏者以及窝赃者等，揭发首犯、主犯、实行犯的口供，可按证人证言处理，但他们并不以证人的身份出庭作证，这仅说明他们的口供起证明同案犯的作用，同时还应当在案件中有其他证据证明。

三、犯罪嫌疑人、被告人供述和辩解的运用原则

【案例四】 重证据、重调查研究、不轻信口供

1998年2月15日，商丘市柘城县老王集乡赵楼村赵振晌的侄子赵作亮到公安机关报案，其叔父赵振晌于1997年10月30日离家后已失踪4个多月，怀疑被同村的赵作海杀害，公安机关当年进行了相关调查。

1999年5月8日，赵楼村在挖井时发现一具高度腐烂的无头、膝关节以

下缺失的无名尸体，公安机关遂把赵作海作为重大嫌疑人于5月9日刑拘。1999年5月10日至6月18日，赵作海做了9次有罪供述。

2002年10月22日，商丘市人民检察院以被告人赵作海犯故意杀人罪向商丘市中级人民法院提起公诉。

2002年12月5日商丘中院作出一审判决，以故意杀人罪判处被告人赵作海死刑，缓期二年执行，剥夺政治权利终身。省法院经复核，于2003年2月13日作出裁定，核准商丘中院上述判决。

2010年4月30日，赵振晌回到赵楼村。经调查，1997年10月30日夜，赵振晌携自家菜刀在杜某某家中向赵作海头上砍了一下，怕赵作海报复，也怕把赵作海砍死，就收拾东西于10月31日凌晨骑自行车，带400元钱和被子、身份证等外出，以捡废品为生。因2009年患偏瘫无钱医治，才回到村里。

2010年5月5日下午，省法院决定启动再审程序。

2010年5月7日下午，商丘中院递交了对赵振晌身份确认的证据材料。

2010年5月8日下午，省法院召开审委会，认为赵作海故意杀人一案是一起明显的错案，审委会决定：

一、撤销省法院（2003）豫法刑一复字第13号刑事裁定和商丘市中级人民法院（2002）商刑初字第84号刑事判决，宣告赵作海无罪。

二、省法院连夜制作法律文书，派员立即送达判决书，并和监狱管理机关联系放人。

三、安排好赵作海出狱后的生活，并启动国家赔偿程序。

2010年5月13日上午，河南省高院召开新闻发布会宣布：给予赵作海国家赔偿及生活困难补助共计65万元，商丘市中级人民法院宋海萍院长亲手交付给了赵作海。

办案机关承认"赵作海冤案"存在刑讯逼供。虽然在案件审理过程中，赵作海也曾经提出自己受到刑讯逼供。但法院在庭审过程中均置之不理，也没有对案件仔细核实，最终酿成错案。

思考问题

结合本案谈谈运用口供应当遵循的原则。

参考意见与法理分析

重证据、重调查研究、不轻信口供,是我国司法实务经验的总结,也是运用口供应遵循的原则。我国《刑事诉讼法》(2018 修正)第 55 条规定:"对一切案件的判处都要重证据,重调查研究,不轻信口供。"这是重证据、重调查研究,不轻信口供原则应遵循的法律依据,也是我国证据制度的特色。不轻信口供,是由口供的性质与特点决定的。犯罪嫌疑人、被告人与诉讼结果有切身的利害关系,其口供既可能反映案件的事实真相,也可能歪曲事实、制造假象。实践证明,轻信犯罪嫌疑人、被告人口供,倚重犯罪嫌疑人、被告人口供,是造成冤假错案的重要原因。所以,对犯罪嫌疑人、被告人口供,绝不能盲目地、轻易地相信;在运用犯罪嫌疑人、被告人口供时,应当注重调查研究,将主要精力放在收集口供以外的其他证据上,用其他证据审查、核实犯罪嫌疑人、被告人口供。

本案中,正是由于侦查人员过分依赖口供,对犯罪嫌疑人赵作海进行多次刑讯逼供,迫使赵作海写下有罪供述,才最终导致错案的发生。在案件审理过程中,审判人员也没有对案件进行仔细核实,而是凭借公诉机关的指控判决赵作海犯有故意杀人罪。如果不是"被害人"在十几年后重新出现,那么将永远无法还原事实真相。因此,在办案过程中,必须重证据、重调查研究,结合案件的物证、书证鉴定结论等证据综合认定案件事实,而不能单纯依赖口供定案。

针对近年来在各地多次发生的刑讯逼供现象,为了不断规范办案人员的取证行为,保障犯罪嫌疑人、被告人的合法权益,2010 年 6 月 13 日,最高人民法院、最高人民检察院、公安部、国家安全部和司法部联合发布了《关于办理刑事案件排除非法证据若干问题的规定》和《关于办理死刑案件审查判断证据若干问题的规定》。在《关于办理刑事案件排除非法证据若干问题的规定》中,明确了应由控方对被告人审判前供述的合法性负举证责任和相应的证明标准;在控方不举证或者已提供的证据不够确实、充分的情况下,则应当承担不能以该证据证明指控的犯罪事实的法律后果和责任。在《关于办理死刑案件审查判断证据若干问题的规定》中,也规定了不能用于死刑案件定案的证据情形,其中就包括"经勘验、检查、搜查提取、扣押的物证,没有勘验检查、搜查,提取扣押的笔录,不能证明物证、书证来源的;以刑讯逼供等非法手段取得的口供"。这两项规定的出台对于防止刑讯逼供导致冤假错案现象的屡次发生起到了重要作用,同时也对审查犯罪嫌疑人、被告人的供述和辩解提出了新的要求。

【案例五】 刑讯逼供获得的口供应当排除

1998年4月20日19时左右,昆明市公安局通讯处民警王晓湘及昆明市石林县公安局副局长王俊波被人枪杀,二人尸体后被人发现置于一辆牌照号为云O-A0455的昌河微型警车上,载尸汽车被人从第一现场移动弃置于昆明市圆通北路40号一公司门外人行道上。

这一案件引起了云南省和昆明市的高度重视,昆明市公安局刑侦支队抽调精兵强将组成专案组侦破此案。4月22日下午,犯罪嫌疑人、王晓湘丈夫、昆明市公安局戒毒所民警杜培武被拘押讯问,7月2日被刑事拘留,8月3日经昆明市人民检察院批准逮捕杜培武,10月20日昆明市检察院以杜培武犯故意杀人罪向昆明市中级人民法院提起公诉,1999年2月5日昆明中级人民法院作出一审判决,判处杜培武死刑。至此,一起骇人听闻的冤案宣告形成。

2000年6月中旬,昆明公安机关破获杨天勇等抢劫杀人团伙案,缴获王俊波被抢手枪(七七式,枪号:1605825)等赃物,犯罪嫌疑人供认1998年4月20日杀害"二王"系他们所为。在确凿的证据面前,办案人员发现所谓"杜培武报复故意杀人"纯属子虚乌有,于是经上级同意,由云南省高级人民法院开庭审理宣告杜培武无罪释放。

在云南省高级法院关于杜培武案的《刑事判决书》中,有这样一句话:"被害人……被枪杀……的事实,已有由公安机关提供并经本院查证属实的新的证据证明非杜培武所为。原审判决认定杜培武犯罪的证据已不能成立"。[1]

思考问题

结合本案谈谈杜培武的口供能否作为认定有罪的根据?

参考意见与法理分析

犯罪嫌疑人、被告人口供是法定证据之一,但是我国法律严禁以刑讯逼

---

[1] "杜培武案",载中文百科在线,http://www.zwbk.org/MyLemmaShow.aspx?lid=201119。

供的方法获得口供，以刑讯逼供的方法获得的口供必须排除。我国已经签署加入《禁止酷刑和其他残忍、不人道或有辱人格的待遇或处罚公约》，该公约第 15 条规定："每一缔约国应确保在任何诉讼程序中不得援引任何确属酷刑逼供作出的陈述为证据，但这类陈述可引作对被控施用酷刑逼供者起诉的证据。"我国《刑事诉讼法》（2018 修正）第 52 条规定，严禁刑讯逼供和以威胁、引诱、欺骗以及其他非法的方法收集证据。最高人民法院《关于执行〈中华人民共和国刑事诉讼法〉若干问题的解释》（已失效）第 61 条规定："严禁以非法的方法收集证据。凡经查证确实属于采用刑讯逼供或者威胁、引诱、欺骗等非法的方法取得的证人证言、被害人陈述、被告人供述，不能作为定案的根据。"《人民检察院刑事诉讼规则（试行）》第 65 条也规定，以刑讯等非法手段收集的证人证言、被害人陈述、犯罪嫌疑人供述，不能作为指控犯罪的证据。法律之所以做这样的规定基于两点原因：（1）以刑讯逼供等非法手段获得的证据不能保证其真实性；（2）以刑讯逼供等非法手段获取证据严重侵害了犯罪嫌疑人、被告人、证人、被害人的人权。

本案杜培武陈述，他遭到了办案者十分野蛮十分残酷的刑讯，超出人的生理、心理忍耐极限。杜培武在酷刑下被迫承认自己实施犯罪：怎样对"二王"关系怀恨在心，怎样骗枪杀人，怎样抛尸，怎样选择第一现场……7 月 2 日，杜培武正式被刑事拘留，8 月 3 日被逮捕。7 月 19 日，杜培武被送到昆明市第一看守所关押，在向在押犯了解看守所民警不会打人的情况后，杜培武于 7 月 28 日分别向驻所检察官和市检察院提出《刑讯逼供控告书》，并向驻所检察官展示他手上、脚上、膝盖上受刑被打后留下的伤情。次日即 7 月 29 日，该检察官当着两名管教干部及上百名在押犯的面为杜培武验伤、拍照。因此，本案的口供必须排除，不能作为认定有罪的根据。法院应当作出无罪判决。

【案例六】 只有被告人供述，没有其他证据的不能认定被告人有罪

1991 年春节过后，被告人胥敬祥老家周口市鹿邑县杨湖口乡接连发生十几起抢劫案。当地警方投入大量警力展开侦破，一直没有大的进展。第二年 2 月，一老乡和他喝酒时，发现妻妹被抢的绿色毛背心在他身上。于是警方立即传唤胥敬祥。在胥敬祥的供词前后不一的情况下，当年 4 月，他被刑事拘留；几天后，检察院批准将其逮捕。之后，警方宣告系列抢劫案告破。由于

证据不足，在县公安局将胥敬祥以涉嫌抢劫罪移送到检察院后，检察院曾7次将案卷退回补充侦查。

1997年3月，案件终于开庭。鹿邑县法院以胥敬祥构成抢劫罪、盗窃罪，判处其有期徒刑16年。但全案指控其8起入室抢劫和2起盗窃的事实绝大多数存在时间错误、对象错误、事实错误、供证互相矛盾、无作案凶器、无犯罪同伙、无人证物证、无赃物等情况。但最终法院还是判决胥敬祥犯抢劫罪和盗窃罪，分别判处有期徒刑15年和1年，决定合并执行有期徒刑16年。

两年后，办理胥敬祥案的刑警李传贵涉嫌徇私舞弊罪被提起公诉，此案之后依照审判监督程序被移交到河南省检察院。省检察院在认真审查李传贵案件全部卷宗时，又把胥敬祥案件的卷宗一起调来，最后认定李传贵不构成犯罪，而且认定胥敬祥抢劫案也存在重大问题。2005年3月15日，蒙冤入狱13年的胥敬祥最终无罪释放，后于2009年12月拿到国家赔偿款总计529 936元。

思考问题

在胥敬祥一案中，根据被害人被抢的绿色毛背心，能否认定接连发生十几起抢劫案是胥敬祥所为？

参考意见与法理分析

我国《刑事诉讼法》（2018修正）第55条规定："只有被告人供述，没有其他证据的，不能认定被告人有罪和处以刑罚；没有被告人供述，证据确实、充分的，可以认定被告人有罪和处以刑罚。"由于种种原因，被告人认罪供述虚假的可能性很大，而被告人供述自身不能证明其本身真实，如果仅凭被告人供述认定被告人有罪，则很可能冤枉无辜；同时，一旦被告人翻供，也会使司法机关的工作处于十分被动的局面。因此，即使是被告人自愿承认犯罪，如果没有其他证据，也不能认定其有罪和处以刑罚。认定被告人有罪，必须有其他证据，做到证据确实充分；即使被告人不承认犯罪，如果其他证据确实充分，也可以认定被告人有罪和处以刑罚。这是不轻信口供的具体化。这一原则精神不仅适用于审判阶段，也适用于侦查和起诉阶段。

本案中，被告人胥敬祥始终强调自己是受刑讯逼供才承认作案的事实，而能够对"事实"予以认定的唯一证据就是一件被害人的绿色毛背心。全案事实上存在时间错误、对象错误等问题。法院仅凭被告人的供述（而且是不稳定的供述），便对胥敬祥处以有期徒刑，这违反了我国《刑事诉讼法》（2018修正）第55条"只有被告人供述，没有其他证据的，不能认定被告人有罪和处以刑罚"的规定。

【案例七】 没有被告人供述，其他证据充分确实的可以认定有罪

2010年7月23日，广西梧州市长洲区人民法院对一起持刀飞车抢劫案进行宣判，被控抢劫罪的覃某火，被长洲区法院以抢劫罪判处有期徒刑13年，并处罚金8 000元，剥夺政治权利2年。主审法官表示，证据确凿充分，不认罪、不交代动机并不影响定罪。2009年8月30日至2009年10月21日22时许，被告人覃某火先后在本市新兴三路邮政局路口、龙新村五组金红棉制衣厂旁边、桂江一桥头、龙圩镇容塘路口、西江汊河桥底、西江大桥南岸转盘处驾驶摩托车持刀抢劫他人财物一批，并致4名被害人受伤。

长洲法院经开庭审理认为，从侦查至庭审，被告人覃某火自始至终否认抢劫，也未能提供"阿鬼"的具体情况及所证明其被公安机关搜查、扣押的手机、小灵通就是从"阿鬼"处购买的证据。相反，能证明公安机关从被告人覃某火身上搜查扣押的手机、小灵通就是抢劫所得来的证据有：本案被害人罗某、钟某兰、梁某雁等人的指认照片笔录，且几个被害人均能够非常肯定地辨认出照片中的被告人覃某火就是抢劫其财物的人。同时被害人罗某、钟某兰、梁某雁等人也能证实被告人覃某火抢劫其财物时是两人开一辆红色摩托车持刀实施抢劫的，加上被告人覃某火的女朋友黄某婵亦证实被告人覃某火案发期间外出均是开其大哥的二轮红色刀仔牌摩托车。扣押的手机、小灵通串号更加足以证明这些手机、小灵通就是本案被害人被抢的手机、小灵通。综上，从被害人的辨认笔录、证人证言以及在被告人覃某火身上扣押的赃物数量及特征等综合情况，均能证实被告人覃某火否认实施抢劫纯属狡辩。本案中，被告人的辩解得不到其他证据的印证，而且一些辩解也不合逻辑。相反，公诉机关指控被告人覃某火犯抢劫罪事实清楚，证据确实充分，证据间能形成紧密的证据链，对被告人覃某火以抢劫罪定罪科刑是恰当的。据此，长洲法院作出上述判决。

思考问题

结合本案谈谈没有被告人口供,如何认定犯罪?

参考意见与法理分析

"口供"和其他证据一样,只要与其他证据相互关联,相互印证,形成完整的证据链条,并且得出的结论是唯一的,就能成为定罪的证据,不存在优先地位问题。《刑事诉讼法》(2018修正)第55条明确规定:"对一切案件的判处都要重证据,重调查研究,不轻信口供。只有被告人供述,没有其他证据的,不能认定被告人有罪和处以刑罚;没有被告人供述,证据确实、充分的,可以认定被告人有罪和处以刑罚。"这一规定明确地表明供述是可以采信的一种证据,但不能轻信;司法工作人员对有无口供的情况应采取的正确态度。而且,是否包括"口供"不是证据链条必需的,缺乏"口供"也并不必然影响链条的完整性。

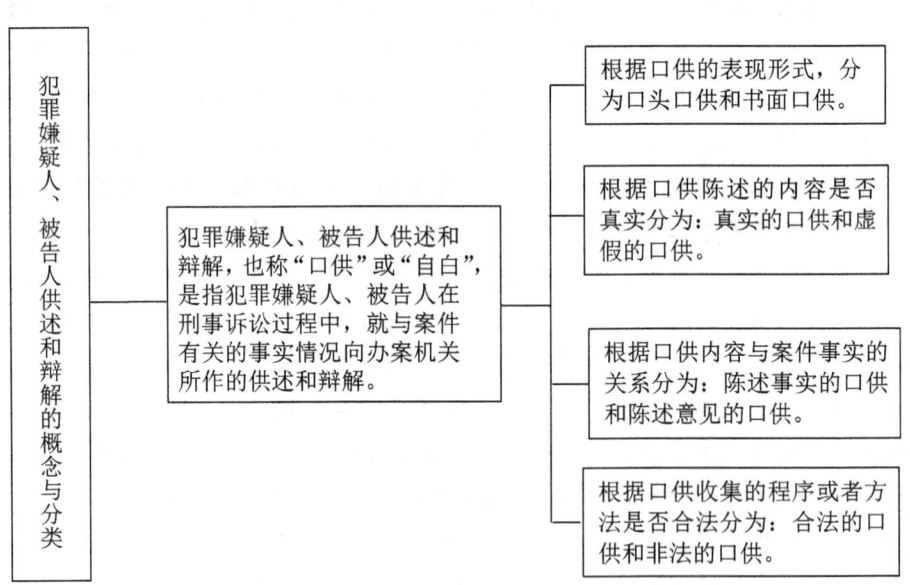

图 6.1 犯罪嫌疑人、被告人供述和辩解的概念与分类

第六章　犯罪嫌疑人、被告人供述和辩解

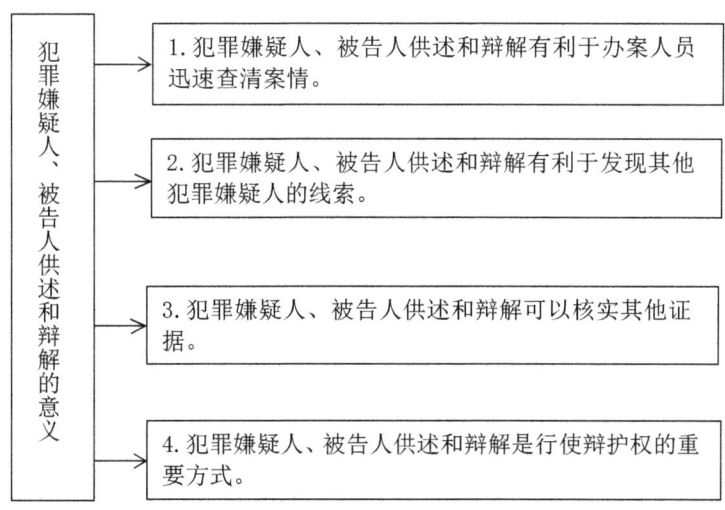

图 6.2　犯罪嫌疑人、被告人供述和辩解的意义

第七章

视听资料

本章学习任务

1. 视听资料的概念
2. 视听资料的特征
3. 视听资料的意义

一、视听资料的概念

【案例一】

农业银行深圳分行龙华支行的柜台营业员张某在中午交班结账时，发现自己的账上少了9 800元，她只好向部门储蓄主管汇报了情况。下班后，她和行里的相关领导同事仔细查看录像中的每一笔业务。发现那天中午大约一点五十，一男子来取款200元。而她错把100元面额共一万元给了他，刚好多给了9 800元。经过近5个小时的反复查看，银行的多名工作人员通过录像认定，并立即查找存单上这名储户的资料。

第二天上午，张某等人找到该储户后，他却称银行付款的时候，给了他100元面额的人民币两张，存折上打的也是200元，取款单上也是200元。于是银行向派出所报案，请民警协助调查。民警和储户的两个哥哥共同观看银行的监控录像。而储户的哥哥认为录像不清晰，银行认为，由于录像带播放的次数越多，磨损也就越大，图像的效果的确会受到影响。派出所民警在看后认定该储户多拿了这9 800元。此时该储户的哥哥担心派出所找该储户进一步调查，就决定先行垫付9 800元给银行，并收到了张某为此出具的一张收条。回到家后，该储户坚持说自己没有拿到钱，于是他找到银行，要求自己亲自看一次监控录像。可是按照银行的内部规定,该储户是没有权利单独查看监控录像的。该储户以银行侵占自己9 800元,同时侵犯了其人身自由权、财产权、名誉权、人格权、健康权等为由向法院提起诉讼,请求判决银行归还其9 800元,并赔偿精神损失费5万元。在诉讼中,该储户提出当时看到的录像是银行伪造的。银行向法院提出鉴定申请,要求法院对录像带的真实性给予鉴定。鉴定意见认为:这盘监控录像为原始录像带,不存在删改剪辑现象,并写明如果多次播放会影响图像效果。[1]

思考问题

结合本案谈谈如何理解视听资料的含义?

参考意见与法理分析

视听资料是以录音、录像、电子计算机及其他电磁方式记录储存的音像信息证明案件事实的证据。由于此类证据反映的是有关客体的声音特征和形象特征,所以又称为音像证据。虽然"视听资料"一词并不能准确地概括此类证据的特征,但是我国的三大诉讼法都采用了这一概念,已属约定俗成,遂无改变之必要。

视听资料属于广义物证的范畴,因为它与其他物证一样,也是客观存在的、能够证明案件事实的物品。不过,它是一种特殊形式的物证,与其他物证有所不同。一般物证都是通过其形状、形态、色泽、颜色、图纹成分、结构规格等特征来证明案件事实,而视听资料则主要是通过其记录和储存的与客体的声音和图像有关的信息来证明案件事实的。本案中,银行的监控录像就是属于视听资料。

视听资料记录的是有关客体的特征,因此也可以看作是一种"痕迹",或者以特殊形式记录客体特征的"特征反映体"。所谓特征反映体,是指能以一定方式反映客体特征并能被人感知和认识的实体,如手印、足迹、笔迹、工具痕迹等。视听资料与上述特征反映体不同,它不是以物体接触和微量物质转换的方式记载和反映客体特征的,而是以录音、录像等声、光、电、磁转

---

[1] "证据法学案例——谁拿走了9800元——存疑视听资料",载爱问共享资料,http://ishave.iask.sina.com.cn/fliWi4EFBt8O.html.

换的方式记载和反映客体特征的。视听资料所反映的主要是客体的声音特征和形象特征。

在此需要指出，在法庭审判中用多媒体方式出示证据时提供的计算机演示资料不等于视听资料，因为那只是出示证据的方式，本身并不是证据，而视听资料本身就是一种证据。多媒体出示的证据属于哪种法定证据形式，取决于证据本身。如果出示的是物体或痕迹，就属于物证，如果出示的是现场照片就属于勘验检查或现场笔录；如果出示的是证人陈述，就属于证人证言；如果出示的是被告人陈述，就属于口供；其余情形，照此类推。如前所述，具有书面文字形式的证据不一定都是书证；同样，具有电磁视听信息形式的证据也不一定都是视听资料，还需要具体分析证据的性质和内容。

二、视听资料的特征

【案例二】 视听资料是高科技证据

在办理一起间谍案件中，我国某侦查机关对间谍A进行密捕，经审讯，A供述了已约定将同某跨国公司的职员B于某日23时在北京东郊一座大桥底下接头并交接绝密情报的情况。为此，侦查机关依计行事，让A按照原定时间赴约送交情报；同时利用红外线录像设备将两人在黑暗中交接的全过程完整地录制下来，随即将从事间谍活动的B当场逮捕。后来在法庭上，B矢口否认妄图抵赖，公诉人员出示了两人交接情报的现场录像。

思考问题

结合本案谈谈视听资料属于"高科技证据"的特征。

参考意见与法理分析

视听资料属于"高科技证据"。视听资料是科学技术不断发展的产物，它对科学技术手段有很强的依赖性。虽然客体的声音特征和形象特征一般是人们可直接感知的，但是要想把这些信息记录并储存在有形的物质载体上，就必须依靠一定的科学技术手段，如录音、摄像等。另外，大多数视听资料的证明价值也只有通过一定的科学技术设备才能表现出来。例如，离开了录音设备和录像设备，人们在审判中就无法了解录音带和录像带中储存的与案件事实有关的信息内容。虽然其他许多物证在司法活动中的运用也与科学技术手段有关，但科学技术手段主要是用于对那些物证的检验。对某类物证进行检验的科技性并不等于该类物证就具有了科技性。例如，对毛发和血液等生物物证进行检验可以采用很先进的科学技术手段，但是这并不等于说毛发和血液等生物物证本身就具有了科技性。[1]然而，视听资料本身就具有很高的科技性。正因为如此，所以才有人称其为"高科技证据"。对司法工作来说，视听资料的这一特点是利弊参半。一方面，它保证了视听资料具有较高的证明价值；另一方面，它决定了视听资料的检验具有很大的难度。

【案例三】 视听资料的其他特征

原告：甲市远行摩托车有限公司

被告：乙市教育电视台

甲市某区人民法院公开开庭审理了原告甲市远行摩托车有限公司诉乙市教育电视台侵害名誉权一案。

原告诉称，乙市教育电视台在 2000 年 3 月 12 日的《以案说法》节目中，播放屏幕上多次出现"摩托车质量问题，修理已达 7 次"的大幅字幕，以及标有原告名称、生产标牌的特写镜头。在节目中不断出现有损原告及原告产品形象声誉的大幅字幕和画面，造成了对原告名誉的诋毁，给其造成直接经济损失 20 万元。故请求法院判令被告对其赔礼道歉，并赔偿经济损失 20 万元。

被告辩称："摩托车质量问题，修理已达 7 次"是事实。原告的名称、生产标牌是该辆摩托车上固有的，电视台只是将新闻镜头对准了新闻报道的客体。而且节目中对该车不是原告的原装产品也客观地进行了报道。因此，电视台的报道不存在失实的情形，不构成对原告的名誉权的侵害。

为证明各自的主张，原告举出了证人证言、为消除被告不恰当的专题节目所造成的影响而进行登报声明的费用的发票，2000 年 4~5 月远行摩托车销售下降的报告等证据。被告在庭审中当庭播放了 2000 年 3 月 12 日的《以案说法》节目的录像带，该录像带记录了节目主持人介绍电视台调查情况，并回放了采访过程：电视台记者采访消费者顾某，顾某称其花 2 万元买了辆远

---

[1] 参见何家弘、张卫平主编：《简明证据法学》，中国人民大学出版社 2013 年版，第 39 页。

行摩托车,但这个车经常出问题,已经修理了 7 次。随后,该记者又采访了甲市远行摩托车有限公司在乙市的销售中心的经理钱某,钱某认为这辆车可能是非法组装产品。钱某将顾某买车的情况反映到甲市远行摩托车有限公司。甲市远行摩托车有限公司反馈信息:这辆车不是原装产品,而是辆组装车,作为厂方不负担赔偿和退货责任。在主持人进行介绍及节目回放采访过程中,屏幕上打出来"摩托车质量有问题,修理已达 7 次"的字幕及"甲市远行摩托车有限公司的名称、生产编号、标牌"的特写镜头。同时被告还提供了从顾某处收集到的购车发票、7 次修理费的收据在案佐证。

法院在运用相应技术对节目录像带进行审查后,确认该录像带真实有效。最后,法院驳回了原告的诉讼请求。

思考问题

结合本案谈谈视听资料还有哪些不同于其他证据的特征?

参考意见与法理分析

第一,视听资料具有高度的准确性和逼真性。视听资料的形成过程一般不受录制人、操纵者或者其他人主观因素的影响而造成对案件事实的歪曲。只要收集的对象本身没有差错,录制设备没有故障,录制的方法得当,录制的音像、图像、储存的数据和其他信息资料就能够准确地反映与案件有关的事实。此外,视听设备能够直接记录现实世界的人和事物的空间面貌和各种音像,可以逼真地反映人和事物的各种状态运动和发展,再现人和事物的声音和色彩。如本案的节目录像带就逼真地反映了乙市教育台 2000 年 3 月 12 日的《以案说法》节目的内容,另外被告提供的其他证据进一步佐证了录像带的真实性。

第二,视听资料证据具有动态直观性。视听资料所记录和储存的往往是一个动态过程,当这过程得到重现时,它具有动态的直观性。对人的声音进行录音获得的视听资料,既能够反映说话人表达的内容,也能够反映说话人声音的语调、语速等特征。对人的行为进行的录像和拍摄,播放时通过不断变化着的画面表现运动着的人或者事物的特性,也可以将个人活动的内容和过程直观地呈现在人们面前。如本案的节目录像带,既能够反映出主持人、记者、被采访人顾某和钱某这些人不同的说话内容语调、语速等,也将这些人的活动内容和过程直观地呈现在法庭上。

第三,视听资料具有易变性。视听资料具有生动性、连续性、形象性,并能够完整、系统、清晰地反映原始的案件事实情况。由于视听资料的收集、固定、播放等需要借助于高科技介质,而高科技手段的使用存在易被人通过科技手段删改的可能性,易于被掩盖且不留痕迹,致使变动的视听资料难以被发现甚至带有一定的欺骗性。同时,由于视听资料可以录播分离,其传播一方面可以让更多的人准确了解声音和图像欲传达和再现的信息内容;另一方面,也为歪曲甚至拼接、剪辑一些片段事实提供可乘之机。特别是有些视听资料还需要高科技手段予以恢复,其恢复的过程又有可能出现一些新的问题。即使是视听资料本身不存在任何问题,传播者对事实现场的音像把握以及镜头组接,也可能会影响影音材料的真实性和传达的准确性。

例如,在某些案件中,对于当事人及其雇佣他人安装无线遥控针孔摄像头或者通过手机录制视频获得的视听资料能否作为证据存在争议。探头是获取视频资料的主要器械,而视频资料被广泛用于治安、交通等社会管理,银行、商店等企业经营,在刑事侦查、治安管理、道路交通监控中属于公权力范畴,此种情况使用摄像头是国家法律赋予的权利。公民的个人生活需要和人际交流是私权力范畴,在私权力范畴使用摄像头应当符合社会的公序良俗,若该证据是以犯罪手段或方法获得的、以法律明令禁止的方法或手段取得的,或是以违背善良风俗的手段或方法取得的,均不能作为证据使用。摄像头所形成的视频资料是记录在相关的介质上的,它本质上是一种信息。这种信息既可以还原真实,也可以编辑加工,于是手机以及电脑存储的视频证据的证明效力在实践中常常受到质疑。[1]

三、视听资料的意义

【案例四】 视听资料对查明案件事实的意义

2010年6月16日下午,上诉人巴存江来到被上诉人巴晶所在的中国银行股份有限公司海东兰青路支行要求存款,递给被上诉人巴晶票面金额为100

---

[1] 参见郭华主编:《法学原理与案例讲堂——证据法》,北京师范大学出版社2017年版,第125页。

元的人民币 140 张共计 14 000 元，被上诉人巴晶在验钞入账后，误将其中 10 000 元连同存折一起递出，巴存江接过存折和现金 10 000 元后离开银行。当日，巴存江将入账的 14 000 元及原有的存款取走，此后被上诉人巴晶与其所在银行领导曾多次与上诉人巴存江协商，要求巴存江返还不当得利款 10 000 元，上诉人巴存江以种种理由不予返还。后被上诉人巴晶无奈之下诉至平安县法院。要求上诉人巴存江返还不当得利 10 000 元。经审理，平安县法院于 2010 年 9 月 2 日作出上诉人巴存江返还被上诉人巴晶不当得利款 10 000 元的判决。上诉人巴存江不服，以其存、取款是和中国银行股份有限公司海东兰青路支行发生交易，与被上诉人巴晶没有任何关系，不存在给被上诉人造成不当得利；监控录像中的视频反映，其把夹有现金的存折放进交易窗中，但其只拿到了存折，没看到存折中有钱，如果存折有钱监控录像中应该看到，所以要求法院公正判决，上诉至法院。

思考问题

结合本案，指出视听资料对查明案件事实有何意义。

参考意见与法理分析

视听资料对查明案件事实情况提供了直观的、动态的证明手段。视听资料作为一种证明手段，其最大的优点是具有直观性和动态性，它既能够提供一定时间内的声音内容以及声音的变化情况，也能提供一定空间内的活动或者静止的影像。在缺乏相应技术手段的情况下，人们只能用语言将事实重现出来，但这种重现是不可能像实际发生的案件事实那样生动、具体和直观的，而一旦有了专门技术手段将案件发生过程中的声音和影像记录下来，就为案件事实的生动再现提供了难得的载体，进而为准确揭示案件事实，迫使案件事实的当事人如实陈述，提供了有效手段。在本案中，监控录像记录到了当事人在银行取钱的有关情况。因此，监控录像为查明本案的事实情况提供了有效的证明手段。

本案中，法院审理认为：被上诉人主张上诉人返还 10 000 元不当得利的诉求，有中国银行股份有限公司海东兰青路支行监控录像予以证实，对监控录像的真实性双方均不持异议，故其证明效力予以确认。现上诉人对自己的主张只有本人的陈述而不能提供其他相关证据，根据《最高人民法院关于民事诉讼证据的若干规定》第 76 条之规定，其主张不予支持。本案中，被上诉人巴晶因工作失误给中国银行股份有限公司海东兰青路支行造成多支付的 10 000 元已作垫付，现被上诉人作为原告诉讼主体向不当得利人主张权利并无不当，上诉人的上诉理由不能成立，故当庭作出驳回上诉人巴存江上诉，维持原判的判决。

【案例五】 视听资料对司法公正的意义

2000 年 4 月 23 日 3 时许，某县公安局接到报案，张某家发生火灾，大火已被邻居扑灭。侦查人员立即赶赴火灾现场，对现场进行勘查并对现场勘查情况予以录像。现场勘查结果为：火灾现场位于张某家住房，在其房门旁地上提取容量为 6kg 的白色塑料壶，壶内有剩余少量有汽油味的液体，着火点为张某家大门口处。大火造成张某家财物损失达 1 万元，并造成张某烧伤，对其进行的活体损伤检验鉴定证实为重伤。县公安局火灾原因认定书证实，此次火灾为人为因素造成的。侦查人员对张某进行询问，张某说其与陆某有矛盾，其怀疑是陆某放的火。证人李某、罗某证实，陆某与张某为做生意产生矛盾。经进一步侦查，证人郭某某证实在火灾现场提取的塑料壶与 2000 年 4 月 22 日下午陆某用 10 元钱在其店内买走的一样；证人王某证实，2000 年 4 月 22 日傍晚，其看见陆某提一个白色的塑料壶，里面装有液体。陆某的父亲证实，案发当晚，其子陆某不在家，起床后才看见陆某回来。侦查人员将陆某列为主要犯罪嫌疑人，对其进行了讯问，并对讯问过程进行录像，陆某对其在张某家门口放火的犯罪事实供认不讳。

思考问题

结合本案，指出视听资料对司法公正有何意义？

参考意见与法理分析

视听资料为司法公正提供了新的保障手段。对侦查检察的主要或者重要内容以及审判活动进行录音、录像，不仅具有证明价值，而且也能够反映侦查、检察和审判活动是否依法进行。特别是在刑事侦查中，往往因侦查活动采取秘密原则透明度不高，容易发生以刑讯、利诱、欺骗等非法方法获取犯罪嫌疑人、被告人有罪供述的情况，而在讯问犯罪嫌疑人、被告人的过程中实行全程录像，便可以使侦查人员的非法取证行为大为收敛，进而保障侦查活动在遵守法律规定的程序和规则的前提下进行。同样，对于审判活动的录音、录像，不但能够弥补审判笔录记载的不足，而且也能够使审判活动情况得到忠实的记录，从而有助于防止司法专横，提高司法机关的公信力。本案中，侦查人员对现场勘查进行录像，以此反映现场勘查活动是否依法进行，同时又对犯罪嫌疑人陆某的讯问过程进行录像，督促侦查人员遵守法律规定的讯问程序和规则，依法进行讯问。因此，本案中运用的视听资料显示了其保障司法公正的作用。

【案例六】 如何认定秘密录音的效力

原告许某某于1998年5月19日上午骑三轮车去天地商店，将12 380元装在一红色女式提包内，放在车上。许某某骑车至商店后，发现提包丢失，便返回顺路寻找。期间，路人赵某某告知原告，他看见本案被告王某某的五岁儿子小王某拣到了提包。邻人杨某某也看见王某某的儿子拣到一红色女式提包。原告多次找王某某讨要丢失的提包，并答应可给几千元酬谢，但是，王某某拒不交还其儿子小王某拣到原告丢失的提包。在这之后原告又一直向被告讨要提包并将对话偷偷录了音。庭审中，原告出示了这盒录音带一盘，有证人赵某某出庭作证称："我是王某某的邻居。5月19日上午7时许，我正在抹墙，听到王某某的儿子王某喊爸爸，我拣到一兜子钱，这时，我爬在墙头看见王某拎着一个红色女式提包。"另外，原告还当庭出示了证人杨某某的证言：5月19日早上，我在光明胡同王某某家附近看到一个小孩喊"爸爸我拣到一兜子钱"，说着跑进王某某院子里，装钱的包是红色女式提包。王某某对上述证人的证言未提出不同意见。法院最后判令被告将所捡提包返还原告。

思考问题

根据本案的情况，请说明录音资料的效力如何？

参考意见与法理分析

录音资料是视听资料的一种，它是以录音带所记录储存的声音信息来证明案件事实的证据方法。本案最终判令原告胜诉并不仅仅取决于录音资料中被告对捡到提包一事的陈述，还因为被告对原告提供的两个证人证言的认可。

本案中，录音资料的可采性是我们要讨论的问题，证据的"三性"中第三个特性为合法性，只有合法取得的证据才有可能具有证据能力，为法院所采信。由于视听资料的特殊性（易被删改、变造），最高人民法院曾就视听资料的合法性问题作出过批复。1995年最高人民法院在《关于未经对方当事人同意私自录制其谈话取得的资料不能作为证据使用的批复》（以下简称《批复》）中规定："证据的取得首先要合法，只有经过合法途径取得的证据才能作为定案的根据。未经对方当事人同意私自录制其谈话，系不合法行为，以这种手段取得的录音资料，不能作为证据使用。"这就明确了录音资料的可采性标准，只要是未经对方同意的录音资料就不具有合法性不得作为证据采信。本案中，原告提供的录音资料是在被告不知情的情况下录制的，不符合最高人民法院的《批复》的规定，也就不能采信。

然而，《批复》的这一规定过分地限制了录音资料的使用，不利于保护当事人的合法权益，也不利于解决社会上普遍存在的各种经济纠纷，不能体现法律的正义。因此，于2002年4月1日生效的《最高人民法院关于民事诉讼证据的若干规定》对此批复作了修订，其第68条规定："以侵害他人合法权益或者违反法律禁止性规定的方法取得的证据，不能作为认定案件事实的依据。"这一规定与《批复》相比就放宽了录音资料的适用条件。只要证据不是以侵害他人合法权益或者违反法律禁止性规定的方法取得的，就有可能成为定案的依据。这一规定适用于录音资料就意味着未经对方当事人同意录制的录音资料。只要不侵害他人合法权益或者违反法律禁止性规定，就可以作为定案的依据。

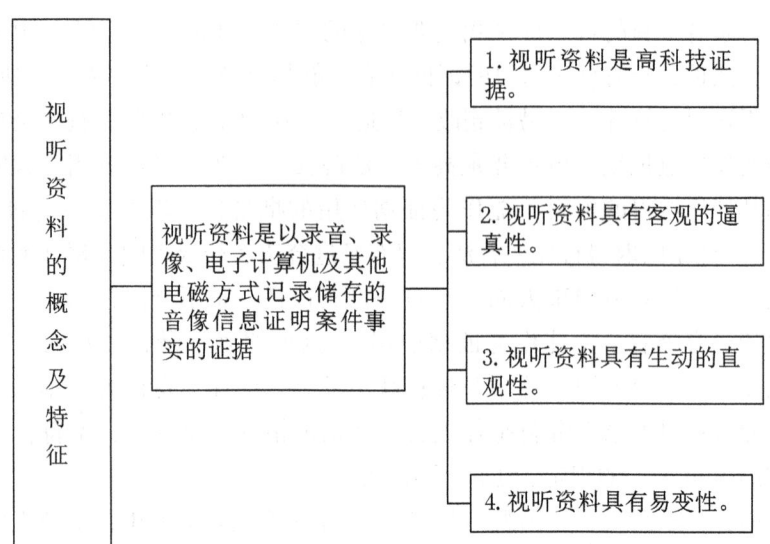

图 7.1 视听资料的概念及特征

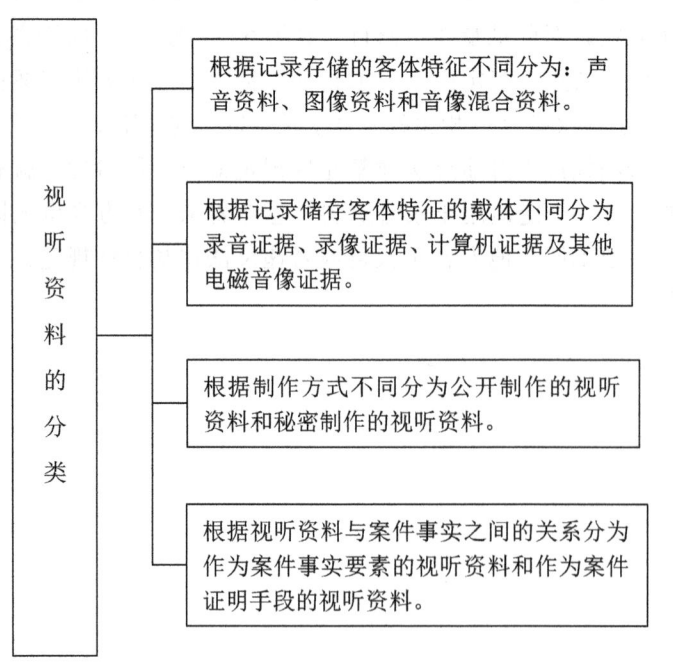

图 7.2 视听资料的分类

第八章 电子数据

本章学习任务

1. 电子数据的概念
2. 电子数据的特征
3. 电子数据的意义

一、电子数据的概念

【案例一】 什么是电子数据

2003年2月25日11时至13时许,清华大学荷园教工餐厅和北京大学农园食堂内相继发生爆炸,致使9人受到不同程度的身体伤害。同时,两餐厅部分建筑及设施被炸毁,造成财产损失22万余元。由于正值全国人大和政协"两会"期间,"2.25爆炸案"产生了恶劣的社会影响,公安部门成立了专案组全力侦查此案。3月6日,北京大学新闻中心收到一封自称是犯罪嫌疑人的可疑邮件,该邮件表明了爆炸装置内容、作案目的以及要求有关学生在搜狐网聊天室公开讨论此事的建议。通过技术比对,警方很快认定此邮件就是作案人所发。为此,警方一方面通过技术手段提取了电子邮件、IP地址,并进行物理定位;另一方面安排网警同嫌疑人开展网络聊天。最终,成功调动作案人黄某并将其抓获。此案提起公诉后,检察机关向法庭出示了证人证言、鉴定意见等证据,被告人黄某亦认罪伏法,法院判决构成爆炸罪,判处无期徒刑。[1]

---

[1] "清华北大爆炸案宣判凶犯无期徒刑",载《南方都市报》2003年4月2日。

思考问题

结合本案谈谈什么是电子数据？电子邮件是不是电子数据？

参考意见与法理分析

电子数据（electronic data），在实践中也称为计算机证据（computer evidence）、数字证据（digital evidence）或者电子证据（electronic evidence）。我国刑事诉讼法和民事诉讼法均将此作为法定证据种类。《中华人民共和国电子签名法》（以下简称《电子签名法》）第7条规定："数据电文不得仅因为其是以电子、光学、磁或者类似手段生成、发送、接收或者储存的而被拒绝作为证据使用。"在其他国家与地区也存在类似的规定，如加拿大《统一电子证据法》、美国《统一电子交易法》、新加坡《电子商务法》、印度《信息技术法》、韩国《电子商业基本法》。我国香港地区《电子交易条例》以及《联合国电子商务示范法》对此也有相关规定。《联合国电子商务示范法》第5条规定："不得仅仅以某项信息采用数据电文形式为理由而否定其法律效力、有效性或可执行性。"《最高人民法院印发〈关于审理证券行政处罚案件证据若干问题的座谈会纪要〉的通知》第二部分对电子数据作为证据作了较为详细的规定。证券交易和信息传递的电子化、网络化、无线化等特点决定电子交易信息、网络IP地址、通信记录、电子邮件、微博微信等电子数据证据在证券行政案件中至关重要。

电子数据是指借助现代信息技术或电子设备而形成的，并以电子形式表现出来的能够证明案件事实的证据。电子证据包括电子信息、网络IP地址、电子邮件、电子数据交互、网上聊天记录、网络博客、手机短信、电子签名、域名等与计算机有关的证据。电子数据作为证据，无论在产生、存储、复制、转移、读取遵从规则，还是电子数据提供、质证、审查判断以及认证规则均具有不同于其他证据的特殊性。因此，本案中的电子邮件属于电子数据中的一种，这封邮件是本案侦破的重点转折，虽然当时没能在法庭上直接运用，但是通过邮件锁定了犯罪嫌疑人的位置，最终抓获了犯罪嫌疑人。

二、电子数据的特征

【案例二】 电子数据具有较强的稳定性和安全性

李小姐是一名设计师,从 2012 年年底开始,她开始为一家设计公司在深圳等地的项目开展工作,而让李小姐感到困惑的是,自己虽然为公司工作,但公司却迟迟不愿和她签订劳动合同,也不缴纳社会保险。

在多次与公司协商未果后,李小姐提出辞职,并将公司诉至黄浦区人民法院,要求公司赔偿未签订劳动合同的双倍工资差额。对此,公司认为李小姐并不是公司员工,双方没有劳动关系,李小姐是在为案外人工作。

庭审中,为证明自己的确属于这家设计公司的员工,李小姐一连提交了 20 余组证据,包括公司的通行证、银行转账明细等。而为了证明自己日常是接受公司实际管理人马某的管理,她向法庭提交了自己与马某的微信聊天记录,涉及日常费用报销事项等内容。虽然李小姐为微信记录进行了公证,并证实该微信号就是马某,但公司仍提出了不同的意见,质疑微信的来源和真实性。

最终,法庭经过审理,通过对微信认证,证明了她的微信是真实的、并没有经过篡改,同时法院认为,李小姐提供的一系列证据,能够相互印证,并形成了完整的证据链,证实了她日常进出设计公司的工作场所为公司工作,公司向其支付劳动报酬、公司对她进行管理等事实,因此确认李小姐与公司存在劳动关系。公司不仅要支付李小姐未订立劳动合同的两倍工资差额,还要支付解除劳动关系经济补偿金等共计近 8 万元。

思考问题

结合本案谈谈电子数据具有较强的稳定性与安全性。

参考意见与法理分析

绝大多数电子数据具有极强的稳定性与安全性。我国有学者认为,电子数据具有脆弱性,容易失真且不易被发觉。其实不然,国内外的大量案例表明,极少数电子数据容易被篡改或删除,更多的则难以被篡改或删除(或者对其的任何篡改、删除痕迹都能轻松地通过技术手段被捕捉到)。具体来说,如果某些电子数据（如冲洗出来的数码照片）是孤立存在的，那么对其删改的可能性较大；但是绝大多数（如计算机系统网络系统中的电子邮件、文本文件、图片文件等）都是以系统（操作系统、应用系统等）数据的形式存在着，对它们的造假几乎是不可能的，或者是很容易被发现的。司法实践中，造假者可能会删除或变造那些简单、看得见的电子证据或痕迹，但不可能完全删除或变造那些看不见的电子证据或痕迹；他可能会删除或变造个别电子证据或痕迹，但不可能完全删除或变造案件中大量的乃至全部的电子证据或痕迹。最重要的是，这些"造假"行为绝不会"天衣无缝"。[1]本案李小姐与公司的劳动争议案件中，一组微信上的聊天记录则被她用来证明她与公司之间成立劳动关系。

总之，人们在认识到极少数孤立的电子数据容易失真的同时，更要承认绝大多数电子数据的稳定性和安全性。

【案例三】 电子数据具有高科技性

2008年2月4日南宁市西乡塘区法院受理了原告曾建国诉被告王玲玲欠款案。原告主张2006年9月13日南宁市民曾建国借给朋友王玲玲3万元，期限是3个月，双方还约定了利息，但是被告至今没有履行约定。原告提交的证据主要有：

1. 双方签订的一份借款协议，协议约定：被告向原告借款3万元，借款期限3个月，每月结付一次利息；

2. 两张买房收据和房子的钥匙，是王玲玲交给曾建国作抵押的保证；

3. 被告发给原告的一份QQ聊天记录，内容大致是要求原告宽限3个月。

本案的情况很简单，实际上就是对证据的认定和采信。

对证据1，由于原告和被告之间签订的"借款协议"不是借据，也不是收据，不能证明王玲玲已经收了3万元；

对证据2，根据《中华人民共和国担保法》和《中华人民共和国城市房地产管理法》的相关规定，房屋作为不动产，抵押应当订立书面合同，并且要经过有关部门登记才能生效。因此，原告和被告之间房屋抵押的口头约定无效。

对原告来说，在证据1和2明确被排除的情况下，证据3更显得具有决定

---

[1] 参见何家弘、刘品新：《证据法学》，法律出版社2013年版，第165页。

性价值。最后，法庭经过专家鉴定，审查证据之后，同意QQ聊天记录可以被采信。

思考问题

结合本案谈谈电子数据的高科技性。

参考意见与法理分析

电子数据是现代高科技发展的重要产物和先进成果，是现代科学技术的发展在诉讼证据上的体现，电子数据与其他传统证据相比，主要特点是技术含量高。电子数据的产生、储存和传输，都必须借助于计算机技术、存储技术、网络技术等，离不开高科技的技术设备。电子数据的收集与审查判断必须依赖于一定的技术手段乃至尖端科技，并将伴随科技的发展进程不断更新、变化，很少受主观因素的影响，能够避免其他证据的一些弊端，如证言的误传、书证的误记等，相对来说比较客观。无论是电子证据的复制、存储，还是数据的读取都需要相关操作人员利用科技手段进行。由于电子数据的数字信号是非连续性的，如果有人故意或因为差错对电子数据进行截收、监听、窃听、删节、剪接，在技术上又难以查清，常常需要作为专家的鉴定人利用科技手段进行鉴定，这使其与科技密切相关。在某种情况下，需要进行勘验，与勘验笔录的关系非常密切。

在我国存在大量的QQ聊天记录，对其能否作为证据存在不同观点，尤其涉及婚姻案件时，对于婚姻案件中夫妻一方的QQ聊天记录能否证明婚外情的证据，存在以下三种观点：第一种观点认为，QQ聊天记录不能证明有婚外情，因其来源不具有合法性。第二种观点认为，QQ聊天记录可以证明有婚外情。庭审中，如果当事人对QQ聊天记录的真实性无异议，可以认定一方确实有婚外情。第三种观点认为，QQ聊天记录因与其他证据互相印证而得以证明有婚外情。

【案例四】 电子数据的其他特征

甲公司与乙公司签订一份电子商务服务合同。合同约定：乙公司为甲公司安装其拥有自主版权的IteM200001.0版国际贸易电子商务系统软件一套，在安装后一年以内最少为甲公司提供5个有效国际商务渠道。乙公司对甲公司利用其软件与商情获得的成交业务，按不同情形收取费用，最高不超过50万元。如果一年内，乙公司未能完成提供有效国际商务渠道的义务，则无条件退还甲公司首期付款5万元并支付违约金。合同签订后，乙公司在甲公司处安装了软件平台，并代甲公司操作该系统。后来，甲公司以乙公司违约，未能提供有效国际商务渠道为由起诉至法院，要求解除合同，返还已付款项并支付违约金。乙公司在举证期限内提供了海外客户对甲公司产品询盘的4份电子邮件（打印文件），以此证明乙公司为甲公司建立的交易平台已取得业务进展，至于最终没有能够成交，是由于甲公司提供给外商的样品不符合要求。

一审法院认为，电子邮件的资料为只读文件，除网络服务提供商外，一般外人很难更改，遂认定了电子邮件的证据效力，驳回了甲公司的要求。甲公司不服提起上诉。二审法院认为，乙公司提供的电子邮件只是打印件，对乙公司将该电子邮件从计算机上提取的过程是否客观真实无法确认，而乙公司又拒绝当庭用存储该电子邮件的计算机通过互联网现场演示，故否认了4份电子邮件的证据效力。

思考问题

结合本案谈谈电子数据的其他特点。

参考意见与法理分析

第一，电子证据的存储需要借助一定的电子介质。电子证据是以电子形式存储在各种电子介质上的，这与传统证据有很大的不同。如传统书证主要的载体是纸张、布帛及其他可书写物质，传统证人证言主要借助于人的记忆，传统物证主要借助于各种物品、痕迹与物质等，而电子证据则离不开芯片、磁带、软盘、硬盘、光盘等新型的信息介质。这些新型的信息介质由于具有很高的技术含量，往往存储的数据量或信息量巨大，且以文本、图形、图像、动画、音频及视频等一种形式或多媒体形式出现。同时，这一特点也使得电子证据主要处于虚拟空间，且即便受到改动或破坏也不易被察觉，增加了取证的困难。

第二，电子证据可以无限地快速传递。一般来说，传统证据只能在物理空间传递，如通过当事人交接移送的方式进行，这种方式的传递效率显然是低下的。而电子证据本质上主要是一种信息,所以可在虚拟空间里传播,如电话电报可以通过光缆在分秒之间越洋,E-mail、EDI可以通过因特网在瞬间传播扩散到世界的每个角落。后者的传递速度显然是惊人的,它提高了电子证据的使用效率,同时也对传统的证据转移观念提出了挑战。依照人们习惯的看法,传统物证、书证视听资料转移后,在原始出处就不存在了;传统证人证言传播开来后虽然在原始出处仍然存在,但往往会发生重大变形,由"一传十、十传百"而导致面目全非。而电子证据的传递则不然,不仅在转移后仍在原始出处存在,而且失真的可能性很小甚至没有。从这个角度来说,电子证据的传递实质上属于信息的精确复制。这一特点决定了为什么讨论电子证据原件与复制件时必须遵循新思维。

第三,电子证据的解读是间接式的。电子证据的解读肯定离不开计算机及其他电子设备。如果没有专门的电子设备主件,没有相应的播放检索、显现设备,无论多么形象、真实可靠的内容,都只能停留在各种电子存储介质中,而不能被人们所感知,更不能为法庭所认可和采信。此外,电子证据的感知还离不开特定的系统软件环境。如果软件环境发生变化,则存储在电子介质上的信息可能显现不出来,或者难以正确地显现出来。

这一特点要求人们在收集电子证据的时候,应当同时保存相应的硬件软件,以保全该证据的运行环境,能够在必要的时候以打印屏显等方式显示出来。这一特点决定了电子证据是一种隐蔽性或难以直接判断真实性的证据,一方面脱离了电子设备和系统环境的电子证据是无法阅读或不可知的,另一方面借助电子设备和系统环境显示出来的电子证据也很难同存储在电子介质上的信息进行肉眼比对。

电子数据多源于电子输出文件、EDI合同、电子存储信息、CD-ROM、磁盘、E-mail、BBS及其数据,由于其容易被篡改和破坏,尤其是在网络上虚假信息发布、传播,将其作为法定证据种类特别令人担心,但其作为证据不仅已成为现实,更成为普遍使用的证据。针对本案中的4份电子邮件,在一审中,法院将电子邮件作为书证对待,使用了书证的认证规则。二审法院尽管没有在判决中对电子邮件作为证据的法律属性明确阐明,但从法官要求乙公司当场演示存储邮件的计算机以及对证据提取过程的特别程序要求可以看出,法院对电子邮件作为证据使用时采取了与书证和视听材料等不同的认证规则。

三、电子数据的意义

【案例五】

"神探"李昌钰的《重返现场》系列图书展示了李昌钰博士参与侦办的肯尼迪总统谋杀案、辛普森杀妻案等,其中不乏电子取证的功劳。售书引起现场轰动。

李昌钰博士第一个登台演讲,他重点讲述了一起利用电子取证技术侦破无头女尸案的例子:某日,警方接到报警,在某地发现一具无头女尸。非常残忍的是,该女尸不仅无头,而且手足和双腿也全部被砍下,堪称无头、无手、无足的"三无女尸"。警方在随后的调查中,始终没能找到死者的头部和四肢。这就给死者身份的鉴定造成了极大的困难:无头,也就意味着不能通过容貌来辨别死者的身份;没有手足,所以也不能通过指纹或脚纹来检索死者身份。而死者的DNA检测也没有发现与之相匹配的DNA资料库信息。那么,如果从传统刑事侦破的角度来看,这个死者的身份无法确认,案件也就不可能侦破了。但是,警方先是通过在Facebook的寻人启事中,寻找失踪时间与死者死亡时间相吻合,符合特定体貌特征的女性资料,再通过尸体发现地点附近区域的监控录像缩小刑侦范围。警方还通过死者生前的电子邮件和电话记录,调取了死者死亡前1小时内发送的所有短信信息,最终确定了嫌犯。[1]

思考问题

电子数据在当代对于侦破案件有何意义?

参考意见与法理分析

在互联网时代的刑事案件的侦破中,电子数据往往是将物证与嫌犯相关联的关键因素。一方面,它能为案件侦破提供更多的关联信息和行程情报线索,最终锁定嫌疑犯;另一方面则可以帮助寻找更多的能够被法律认可的物

---

[1] "电子取证技术协助案件侦破'神探'李昌钰详解破案秘诀",载《经济参考报》2016年8月18日。

证,并最终形成证据链,从而最终能够给嫌犯定罪。

当前,网络已经与百姓的工作与生活密不可分,网络犯罪案件逐年攀升,呈高发态势。而电子证据是网络犯罪案件中的核心证据,具有无痕性、易变性、不宜保存性的特征。通过本案的学习,对后续有效利用电子证据、规范取证操作、确定搜查范围、及时扣押电子证据、做好数据备份等问题,从单一形式协助向多手段协助转变,运用数据分析挖掘、现场及远程数据勘验、系统重构侦查实验、心理测试、技术性证据审查等多种手段协助办案无疑具有重要的启示作用。

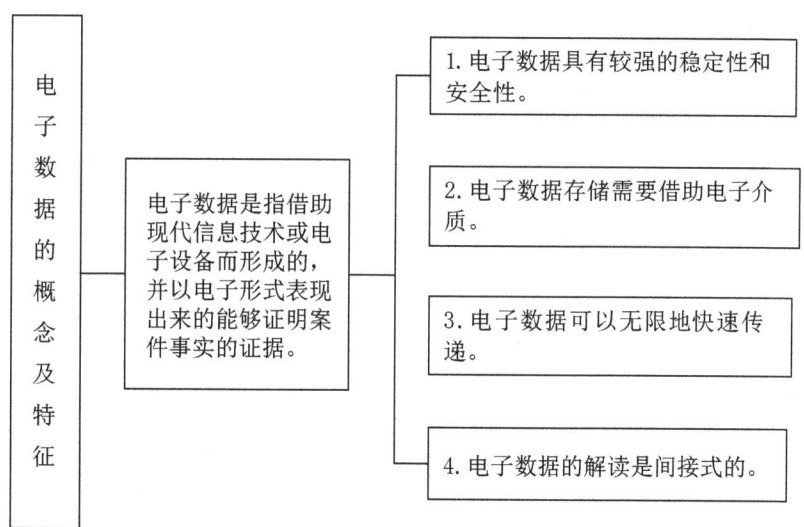

图 8.1　电子数据的概念及特征

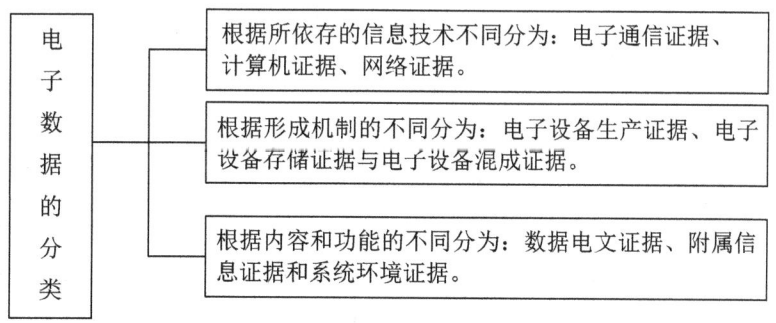

图 8.2　电子数据的分类

第九章

鉴定意见

本章学习任务

1. 鉴定意见的概念
2. 鉴定意见的特征
3. 鉴定意见的意义

一、鉴定意见的概念

【案例一】 什么是鉴定意见

某年6月3日上午，曹某陪妻子王某到医院妇产科住院待产，当天20：30，王某自然分娩一男婴。21时王某胸闷、心悸、阴道出血不止，经抢救无效于22：10死亡。医院在"死亡报告单"的"死因及讨论结果"中写道：(1) 产后大出血；(2) 失血性休克。当晚医院派车将王某的尸体送往武山镇五里村。同年10月18日死者王某的丈夫曹某、女儿、儿子、母亲、父亲作为原告诉至湖口县人民法院，请求判令由湖口县医院依法承担王某死亡的法律责任，并赔偿医疗费、丧葬费、抚养费、精神抚慰金等合计人民币83 321.84元。

县医院应诉后，向法院提交了对王某医疗事故申请医学鉴定。医学会组织专家对事故进行鉴定。鉴定意见为：医院病历书写尚欠规范，入院时未及时确定血型，催产素点滴无专业人员监护，记录不全，但产妇死亡与医疗行为无直接因果关系，故本医疗事故争议案不构成医疗事故。曹某收到九江医学会的鉴定后，表示不服，申请法院委托司法鉴定中心对该事件进行鉴定。司法鉴定中心受法院委托后，经审查认为：王某产后大出血的原因是多方面的，死者到底是何原因引起大出血，没有尸检报告，该中心不能下结论。

思考问题

结合本案谈谈什么是鉴定意见？

参考意见与法理分析

鉴定意见是指在诉讼过程中鉴定人运用科学技术或者专门知识对诉讼涉及的专门性问题进行鉴别和判断并提出的书面鉴定意见。

我国民事诉讼法、刑事诉讼法和行政诉讼法都规定了这种证据种类。2005年《全国人民代表大会常务委员会关于司法鉴定管理问题的决定》对司法鉴定的管理体制专门作出了规定。鉴定意见作为证据，其本身不仅仅包括鉴定结果，还包含鉴定人、鉴定过程以及鉴定标准等要素。其中，鉴定人是鉴定意见作为证据的外在形式，鉴定结果是鉴定意见的基本内容。鉴定意见作为言词证据，称为鉴定人意见更为恰当。

本案中，王某产后大出血的原因是多方面的，死者是因何种原因引起大出血，没有尸检报告。在缺乏尸检报告的情况下，无法判断王某的死因。而尸检报告属于专门性问题，仅凭一般的常识和经验无法判断，必须由专家进行鉴定，所出的结论即为鉴定意见。

二、鉴定意见的特征

【案例二】 鉴定意见的内容科学地反映专门性问题

2011年初，历时3年的格力诉美的侵权案终于由广东省高级人民法院作出判决：广东美的制冷设备有限公司（下称"美的"）侵犯珠海格力电器股份有限公司（下称"格力"）的空调技术发明专利，需立刻停止销售、许诺销售侵权的空调产品，并赔偿格力经济损失200万元。法院判决后不久，美的集团相关负责人就表示，美的将向最高人民法院申诉。

据了解，两大空调巨头的这场侵权对峙长达3年，而起源是与"睡眠空调"相关的一种技术。格力声称，在2007年4月，该公司自主研发了一种"控制空调器按照自定义曲线运行的方法"，相关产品可以帮助用户根据自己的睡眠习惯，控制房间温度变化，从而提高睡眠质量的技术。同年4月28

日,格力向国家知识产权局申请发明专利,并于2008年9月3日获得专利证书。

2007年8月至11月期间,格力先后向市场推出应用了该技术发明专利的卧室空调"睡梦宝""睡美人"等系列产品,引起了消费者的极大兴趣,出现供不应求的市场现象。而在2007年12月,美的亦推出了具有相似功能的睡眠空调产品"梦静星"系列。格力认为,美的该系列产品侵犯了其所拥有的技术发明专利,在多次交涉无果的情况下,一纸诉状将美的告上了法庭。

一审诉讼中,双方对于以下事实的认定产生了极大争议:被控侵权技术方案是否落入涉案专利权利保护范围,即被告美的公司是否侵犯原告格力公司ZL200710097263.9号发明专利权。

针对该事实争议,双方在庭审中列举了大量证据资料,其中不乏当事人出具的专利登记簿副本、发明专利书等资料,但鉴于此案涉及的诉讼标的额巨大,社会影响力深刻,法院认为需要具备专业技术支撑的司法鉴定团队出具的司法鉴定书以确认案件事实,故在征求双方当事人意见的基础上,依法委托司法鉴定机构进行鉴定。

委托鉴定事项具体为:被告美的公司生产的空调器产品[产品型号为:KFR-26GW/DY-V2(E2)]在"舒睡模式3"运行方式下的相应技术方案与原告"控制空调器按照自定义曲线运行的方法"发明专利其权利要求书中记载的2、4、5、6、7技术特征是否相同或等同。

依据2008年修改后的《中华人民共和国专利法》第59条第1款规定,"发明或者实用新型专利权的保护范围以其权利要求的内容为准,说明书及附图可以用于解释权利要求的内容。"以及《最高人民法院关于审理侵犯专利权纠纷案件应用法律若干问题的解释》第7条第1款规定,"人民法院判定被诉侵权技术方案是否落入专利权的保护范围,应当审查权利人主张的权利要求所记载的全部技术特征。"鉴定专家认为,该案鉴定过程首先需要对被鉴定的两款产品其相关技术资料、产品实物进行全面分析,在充分讨论、辩证的基础上形成美的公司梦静星系列空调产品是否侵犯格力公司"控制空调器按照自定义曲线运行的方法"的鉴定方案,以保证出具的鉴定结论客观、公正、中立。

鉴定专家首先将涉案专利权利要求2的全部技术特征做以分解,拆分为多个不同的专利技术点,然后将美的空调器"舒睡模式3"技术方案和原告格力公司涉案的 ZL200710097263.9 号发明专利独立权利要求 2 记载的技术特征逐一比对分析，并通过现场勘验、拆解涉案产品实物等多种技术手段，得出最终的鉴定咨询意见：美的公司空调器产品［产品型号为：KFR-26GW/DY-V2（E2）］在"舒睡模式 3"运行方式下的技术方案中的技术特征包含有原告涉案 ZL200710097263.9 号专利权利要求 2、4、5、6、7 中记载的全部技术特征。[1]

思考问题

结合本案谈谈鉴定意见的内容科学地反映专门性问题

参考意见与法理分析

珠海市中级人民法院经审查认为鉴定机构出具的鉴定结论具有逻辑清晰、内容细致、结论明确等特点，并在判决书中写到"该所在鉴定过程中依照《司法鉴定程序通则》的规定，挑选了生产和科研领域具有相关行业司法鉴定能力的专家和技术人员参与鉴定，鉴定程序合法，鉴定结论是在科学实验数据基础上分析后作出，客观、真实，依法可作为本案证据使用。"在其后的上诉过程中，鉴定报告依旧作为科学、客观的重要证据被广东省高院予以采信，并最终推动了二审判决维持原判的判决进程。

本案是一起涉及侵犯发明专利权的纠纷案件。专利权保护是否得当、能否抓住侵权产品，主要取决于专利权利要求书撰写的质量。作为技术研发主体，企业在申请专利保护时应仔细撰写权利要求书中的技术特征，尽可能明确权利的保护范围，避免模糊性的权利界限产生。如本案中，涉案权利要求书中出现了"记忆芯片"这一特征，作为舶来词汇，诉讼双方对该关键词的解释各执一词，导致法院对案情认定一度进入艰难境地。这种情况对处于任何立场来维护自身权利的当事人，都是十分不利的。因此，为了能够更好地保护技术，专利权人应于事前做足预防工作，谨慎斟酌权利要求书中技术特征的每一个字、词、句，最大限度保障权利保护范围的清晰化，而不让侵权者轻易规避保护范围。因此，鉴定意见具有科学性的特征，其内容包含的是案件中的专门性问题。

---

[1] 选编自 2016 年广东省佛山市禅城区人民法院（2016）粤 0604 民初 5971 号民事判决书。

【案例三】 鉴定意见并非法律意见

2010年10月1日15时30分许,山东省汶上县宝相寺附近发生严重交通事故,造成两名当事人死亡,其中一名年仅5岁。王福一家人在庙前的停车场停好车,王福和孙子到后备厢拿东西。就在这时,一辆帕萨特轿车失控般地冲了出来,直接撞倒了他和孙子。随后肇事司机的行为令人发指,他在撞人后进行了紧急倒车,然后又急速往前开,对老人进行了反复碾压,后驾车逃离。王福和孙子最终都抢救无效死亡。法院一审、二审均以故意杀人罪判处肇事者死刑。然而在死刑复核过程中,被告人却翻供,不承认曾发动车辆对受害人进行反复碾压。最高人民法院认为案件证据存在瑕疵,对驾驶员是否存在反复碾压被害人和碾压前被害人是否已经死亡的认定缺乏足够的证据支持,故发回重审。[1]

思考问题

结合本案谈谈如何认识鉴定意见的作用并非法律意见这一特征?

参考意见与法理分析

本案最后一次鉴定时,已是2015年3月,时隔近5年。涉案车辆是露天保存、日晒雨淋的,而且案发后相关机构并没有对肇事车辆上相关的血迹进行提取,使道路交通事故鉴定专家颇感压力,同时也觉得很有挑战。

鉴定人有着12年的工作经历,特别是在痕迹学方面,有着独到的见解和卓越的鉴定技术。鉴定人说"交通肇事被判死刑的很少见,这是我从业十几年来遇到的第一个,很多交通事故都是'意外',但这个似乎不是"。幸运的是,在车辆底盘下,找到了蛛丝马迹。他们发现底盘中部有一块血迹,面积不大,排气管等其他地方也有一些血迹,鉴定人进行了精确的测量和取样。但血迹的存在并不能证明碾压,还需要观察血迹存在的轨迹,司法鉴定人发现,所有的血迹分布都是前后交错的,这就可以很好地说明,车辆有前后反复移动的可能。

---

[1] "司法鉴定人力证车辆反复碾压致死的事实",载法律快车,http://www.lawtime.cn/info/jianding/jianding/201712043357049.html。

完成车辆的检测之后，鉴定人带着检验结果，还找当地警方调来了死者王福的尸检报告，又请来法医病理室的同事开会研讨。尸检报告上写着，王福的全身有大面积"表皮剥脱皮下瘀血"的症状，法医断定，这些表皮损伤，均是在某种力的压力作用下，前后拖动造成的挫伤。

最后鉴定人向司法机关给出了鉴定意见：肇事帕萨特轿车撞倒王福后对其进行拖带、反复挤压、碾压的事故形态成立。司法鉴定人带着鉴定结果出庭作证，面对科学证据，肇事者无法狡辩。最终，法院采纳了鉴定意见，死刑判决也通过了最高院的复核，肇事者终究被执行了死刑。

鉴定意见并不是科学的判决，鉴定人并不能取代法官解决法律问题。即使是比较权威的专家，也可能受到某些因素的影响而造成鉴定意见错误。导致鉴定意见错误的原因有许多种，诸如鉴定人在某专业领域的知识及技能水平较低、鉴定人采取不负责任的工作态度、鉴定所依据的材料及证据不可靠或者不充分、鉴定人故意出具伪证等。

本案的鉴定结论仅仅起到了证据的作用，并不是一种法律意见。鉴定意见是对所要鉴定的事项进行分析研究，就其现象所能揭示的实质问题予以阐述，说明的是案件事实。在案件的鉴定过程中需要鉴定人员具有专门性知识，这种知识是指科学技术知识，而非法律知识。

这个案件司法鉴定的关键在于证明存在反复碾压的事实，这涉及肇事者的主观动机问题，系是否可以成立故意杀人罪的有力证据。多亏了司法鉴定人的不断努力，尽管逝去的生命已经无法挽回，但是让肇事者承受其应得的报应惩罚，才可以安慰受害者在世的亲人。

【案例四】 鉴定意见是主观性与客观性相结合的

2009年5月14日晚，37岁的汪女士因与婆母发生口角，被其叔弟用板凳腿击中头部，6日后到当地派出所控告叔弟将其打伤，已造成颅骨骨折，并提供了5月19日拍摄的头部X光片为证。经公安机关法医初步判定，该损伤已构成轻伤，故公安机关立案侦查此案。汪女士的丈夫得知此事后，立即到公安机关反映说明汪女士的头部损伤并非其弟打伤，而是5月12日汪女士在家滑倒摔伤了头部，并提供了5月12日汪女士滑倒后当天去医院检查时拍摄的X光片。经查，5月12日汪女士的X光片未显示有骨折，公安机关遂监督汪女士于5月22日再次进行头部X光检查，结果为无骨折。当地公安机关委托某大学司法鉴定中心对此案进行鉴定。鉴定人员详细审阅了3张X光片，并了解了汪女士当时的临床表现，分析认为：第一，5月12日汪女士滑倒未造成颅骨骨折；第二，5月19日的X光片与5月12日和5月22日的X光片因骨性特征不同故不是同一人的片子；第三，据5月22日X光片所示，汪女士5月14日头部被击伤并未造成颅骨骨折。至此案情真相大白，原来汪女士被叔弟打伤后十分不满，第二天即去医院看病，但没有检查出严重问题，过了几天，汪女士仍感不适，又去医院复查，在候诊时意外拾得一颅骨骨折病人的X光片，于是引发此案。

思考问题

本鉴定意见的第2项是对汪女士病情的客观描述还是主观认识？该鉴定意见是否有客观性？

参考意见与法理分析

本案鉴定意见的第2项中对于汪女士3张X光片有所不同的判断是鉴定人的主观认识，并非对客观事实的描述。虽然在鉴定意见的得出过程中，鉴定人往往要以某些客观证据，如物证、书证、音像证据等为依据，并有可能需要借助于一些现代化的检验设备和手段进行客观检查，甚至于可以对有关事实予以调查，但是鉴定意见并不是对这些客观事实的直接描述，而是依此进行的认识活动。由于一些客观材料与待证事实有关，可以起到证明作用，但受到认识水平的限制，一般人难以判断和理解两者之间的关联性，这就需要由鉴定人利用其专门性知识予以分析，并以鉴定意见的方式提出相关意见。因此，鉴定意见与其他法定证据有所不同，它并不是对客观事实的真实反映，而是鉴定人对客观事物的主观认识。本案中，鉴定人就是根据公安机关提供的X光片，又调查了被鉴定人的临床表现，通过分析认识才得出结论。由此可见，鉴定意见不可避免地带有鉴定人的主观色彩，并受到鉴定人知识范围、操作技能、判断推理能力的限制。

同时，该鉴定意见又具有客观性，它是鉴定人认真比对分析3张X光片，结合被鉴定人的临床表现，利用自己的专业知识，首先判断各片中有没有显示颅骨骨折，再判断各片中骨性特征是否同一，从而得出科学结论。由于鉴定意见是以相关事实证据和科学知识及经验为基础的，如果鉴定所依据的材料不足或者鉴定人觉得自己的能力有限，他有权不予鉴定，因此鉴定意见具有一定的客观性。另外，鉴定人必须与案件没有任何利害关系，也不得参与案件的审理代理和作证等工作，否则将属于诉讼法规定的予以回避的情形，这种中立的立场在一定程度上保证了鉴定意见的客观性。由此可见，鉴定意见是主观性与客观性相结合的产物。

三、鉴定意见的意义

【案例五】 鉴定意见可以起到科学证明的作用

2000年4月北京某国营贸易公司（简称甲方）与南方某贸易公司（简称乙方）做钢材生意，甲方将600吨钢材发给乙方，乙方替甲方代销，代销后的款额按双方商定好的比例作为乙方代销报酬，其余款全部归甲方。同时在北京由乙方代表用蓝色圆珠笔填写《产品购销合同》三份，因乙方没有带合同章，所以甲方先在合同上签字盖章，再由乙方带回签字盖章后寄给甲方。半年以后，甲方不仅没有收到乙方寄来的合同，而且对乙方代销情况也一无所知，甲方派人到乙方调查此事，乙方回答货还没有卖出去。但事实并非乙方所说的这样，甲方经调查得知，乙方不仅将600吨钢材全部卖出，而且所得货款也全部打进乙方账上。因甲方不能追回货款，甲方于2000年底在法院对乙方进行起诉，在法院，乙方说之所以没将货款退还甲方，是因为甲方违约在先，甲方应向乙方进行赔偿，并将双方签订《产品购销合同》交给法院，当法院将合同让甲方确认时，发现合同上后增添了好多内容，甲方当即将双方签订合同时的情况向法院作了汇报，并要求对合同上甲方认为后增添的内容进行鉴定。

2001年1月，法院委托某鉴定机构对《产品购销合同》进行鉴定，鉴定内容：要求对合同中有争议的条款内容是否为后添加的、何时添加的进行鉴定。鉴定所对整个案情作了充分的了解，《产品购销合同》一式三份，是用复写纸一次书写而成，送检的《产品购销合同》是第一份。

鉴定专家，利用化学、物理方法对送检的《产品购销合同》样本材料进行了仔细分析研究，用了两周时间，经过反复实验论证，最后得出结论：《产品购销合同》有关条款中有争议的内容是在合同形成后，又另外添写成的，而且至少是在一个月以后添加的。

此鉴定意见为北京某国营贸易公司挽回了数百万元的经济损失。

思考问题

谈谈鉴定意见在本案中发挥了什么作用？

参考意见与法理分析

鉴定意见属于"科学证据"。鉴定意见是鉴定人运用一定科学知识、采用一定科学方法对案件专门问题进行分析、检验后得出的意见，具有较强的科学性。诚然，鉴定的对象和方法是多种多样的，科学技术的含量也是各不相同的。有的鉴定使用尖端的仪器设备，自动化程度很高；有的鉴定凭手工操作，主观经验性很强。但是，任何鉴定意见都必须以一定的科学技术为基础，因此，鉴定意见属于"科学证据"的范畴。不过，鉴定意见的科学性并不等于说所有鉴定意见都是科学可靠的。[1] 任何科学仪器都是由人操作的，任何鉴定意见最终都是由人做出的，因此鉴定活动不可避免地还要受到鉴定人的业务水平、专业经验、职业道德等因素的影响。

本案的笔迹鉴定在案件诉讼中发挥了科学证明的作用，根据检材笔迹的特点和案情，准确地判断笔迹特征的变化或伪装以及变化或伪装的原因与程度。如检材笔迹熟练程度一致，书写水平与语文水平相适应、运笔自然，笔画间搭配比例协调，书写动作规律性强，即可认定其为正常笔迹。如检材笔迹的大小与斜度程度不均匀，书写速度不一致，运笔不自然，笔画转折生硬但书写动作有一定体系，相同的单字、笔画特征基本一致，说明它是受客观原因或伪装以外的其他主观因素影响形成的变化笔迹。正是由于科学鉴定的结论才能够为甲方贸易公司挽回巨额损失。

【案例六】 鉴定意见能够证明案件事实

某年4月12日，山西大同市某小学附近的垃圾堆里发现一具无名女尸。现场勘查发现，死者年龄30岁左右，颈部有新剪断的4号铅丝缠绕3圈，死结打在颈后，头发及毛衣缝隙中有大量木屑附着，尸体盛装在一条麻袋里，袋内有少许木屑和刨花。据此判断，受害人于前一天晚上被他人杀害，第一现场

---

[1] 参见何家弘主编：《新编证据法学》，法律出版社2000年版。

可能距发现尸体的垃圾堆不远且存有木屑刨花和4号铅丝。经查，附近有5个木工作坊具备上述条件。其中马木匠的嫌疑较大，该人为单身，与死者有亲属关系，有证人见到前一天死者进入马木匠作坊后未出来。经秘密搜查，在马木匠作坊内获取了木屑、刨花和4号铅丝，并发现女式背包、戒指和项链，经知情人辨认系死者所用之物。检察机关以故意杀人罪对马木匠提起公诉，辩护人则以其他4个作坊的木匠也有杀人嫌疑为由做无罪辩护。针对辩护人的意见控方出具了一份鉴定意见，内容是通过中子活化分析法、色谱法等鉴定技术对材质、物质含量进行的同一认定，结论为：尸体附着及麻袋内的木屑、刨花与马木匠作坊内的木屑、刨花属于同一材质，与其他4个作坊内的木屑、刨花不能认定同一；尸体颈部缠绕的铅丝与马木匠作坊内的铅丝型号、物质含量、结构一致，与其他作坊的铅丝不符。至此本案真相大白，具备了充分的定案依据，马木匠的心理防线也就此崩溃，如实供认了案件事实。

思考问题

鉴定意见在本案的诉讼中发挥了什么作用？如果没有鉴定意见，能否对马木匠定罪量刑？鉴定意见还可以从哪些方面证明案件事实？

参考意见与法理分析

本案的司法鉴定在案件的诉讼中发挥了确定作用。司法实践中，有许多实物证据与待证事实之间的相关性只能依靠鉴定意见予以确定。本案中，虽然在尸体上与可疑现场中分别收集到木屑、刨花和4号铅丝等物证，但它们之间的关系是难以确定的，这些实物证据中所包含的信息，需要通过鉴定予以揭示，进而对案件发挥实际证明作用。因此，本案如果没有鉴定结论，就难以分辨尸体上的木屑、刨花和铅丝到底是马木匠作坊的，还是其他嫌疑作坊的，就不能对马木匠定罪量刑。

鉴定意见的确定作用主要是根据同一认定的原理得以实现的，例如对伤痕与嫌疑致伤物、足迹与嫌疑鞋子、指纹与捺印档案、精斑DNA与嫌疑人血细胞DNA、签字与样本笔迹等进行同一认定，即可确定它们的相关性。鉴定结论的这种确定作用通常是其他形式的证据所不具备的。

鉴定意见除了在确定实物证据与待证事实相关性方面具有重要意义以外，对于许多其他的案件事实也能发挥证明作用。如死亡原因、事故原因、伤害程度、伤残等级、精神状态、生理状态等，都可以通过鉴定加以证明。

【案例七】 鉴定意见可以补强其他证据

某日6时50分，公安机关接到宋某报案，称其妻今晨6点钟左右与往常一样起床做早饭，但6点半宋某起床时未见其妻踪影，等了一会儿不见回来，遂出门寻找，发现其妻趴在公共厕所内，已经死亡。公安机关迅速出警，勘查现场。见宋妻头东南脚西北腹卧位倒在厕所便池旁边，头发散乱，肉眼检查没有发现伤痕和血迹。根据初步尸体检验结果，法医判断宋妻死亡时间已超过10小时。因此，侦查人员在决定将尸体带回做详细的解剖检查的同时决定对宋某进行审查。通过尸体解剖进一步查证，宋妻颈部有扼痕，内脏及血液的表现符合机械性窒息死亡的特征，胃内容物的消化程度显示死亡时间距最后一餐约2小时，法医尸体检验鉴定结论为：宋妻于前一天20点钟左右被他人扼颈而死。由于法医当场指出宋某撒谎，摧毁了他的心理防线，因而他对自己的犯罪事实供认不讳。原来，那一天晚餐时间为18点钟，餐后宋妻收拾完碗筷准备洗衣服时，在宋某的衣袋内发现宋某与其情人写的约会字条，随即哭闹起来。宋某开始好言相劝，赔礼道歉，说服多时后宋妻仍然怒气未消，并声称要到单位告发宋某及情人，因宋某正欲提拔领导岗位，为铲除绊脚石遂起杀心，于19时50分双手紧扼其妻颈部致其死亡，随后趁天黑将其拖至公共厕所内欲伪装为意外死亡。宋某焦急地等了一夜也不见有人报案，到了早晨，实在沉不住气了，跑到厕所一看，尸体还在原地趴着，无人发现，只好自己报了案。

思考问题

宋某对于案情的虚假证言是如何被戳穿的？本案法医鉴定起到了什么作用？鉴定意见与其他形式的证据之间的关系如何？

参考意见与法理分析

本案法医通过对尸体、尸斑、尸僵等尸体现象的观察，结合解剖所见的胃内容物的消化程度，比较准确地鉴定出宋妻的死亡时间，这与宋某所言不一致，分析宋某撒谎的原因，就可以轻而易举地将侦查目标集中到宋某的身上，使本案仅用了3个小时即告破获。本案虽然由于尸斑掩盖等原因未能在尸体表面查到扼痕,但法医可以通过尸体解剖发现颈深部因扼颈所致的损伤,并结合内脏及血液的窒息性改变,据此作出扼死的结论。因自己扼颈致意识丧失后即无法保持适当的压力,故自己不能将自己扼死,所以本案的性质可以定为他杀。

本案表明鉴定意见具有一种特殊的功能,那就是对其他证据的真伪、证明力大小、证据价值的高低予以补强。使用鉴定意见可以识别犯罪嫌疑人及被告人供述与辩解、证人证言、被害人陈述的真实性和可靠程度,判断某些物证、书证、视听资料证据力之强弱,确定某些证据与案件事实真相之间的关系,等等。由此可见,鉴定意见在补强其他证据这一领域具有不可或缺的作用。

英国、美国、法国、日本以及中国台湾地区都制定了补强证据规则,即为了充分保护被告人的权利,防止案件事实出现误认,法律上规定某些证据必须有相应的证据给予补强才能作为定案的依据,但其范围基本上局限在供述证据之内,有些国家对被害人陈述、特定的证人证言等也要求补强。我国大陆并没有明确提出补强证据这一概念,但我国《刑事诉讼法》(2018修正)第55条规定:"只有被告人供述,没有其他证据的,不能认定被告人有罪和处以刑罚。"这就从法律规定的角度,进一步说明了鉴定意见的补强作用在诉讼中的重要意义。

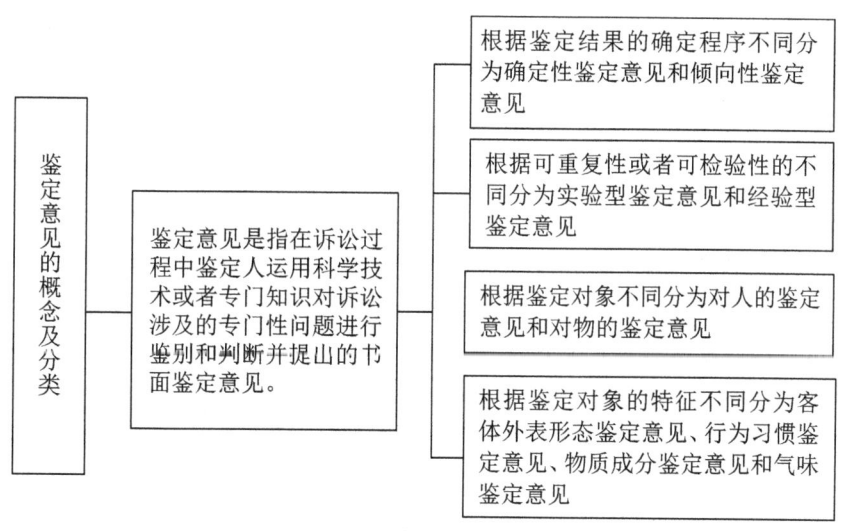

图9.1　鉴定意见的概念及分类

第十章

笔录类证据

本章学习任务

1. 勘验笔录的概念与分类
2. 勘验笔录的特征与意义
3. 检查笔录的概念与意义
4. 辨认笔录的概念与特征
5. 侦查实验的概念与特征
6. 现场笔录的概念与意义

一、勘验笔录的概念与分类

【案例一】

2008年8月1日下午，周某伙同雷某等人撬开北仑大街一户居民家的防盗窗，入室盗窃黄金饰品、手机等物，经鉴定被盗物品总价值为2 210元。作案过程中，周某的手指受伤出了血。逃离时，他随手拿起一只白色编织袋擦了一下，随后把编织袋一扔逃之夭夭。当天下午，主人发现家中失窃，地上还有粘着血迹的编织袋，便报了警。派出所民警随即赶到，北仑公安分局刑侦大队技术中队的技术人员也到达现场。警方通过侦技手段很快锁定了犯罪嫌疑人雷某。在公开审理中，公诉人在法庭上向被告人出具了警方在事发后不久做的现场勘查记录、2013年1月11日检察院要求警方做的现场勘查补充笔录以及其他证据等。辩护律师称，周某之所以被抓，是警方通过血液比对才锁定的，但对如此重大的证据，警方在2008年的现场勘查记录中却没有提到，只是在2013年1月11日的补充笔录中提到了这个证据。另外，在这份补充笔录中警方还附上了现场证据的照片，拍摄时间写的是 2013 年 1 月 11 日。现场的照片怎么可以到 2013 年 1 月 11 日才拍？[1]

思考问题

结合办案谈谈什么是勘验笔录？同一个案件，同一个现场，同样的勘查人员签名，为什么有两份不一样的勘查记录？这份新的现场勘查补充笔录与原来的勘查笔录不一致，法庭如何认定？

参考意见与法理分析

我国《刑事诉讼法》（2018 修正）第 128 条明确规定在侦查阶段"侦查人员对于与犯罪有关的场所、物品、人身、尸体应当进行勘验或者检查"，第 133 条规定"勘验、检查的情况应当写成笔录，由参加勘验、检查的人和见证人签名或者盖章"。而且在审判阶段，"人民法院调查核实证据，可以进行勘验、检查"。可见，无论是在侦查阶段还是在审判阶段，勘验都是司法工作人员侦破案件、发现案件事实真相的重要手段。而勘验笔录作为对勘验活动的过程及现场状况的客观记载，可以及时地固定案发现场的原貌，因此也是证明案件现场状况的重要证据材料。只要经过查证属实，同样可以作为定案的根据。此外，在民事和行政案件当中，由司法工作人员在对与案件有关的现场进行勘察检验时现场制作客观的记录，同样有助于反映案件的事实真相。因此，在我国无论是刑事诉讼法还是民事诉讼法、行政诉讼法中，都将勘验笔录作为一项单独的证据种类加以规定。从其对案件事实的证明方式上来看，勘验笔录是以书面的形式来反映现场或物品的客观情况，而不是以物品本身的形状和特征来直接证明案件事实，因此其不属于物证。

另外，勘验笔录是在案件发生以后由特定的司法人员制作完成的，其内容仅仅是对案发以后的现场状况的记载，因此其对案件事实只能起到间接的证明作用。勘验笔录并非是在案件发生之前或案件发生过程中由与案件有关的人员对案情的描述，对案件事实不具有直接证明性的特点，因此不属于书证。此外勘验笔录所记载的内容也不包括反映人的思想内容的证据的情况，

---

[1] "'关键物证'被遗漏 律师发现疑点民警承认工作疏忽"，载中国宁波网，http:/news.cnnb.com.cn/system/2013/04/17/007692962.shtml.

因此对于公安司法机关在办案过程中对有关人员进行讯问、询问、辨认等措施时所制作的笔录不属于勘验笔录。勘验笔录内容的最大特点及其价值所在就是其自身具有的客观性，不但其内容只是对案件现场的位置、物品、尸体和人身等实物证据有关情况的记载，而且在制作方法上也要求必须保持较强的客观、中立性。勘验笔录只能以描述的方式表现勘验人员自身或借助仪器设备所感知的事实，但不能记录勘验人员的主观分析、判断和推测。勘验笔录只有保持了其自身的客观性，才能够全面、真实、准确地反映与案件有关的信息。此外，勘验笔录还具有对案件事实起到综合证明作用的特点。勘验笔录所反映的内容常常并不是单一的事实，而是对现场各种证据材料之间的存在形式、相互关系以及所处的具体环境的客观描述，虽然在多数情况下这一记载本身并不能直接证明某事实，但却可以作为一种具有综合证明力的证据形式或来源。

本案中，在案发后不久警方做的现场勘查记录中，没有提到与该案有重大关联的白色编织袋这个证据，针对辩护律师提出的疑虑，民警解释，勘查现场时提取了带血的白色编织袋，后来编织袋被送到了市公安局做技术鉴定。在写现场勘查记录时，因工作疏忽，忘了把这个重要的证据写进去。后根据检察院的要求又写了一个补充勘查笔录。至于照片的拍摄时间，民警解释确实是2008年在案发现场拍的，补充笔录中写成了2013年，那是笔误所致。

我国《刑事诉讼法》（2018修正）第133条规定"勘验、检查的情况应当写成笔录，由参加勘验、检查的人和见证人签名或者盖章"。

勘验笔录分为刑事勘验笔录、民事勘验笔录、行政勘验笔录。

（一）刑事勘验笔录

刑事勘验笔录的制作主体主要为办案机关，辩方没有制作勘验笔录的权利。为了规范现场勘验检查行为，根据公安部关于印发《公安机关刑事案件现场勘验检查规则》和现场勘验笔录式样的通知（公通字〔2015〕31号）的规定，刑事勘验笔录包括现场文字记载、现场照相与现场绘图。勘验笔录的内容主要包括前言、叙述事实和结尾。具体内容如下：（1）前言部分的内容包括案由及一般情况。记录接到报案时间、案件发生和发现的时间、地点、报案人、被害人姓名、职业、住址以及他们叙述的有关案件发生、发现的情况；保护现场情况、保护现场人员的姓名、职业、到达现场的时间和保护现场中发现的情况；勘验人员的姓名、职务，见证人的姓名、职业和住址以及勘验工作开始的时间和结束的时间，勘验的顺序，当时的气候、光线条件。

(2) 叙述事实部分的内容即勘验所见。现场的具体地点、位置和周围的环境主要包括现场所在的市、区，街道门牌号码以及现场的左邻右舍和四周固定物及道路分布情况等；现场内部情况包括现场中心和有关场所的情况，特别要记明现场的一切变动和变化的情况，对现场中心部位一定要写得详细具体，如凶杀现场，要记明尸体躺卧的位置、姿势，周围物体上有无血迹、血迹喷溅的形状、面积、凶器的位置和特征等；同时记明有关场所的情况，如室内现场，应记明门窗是否被打开，室内、椅床、箱柜、被褥以及其他与案件有关物体的摆设和存放情况，有无被翻动和破坏；各种犯罪痕迹遗留物的所在位置、数量、特征及分布情况；被害人的受害情况和物质损失情况以及现场的反常现象。(3) 结尾部分的内容。结尾部分主要包括记录提取的痕迹物证、书证的名称、数量；现场照相及现场绘图的内容和数量；现场勘验的参加人及有关人员的签名或盖章；见证人的签名或盖章。

（二）民事勘验笔录

勘验笔录是指法院为了查明案件的事实，指派勘验人员对与案件争议有关的现场、物品或物体进行查验、拍照、测量，并将查验的情况与结果制成笔录，如宅基地纠纷案件对宅基地的测量。在民事诉讼中，法院有权对与争议有关的财产损害场所，所有权发生争议的客观物体，或者承包、买卖的标的物等进行勘验。勘验笔录制作主体主要为法院的审判人员。勘验笔录的内容主要包括勘验情况和结果，应当记录勘验的时间和地点、勘验人、在场人、勘验的经过及结果，由勘验人、在场人签名或者盖章。对于绘制的现场图应当注明绘制的时间和方位、测绘人姓名和身份等内容。

（三）行政勘验笔录

行政勘验笔录是行政执法人员或者法院对案件现场实施勘验所形成的记录。其内容主要包括勘验情况和结果，应当记录勘验的时间、地点、勘验人、在场人、勘验的经过和结果，由勘验人、当事人、在场人签名。对于绘制的现场图，应当注明绘制的时间、方位、测绘人姓名和身份等内容。勘验笔录的形式由文字、拍照、录像、绘图、制作模型等组成。行政勘验笔录是现场笔录的一部分。

二、勘验笔录的特征与意义

【案例二】

某年9月5日一大早,某杂货店老板出门准备营业时,骤然发现门边斜卧着一具女尸,遂立即向当地公安机关报了案。区公安分局刑侦、技术人员赶到现场后立即进行了勘验,并将整个勘验过程制作了笔录。勘验结果表明:死者年龄约21岁或22岁,身体半裸,用一件男式衬衣盖着,女尸颈部有两处被勒瘀血的伤痕,死者没有穿鞋,但脚板干净未沾尘土。通过对现场的综合分析判断,侦查机关认为该案是一起凶杀案,并且可能与卖淫嫖娼有关。另外,此处并非是第一现场,而应该是凶手杀人后移尸到这里的。为此,侦查人员制定了以第二现场为中心,大力寻找第一现场的工作方案。不久侦查人员终于发现,位于海珠北路植荫里5号的出租屋为无名女尸案的案发第一现场。侦查人员随即又对第一现场进行了勘查,并制作了笔录。这是一间12平方米左右的出租屋,屋中摆着一张大床、一个大柜和一张桌子,大床的床单靠近枕头处有一小滩血迹,床底下放置着一双女式皮凉鞋。经过分析,刑警们一致认为:嫌疑犯杀人后移尸他处,表明疑犯并不想被人发觉作案现场。由此估计,嫌疑犯应该尚未察觉刑警已找到第一现场,可能还会回到住处,于是刑警在有利地形处布下埋伏。当日傍晚,两名外地男青年在回到该屋时被警方抓获。经过审讯,两名男青年分别交代了他们于9月4日晚分别与卖淫女李某在该屋内进行嫖娼活动之后,抢走了李某身上的财物,并将李某杀死。此后他们又借着夜色将李某的尸体抬到某食杂店门口抛弃。至此,整个案件真相大白。[1]

思考问题

结合本案谈谈勘验笔录的特征。

参考意见与法理分析

勘验笔录具有的客观性和综合证明性的特点,使得勘验笔录在整个案件

---

[1] 选编自《广州金盾网》。

的证明过程中发挥着重要的作用。首先，勘验笔录可以将在现场提取的物品的特征和现象全面准确地记录下来，因此是保全和固定证据的一种重要手段，同时也可以为在勘验之后进一步分析案情"发现线索"确定调查方向提供一定的根据。在必要的情况下，还可以依据笔录的内容来恢复某些现场的原始状态。其次，勘验笔录可以作为印证、审查、鉴别其他证据，特别是言词证据真实性的重要根据。而且勘验过程是否符合法定程序，发现、固定证据的方法是否科学可靠，也会影响到由此搜集到的证据的可采性及其证据价值，因此勘验笔录也是了解勘验活动是否符合必要程序、勘验中搜集到的证据是否可靠的重要途径。本案中，公安机关到达案发现场后及时进行了勘验活动，并对整个勘验活动进行了文字记录，该记录由于能够全面客观地反映公安人员的勘验活动和案发现场的有关情况，因此对案件事实具有一定的证明作用，属于我国刑事诉讼法上所规定的勘验笔录这一证据种类。本案中，公安机关正是从勘验笔录所记载的有关情况中发现了侦破案件的线索，而且还印证了本案其他证据的真实性，可见勘验笔录在证明案件事实的过程中发挥着重要的作用。

《刑事诉讼法》（2018修正）第128条规定："侦查人员对于与犯罪有关的场所、物品、人身、尸体应当进行勘验或者检查。在必要的时候，可以指派或者聘请具有专门知识的人，在侦查人员的主持下进行勘验、检查。"勘验、检查笔录具有以下特征：

（一）勘验、检查笔录制作的主体具有特殊性

勘验、检查在诉讼中属于一种职权行为，其主体为办案机关。因此，只有是由这些主体依法制作的勘验、检查笔录才具有法律效力。在刑事诉讼中勘验、检查的主体为公安司法机关；在民事诉讼和行政诉讼中，制作勘验笔录的主体为法院。在行政诉讼中还存在行政主体实施具体行政行为时的勘验笔录。

（二）勘验、检查活动属于职权活动

勘验主要是指对与案件有关的场所、物品、尸体等进行的实地察看、检验。在刑事诉讼活动中，侦查人员对犯罪现场的勘验，对犯罪遗留物的勘验等；在民事诉讼中，法院对当事人争议的房屋的实地验查等。检查，又称人身检查，是指对人身进行的验查。为确定其人身特征，或者伤害情况，或者生理状态，对犯罪嫌疑人、被告人或被害人的人身进行的察看与检查。

(三) 勘验、检查对象是与案件有关的场所、物品、尸体与人身等

勘验的对象都属于"死"的事物，本身不是作为具体权利义务的主体，一般只能作为权利义务的客体存在，主要是与案件有关的场所、物品、痕迹、尸体等，在民事诉讼中的勘验一般是无法移动或难以携带到法庭的标的物。检查的对象是与案件有关的"活人"的身体，仅限于刑事诉讼的被害人和犯罪嫌疑人、被告人。检查妇女的身体，应当由女工作人员或者医师进行。

(四) 勘验、检查应当依法进行

勘验、检查的对象涉及相关人员的合法权利，在对与案件有关的场所、物品、尸体以及人身进行此项活动时，应当依法进行。特别是实施可能侵犯被检查人的合法权利的人身检查，应当严格依照法定程序和以对人身侵害较小的方法进行，注意对被检查人人身权利的保护。

三、检查笔录的概念与意义

【案例三】

罗甲与杨某于1996年7月结婚，二人均系再婚，罗甲婚前之子罗乙（11岁）与二人一起生活。在共同生活中，因罗乙有时不能完成作业、考试不及格、不说实话等原因，杨某经常对罗乙进行打骂和体罚，有时用串羊肉串的扦子扎，用筷子打头，用手拧大腿，用塑料管抽胳膊，跪洗衣板，用嘴咬，用火钩子烫，不准吃饭等。罗甲有时也参与打骂。1998年5月9日，因罗乙用一玩具赛车跟伙伴换了10元人民币，买了一块手表和食品，罗甲和杨某就怀疑罗乙有偷窃行为，将罗乙捆在某区良乡地区孟家洼的一棵大树上，用树条和弹簧锁抽打，造成罗乙背部、腰部、臀部、双大腿后侧大片皮肤青紫。后罗乙的监护人赵某（罗乙的四姨）代表罗乙以罗甲和杨某犯有虐待罪向区人民法院提起刑事自诉。自诉人同时向法庭提供了多名证人所作的证实罗甲和杨某曾多次对罗乙进行打骂和体罚的证言，作为物证的弹簧锁1个和绿色尼龙绳1条，以及罗乙于1998年5月9日被打伤后的照片。该照片显示罗乙被打后背部、臀部、下肢有多处条、片状表皮剥落皮下出血。在案件审理期间，法庭还对自诉人罗乙进行了人身检查。检查结果证明罗乙背部、臀部、右下肢等部有损伤，其左手腕背侧条状瘢痕，捆绑可以形成，其损伤程度属于轻微伤。最后法庭经过审理判决杨某和罗甲的行为构成虐待罪，分别判处有期

徒刑 1 年和拘役 4 个月。[1]

思考问题

本案中,法庭在审理过程中对自诉人罗乙的身体进行了检查并对检查的过程和结果都作了笔录,请说明该笔录属于何种证据?

参考意见与法理分析

在刑事诉讼当中,侦查机关经过对犯罪现场的勘验之后,通常会在现场发现某些物品、尸体等材料,为了获取更多的犯罪证据或案件线索,侦查机关通常都会对与犯罪有关的现场、物品、尸体和人身进行一定的搜索和检查行为。而法院在审理案件的过程中,在有些情况下也需要亲自对某些情况进行调查核实,因此也会进行一定的检查活动。我国《刑事诉讼法》(2018 修正)第 132 条第 1 款规定:"为了确定被害人、犯罪嫌疑人的某些特征、伤害情况或者生理状态,可以对人身进行检查"。可见,检查是我国刑事诉讼法明确规定的一种合法的查明案件事实的手段。而检查笔录就是公安司法机关对与犯罪案件有关的物品、人身、尸体进行检查时所作的客观记录。检查笔录与勘验笔录都是公安司法机关依法制作的反映现场状况和实地检查过程与结果的法律文书,只是各自记录的内容不同,因此在法律上被归为同一证据种类。

检查笔录主要用于刑事诉讼的人身检查,旨在确定被害人、犯罪嫌疑人或者被告人的某些特征、伤害情况或者生理状态。检查笔录制作主体主要为公安司法机关。检查笔录的内容包括:检查的时间、地点、检查人员的姓名、职务;被检查人的姓名、职业、住址;见证人的姓名、职业、住址;检查的内容、检查的结果。我国《刑事诉讼法》(2018 修正)第 132 条、196 条第 2 款规定:"为了确定被害人、犯罪嫌疑人的某些特征、伤害情况或者生理状态,可以对人身进行检查,可以提取指纹信息,采集血液、尿液等生物样本。犯罪嫌疑人如果拒绝检查,侦查人员认为必要的时候,可以强制检查。检查妇女的身体,应当由女工作人员或者医师进行。""人民法院调查核实证据,

---

[1] 参见北京市高级人民法院编:《人民法院裁判文书选——北京 2000 年卷》,法律出版社 2001 年版,第 48~50 页。

可以进行勘验、检查、查封、扣押、鉴定和查询、冻结"。犯罪嫌疑人、被告人拒绝检查的，办案机关认为有必要时，可强制检查，将强制检查的情况在笔录上写明。

在实践中，最常见的检查笔录是物证检查笔录、尸体检查笔录和人身检查笔录。物证检查笔录通常作为勘验笔录的附件出现，以详细地描述某一具体物证的具体情况。尸体检查笔录是对尸体进行外表检查或解剖检查时所作的记录，一般专门由法医来制作。人身检查笔录是在为了确定被告人、被害人的某些特征、伤情情况和生理状态时对人身进行检查后对检查所见制作的记录。笔录的制作者一般为实施检验的医师，并由在场的公安司法人员和在场的见证人签名或盖章。如对犯罪嫌疑人有实行强制检查的情况，也应在笔录中记明。由于检查笔录能够客观地记载检查的情况和被检查的物品、人身或尸体的特征，因此是证明案件事实的重要依据。同时，检查笔录所记载的内容，又可以成为审查、鉴别检查程序方法和手段是否科学、合法的重要根据。本案中，法庭通过对罗乙的身体进行检验，证明了其受到殴打的事实，在与其他证据相互印证的情况下可以断定杨某和罗甲对罗乙实施了虐待行为。而对罗乙的身体检查笔录对本案的审理也同样发挥了重要的作用，作为一种证据形式，它不但可以通过对检查的过程和结果进行客观、全面地记录从而帮助法庭认定案件的事实，而且可以使案件双方的当事人都能够对法院的检查过程予以了解和监督，以此来保证审判的公开和公正。可见，检查笔录是刑事诉讼当中一种重要的证据类型。

四、辨认笔录的概念与特征

【案例四】

被告人张某到淅川县仓房镇党子口村小王沟做药品生意，路过一片柏树林，遇到从此经过的磊山小学的学生娟子等4名学生。张某上前谎称其妹妹在柏树林放羊时将腿摔伤，让娟子去帮忙治一下，将娟子骗到了树林深处后，将其双手用塑料绳拴住，摁倒在地实施了强奸……在法庭上，受害人娟子一口咬定是他所为，公诉机关所出示的其余3名小学生的辨认结果，也证明了案发时叫走娟子的那个男子就是他。辩护人认为，辨认时，派出所违背了被辨认人数应该在法定人数以上的法律规定，且办案民警还提示来辨认的小学生"看清楚鞋子",有诱导嫌疑;疑犯作案时所穿的是灰色上衣、红色毛衣。张某当天穿的是黑色上衣,二者截然不同。但法庭对张某及其辩护人提供的证据没有采信,认为淅川县检察院指控罪名成立,公诉机关所出证据已构成完整的证据链条。故认定被告人张某犯强奸罪,对其判处有期徒刑9年。被告人不服判决,上诉至中院。中级人民法院经审理认为,原判决认定事实不清、证据不足,遂作出撤销原判、发回重审的裁定。本案后来被证实是被告人王某所为。[1]

思考问题

结合本案谈谈辨认笔录的特征。

参考意见与法理分析

辨认笔录是指在组织辨认过程中,侦查人员以书面形式制作的对辨认过程、辨认活动、辨认结果等进行记载,并由侦查人员、辨认人、见证人等签名的笔录,辨认是利用辨认人对案件特定的事物在记忆中的反映形象来确定特定事物或者人与其事物或者人的同一。如辨认犯罪嫌疑人就是要确定犯罪嫌疑人与实施犯罪行为人的同一;对某一工具的辨认就是要确定该工具与犯罪嫌疑人所有、持有的工具的同一,等等。辨认笔录与其他证据相比具有以下特征。

(一)辨认笔录是一种独立的法定证据类型

辨认是刑事诉讼中广泛采用的一种侦查行为,在这一过程中形成的辨认笔录属于法定证据类型。在辨认笔录未纳入法定证据种类前,在刑事诉讼实践中也被作为证据使用,常归入证人证言、被害人陈述或者犯罪嫌疑人、被告人供述。尽管辨认笔录与这三种证据具有共性,但在性质上仍有本质的差异,尤其不能体现辨认笔录的特殊属性。2012年修改的《刑事诉讼法》将辨认笔录确定为法定证据种类。

(二)辨认笔录具有复杂性

在犯罪嫌疑人的辨认中,由于辨认人是与犯罪嫌疑人直接接触的人,对

---

[1] "阳光作证——他不是强奸犯",载新浪网,http://news.sina.com.cn/o/2006-01-26/044080850335s.shtml.

犯罪嫌疑人的辨认往往能够直接认定犯罪人，结合被害人陈述、直接目睹犯罪案件发生的证人证言可以直接表明犯罪嫌疑人实施某种犯罪行为，反映案件的全貌，在绝大多数情况下可以作为直接证据使用。但是仍有部分对犯罪嫌疑人的辨认笔录仅仅能够证明案件事实的部分或者片段，这部分辨认笔录属于间接证据。由于辨认人的心理状态对辨认结果影响很大，遭受人身侵害的辨认人对犯罪分子极其仇视、痛恨，在辨认中容易急于求成而出现错误辨认；作为同案的犯罪嫌疑人则可能推诿自己的罪行，夸大他人的责任，容易出现错误辨认，致使辨认笔录作为证据更趋复杂性。

（三）辨认笔录具有补强证据的功能

由于被害人陈述和证人证言均已在辨认之前取得，其已对犯罪嫌疑人基本情况进行了描述，为了保证被害人陈述、证人证言的真实性与可靠性，通过辨认笔录作为证据可以增强其效力。由于辨认的心理机制不同于证人证言、被害人陈述和犯罪嫌疑人供述，辨认的心理基础是"再认"，而证人证言、被害人陈述和犯罪嫌疑人供述的心理基础是"再现"，"再认"是经历过的事物再度出现时能把它认出来，"再现"是经历过的事物不在面前能把它重新回想起来，在"再认"发生困难的情况下就转化为"再现"。因此，"再认"比"再现"表现更为准确，辨认笔录对其他证据具有强化功能。

本案因是系列强奸案疑犯，湖北丹江口市石鼓镇农民王某供述的作案地点、作案时间、作案细节，与受害人所说相吻合，而被最终认定。针对案件中辨认笔录作为证据的情况，我们需要指出小学生的辨认在程序上是有错误的，按照法律规定，办案民警不得在辨认时作出提示或者诱导。

五、侦查实验的概念与特征

【案例五】

某美容院里发现了一具尸体。17岁打工妹小洁，头南脚北横卧在店里，全身赤裸，内裤挂在右脚脚踝处，脖子上有明显掐痕。侦查员发现，在案发现场尸体边的按摩床上，小洁的工作服被整齐地叠放着，似乎并不像是被人强行脱下的。经法医鉴定，小洁的死亡原因是机械性窒息死亡，也就是扼颈窒息死亡的，且没有被侵犯过的痕迹。经查，店铺收银柜台被撬开，近3 000

余元营业额不翼而飞。美容院门锁完好,凶手是怎么进出作案现场的?而相邻理发店的店铺门锁被撬坏,店铺内的天花板吊顶也被拆开了,吊板悬挂在顶上。侦查员还原木质楼梯位置发现,两家店虽然有一墙之隔,但吊顶天花板竟然是相通的。侦查人员在侦查实验中曾爬上去尝试过,吊顶无法承受成年男性体重。侦查实验失败。后经过进一步侦查,发现为店铺做过装修的施工人员张某嫌疑最大。他说,"我曾在美容院装修过,所以知道这个秘密。而且,吊顶上面有龙骨,我一眼就认出主龙骨和副龙骨,哪些可以承重,哪些不可以承重,我都知道。我从理发店到美容院只用了10分钟。"而侦查员再次爬上天花板通道采集关键证物花了比张某多3倍的时间,整整爬了45分钟,才到达美容院底楼厨房的检修口。[1]

侦查实验笔录,是指侦查人员记录侦查实验过程的笔录。所谓侦查实验,是指为了查明在某种条件下的某种情况、某种行为能否发生而按照原来的环境、条件进行模拟实验的一种侦查活动。《刑事诉讼法》(2018修正)第135条规定,"为了查明案情,在必要的时候,经公安机关负责人批准,可以进行侦查实验。侦查实验的情况应当写成笔录,由参加实验的人签名或者盖章。"

侦查实验主要解决以下问题:(1)确定在一定条件下能否听到或者看到;(2)确定在一定时间内能否完成某一行为;(3)确定在什么条件下能够发生某种现象;(4)确定在某种条件下某种行为和某种痕迹是否吻合一致;(5)确定在某种条件下使用某种工具可能或者不可能留下某种痕迹;(6)确定某种痕迹在什么条件下会发生变异;(7)确定某种事件是怎样发生的,也就是通过侦查实验对人的视觉、听觉、嗅觉、触觉等感知能力,机动车辆等机器设备的性能标准,作案工具、物质和痕迹的种属,某种情况下人的行为能力、作案时间,物质物理性能、物质化学性能等内容进行验证。

侦查实验旨在查明与案件有关的事实的存在、发生的可能性或其状态、过程的活动。但因侦查实验笔录及其所记载的内容并非直接来源于案件事实,与其他证据相比具有以下特征:

(一)侦查实验笔录属于实物证据

侦查实验笔录是侦查人员对侦查实验中所闻所见情况的书面形式记录,

---

[1] "少女蹊跷裸死美容院竟是装修工爬吊顶通道窃财杀人",载上海新闻网,http://sh.eastday.com/m/20120914/uia6861606.html。

是侦查实验情况的叙述，侦查实验笔录中所记载的图片、录音、录像等内容对侦查实验情况的叙述，是侦查人员对实验过程的客观记录，属于实物证据。

（二）侦查实验笔录证明的间接性

侦查实验是对案件中某种条件下的某种情况、某种行为能否发生而按照原来的条件进行模拟实验，不可能做到与现场的完全一致。尽管侦查实验笔录不是犯罪行为的产物，但是能够用于证明案件事实，证明案件事实具有间接性。特别是侦查实验得出否定性结论时，能够直接否定某一事实发生的可能性。

（三）侦查实验笔录具有验证性

在侦查中，侦查人员对自己作出的某种侦查假设是否具有现实性，可借助于侦查实验予以验证。如根据犯罪现场上遗留的痕迹、物体的状态，推断出犯罪行为人作案的时间，工具和过程，对这些假设可以通过模拟实验作出初步检验，具有验证性。

六、现场笔录的概念与意义

【案例六】

2007年6月19日，原告驾驶 AJN123 机动车送其父回家。当日 14 时许，原告将车开至某加油站内，经梁某介绍搭载熊某到泸州，梁某向熊某收取人民币 140 元车费后，转交部分给原告。被告根据举报，挡获原告驾驶的该车，在对该车进行检查时原告未提供驾驶车辆的营运证又无法当场提供其他有效证明，市执法总队遂以原告涉嫌未经许可从事旅客运输为由，作出暂扣凭证，暂扣其驾驶的 AJN123 机动车，并向原告送达了该暂扣凭证。2007年7月6日，交通行政处罚决定书送达原告，认定原告无道路运输经营许可证，擅自从事道路运输经营，决定给予原告罚款 3 万元的处罚。原告不服该处罚，向某区人民法院提起诉讼，区人民法院维持处罚决定后原告上诉至市中级人民法院。2008年5月26日，市中级人民法院以被告未给原告 3 日听证期限，程序违法为由撤销了该处罚决定，并要求被告在判决生效之日起 15 日内重新作出具体行政行为。被告收到判决后，于 2008年5月30日向原告发出《交通违法行为通知书》，告知原告听证的权利，经原告申请，被告于 2008年7月1

日进行了听证。2008年7月15日,被告作出与原具体行政行为相同的处罚决定书,原告不服,向上级行政机关申请复议,复议机关维持了处罚决定,原告不服,起诉至法院。

原告周某诉称:被告于2007年7月6日对原告作出的处罚决定书被市中级人民法院撤销。被告于2008年7月15日重新作出的行政处罚决定书仍然违法,理由是:(1)原告没有从事非法营运,被告认定原告是非法营运,适用法律错误;(2)处罚决定书没有在二审法院要求的有效期内作出。请求法院撤销7月15日的行政处罚决定书。

被告市执法总队辩称,原告从事非法营运的事实已经市中级人民法院的判决书确认,被告依据《中华人民共和国道路运输条例》第64条规定对原告作出行政处罚适用法律正确。被告于2008年5月30日向原告发出《交通违法行为通知书》后,进行了听证,然后作出行政处罚程序合法。被告为证明其行政行为的合法性,提交以下证据:(1)行政判决书一份;(2)稽查现场笔录一份;(3)询问笔录四份;(4)交通违法行为通知书及送达材料;(5)听证通知书及送达材料听证会笔录;(6)交通行政处罚决定书及送达证明;(7)行政复议决定书。

法院认证:被告提交的依据客观有效,应予采信。证据1属生效判决,判决中已经认定的证据和事实应予采信,证据2、3已被生效判决确认,法院予以采信,证据4~7的真实性予以确认。[1]

思考问题

被告市执法总队提交的证据中,稽查现场笔录一份与询问笔录四份都是作出行政行为的重要依据。请问:这些笔录在行政诉讼中应当属于何种类型的证据?

参考意见与法理分析

在日常生活中,行政主体承担着主要的社会管理职能,并且有权对行政违法行为依法进行处罚。不过行政权虽然是行政主体维护社会生活秩序正常运行的一项必不可少的职权,但如果对该权力的行使毫无约束,则有可能侵

---

[1] 改编自2009年成都市武侯区人民法院(2009)武侯行初字第9号行政判决书。

犯公民的基本权利,因此世界各国的法律普遍规定了行政机关在行使职权时必须有规定的事实依据和法律依据,以保证该行政行为的合法性。行政主体只有在事先履行了调查取证的程序之后,才能够针对行政相对人采取一定的行政行为。可见,调查取证也是行政主体依法行使职权的一部分重要内容。而当受到行政主体具体行政行为影响的行政相对人对该具体行政行为不服,并依法提起行政诉讼时,行政主体在采取具体行政行为之前所调查取得的证据就成了证明其行政行为合法的重要依据之一。

现场笔录就是行政主体依法取证的一种重要形式,同时也是行政主体可以证明其行政行为合法性的一种证据形式。由于其只出现在行政案件中,因此在我国只有行政诉讼法规定了这种证据形式。从概念上来看,现场笔录是指国家行政机关及其工作人员对违反行政法律规范的行为人当场作出处理而制作的文字记载资料,此外也包括行政机关对违反行政法规的当事人讯问所作的笔录。在行政诉讼法中,现场笔录与勘验笔录被并列在一起,两者的主要差别在于制作的期间和主体不同。前者是由行政主体在行使职权的过程中制作的,而行政诉讼中的勘验笔录则是由审判机关的工作人员在诉讼期间所作的。本案中,市执法总队在作出处罚之前进行了调查取证,并且对原告制作了稽查现场笔录与询问笔录。这两份笔录在行政诉讼当中可以被用做证明其处罚行为合法的依据。因此在本案当中应当属于现场笔录这种证据形式。

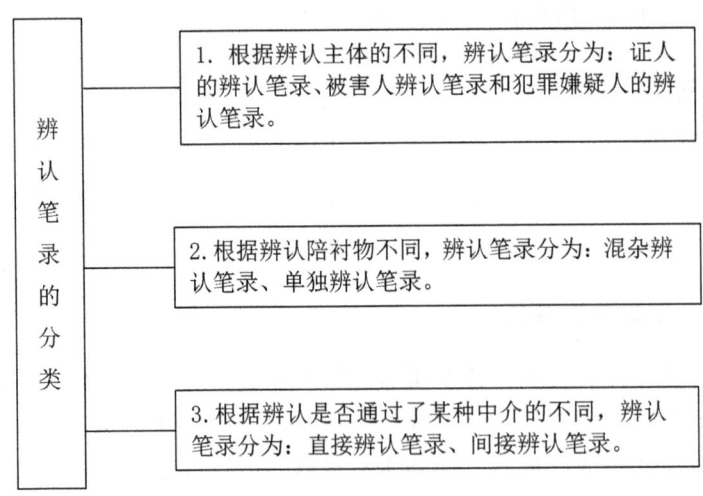

图 10.1　辨认笔录的分类

第十章 笔录类证据

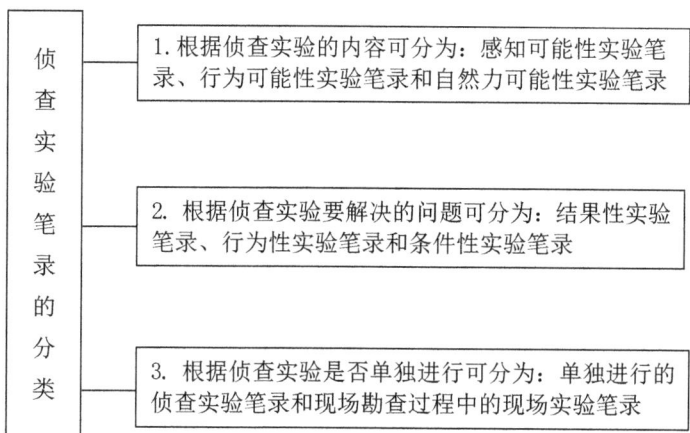

图 10.2 侦查实验笔录的分类

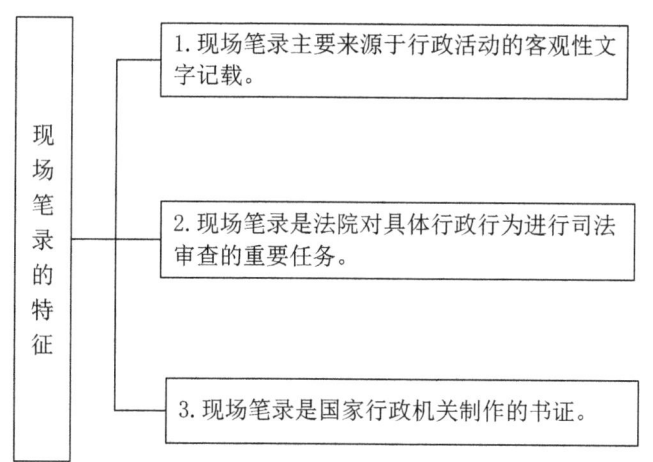

图 10.3 现场笔录的特征

第十一章 证据的分类

本章学习任务

1. 原始证据与传来证据的概念和特点;言词证据与实物证据概念和特点;直接证据与间接证据的概念和特点;本证与反证的概念和特点。

2. 原始证据与传来证据的适用规则;言词证据与实物证据的适用规则;直接证据与间接证据的适用规则;本证与反证的适用规则。

一、原始证据与传来证据

【案例一】 原始证据与传来证据的概念

原告诉称:被告刘某拖欠2013年1月至9月话费9 244.83元,滞纳金6 066.78元,共计15 311.61元,现要求被告立即支付所欠话费9 244.83元,滞纳金6 066.78元。被告承担该案全部诉讼费。原告为证明其主张,提供了以下证据材料:(1) 2013年1月至9月邮电部门电信业务专用发票9张,该发票合计金额9 244.83元;(2) 话费账单9张;(3) 移动公司定西分公司介绍信1张;(4) 原告营业执照;(5) 相关文件。

思考问题

结合本案谈谈什么是原始证据和传来证据。

参考意见与法理分析

原始证据和传来证据是最为古老的一种证据分类形式,是根据证据的来源以及形成过程的不同进行的一种分类。

原始证据是指直接从第一来源获得的并能够与案件事实保持最初联系的证据。原始证据直接源于最初原因或者表现为最初形式的证据。凡是在形式上未经过复制、增减、传抄、转述、转达等中间环节的证据，均为原始证据。

原始证据一般源于案件事实本身，强调来源的初源性，并非一定是案件事实的"碎片"。如勘验、检查、辨认、侦查实验笔录是原始证据，尽管勘验、检查、辨认、侦查实验笔录不是案件事实发生时产生的或者其内容不是勘验、检查客体本身，但因其产生的初始性而成为原始证据。

传来证据也称派生证据，是指经过转述、转抄、复制、复印等中间环节而生成的证据。凡是从第一来源之外传获得的证据均可称为传来证据。

传来证据因非来源于案件事实，所以又称为非第一源的证据，也称为"传替证据"、"派生证据"或者"衍生证据"。如物证的复制品、照片，书证的复制件（如身份证复印件）等。

"派生证据"或者"衍生证据"在新的证据类型中与再生证据类似。再生证据主要是指被告人或行为人在实施了犯罪行为之后，为掩盖犯罪，逃避法律追究而进行的一系列反侦查、反追诉活动中产生的，侦查人员依法通过必要的侦查手段所获取的，能够证明"原生证据"存在或证明反侦查活动存在的材料。它与传来证据不属于同一层次的范畴。

本案中法院认为，在通话清单、话费账单和电信发票的关系上，通话清单是手机通话的原始记录，属原始证据；话费账单和电信发票来源于通话清单，属传来证据。原始证据的证明力要强于传来证据，通话清单的证明力要强于电信发票及账单，在双方就话费数额发生纠纷时，应以通话清单作为证据。

【案例二】 原始证据与传来证据的特征

2009年5月11日21时许，被告人马某与其朋友到A县某迪厅玩，至23时许从迪厅出来准备回家，走到公路北侧路边时看到孙某，马某便无故上前打了孙某两耳光，并趁机抢了孙某手中的手机后逃离现场。经鉴定，被抢手机价格为500元人民币。

对于上述犯罪事实，有下列证据予以认定：

1. 被害人孙某的陈述，证实被告人马某对其实施殴打后抢走了手机的事实经过。

2. 证人王某的证言，证实 2009 年 5 月 11 日 23 时许，其与朋友从迪厅出来后，看到马某快速向远处跑去，被害人孙某倒在路边。后来听别人说马某抢了孙某的手机。

3. 证人唐某的证言，证实 2009 年 6 月左右以 500 元钱从马某处购买了一部黑色直板女士手机的事实。

4. 被告人供述和辩解，被告人马某对被害人实施殴打后抢走手机的事实供认不讳。

5. 被害人辨认笔录，证实被害人孙某从无规则排列的编号为 1~10 的不同品牌、型号的手机中指认出被抢手机的事实。

6. 某县物价鉴定结论书，证实被抢手机价格为 500 元的事实。

7. 现场指认笔录现场勘查笔录及照片。证实了案发现场的地理概貌。

一审法院认为，被告人马某以非法占有为目的，使用暴力手段劫取他人财物，其行为已构成抢劫罪。[1]

思考问题

结合本案谈谈原始与传来证据的特征。

参考意见与法理分析

原始证据具有以下特点：

1. 原始证据一般与案件事实具有直接关系。

原始证据一般是犯罪行为或民事行为、具体行政行为直接产生的证据，与案件事实具有直接的关联性，没有经过中间环节，干扰源较少，能客观地反映案件事实的本来面目，属于距离案件事实最近的证据，具有较强的客观性。

2. 原始证据与案件事实之间具有自然关系。

原始证据与案件事实之间存在着自然的、未经过人为设立或者改变的关系，是未经过复制、复印、传抄、转述等中间环节获得的证据，客观性较强，其证明力也较强。如盗版制品虽然是传来的，但对于证明盗版违法犯罪行为仍是原始证据。原始证据不以获取主体不同而发生变化，如当事人亲自提取

---

[1] 改编自云南省怒江傈僳族自治州中级人民法院 2010 年刑事裁判书。

的为原始证据，法院提取的也为原始证据，法院委托外地法院提取的仍为原始证据。只要它未经过任何中间环节的"污染"与转换，就能与案件事实之间具有自然关系。

3. 原始证据不是一成不变的。

原始证据由于受自然环境、自身的原因和收集、固定的条件差异等外部环境因素的影响，也会发生变化，甚至"面目全非"。如作为原始证据的物证因时间久远或风雨侵蚀而变形；证人因记忆不清而陈述错误；或者因收集证据的技术落后、收集过程的不当，使之受损并发生变异。因此，原始证据不能不经审查就直接认定或者采纳，因为原始证据不具有天然的真实性。

传来证据具有以下特点：

1. 传来证据与案件事实不具有直接关系。

传来证据不直接源于案件的事实，一般是经过复制、复印、传抄、转述等中间环节或间接渠道形成的证据，与案件事实之间不具有直接的关系。一般来说，复制、复印、传抄、转述的次数越多，它与案件事实的距离就越远，出现差错、失真的可能性就越大，真实性与可靠性也就越差。其证明力具有逐渐减弱的可能性。

2. 传来证据相对原始证据具有派生性。

传来证据可以源于原始证据，也可以源于其他传来证据，但其最初的本源应为原始证据。传来证据是在另一个证据基础上生成的，它不仅可能在原始证据的基础上产生，也有可能在其他传来证据的基础上产生，甚至是无中生有。

传来证据不同于传闻证据。传闻证据在英美法系国家具有约定俗成的意义和规则，在适用上多限于非直接感知的言词证据，与传来证据具有不同的含义。传闻证据是指陈述人在法庭以外就自己所感知的案件事实所作的陈述或由他人制作的陈述笔录，或由他人在法庭上所作的转述。传来证据是主要针对证据的来源而作的分类，它包括的范围比传闻证据广泛，不仅包括言词证据，而且包括实物证据。如证人的庭外书面陈述属于传闻证据，属于原始证据，而不是传来证据。

本案中，被害人陈述、证人唐某的证言、被告人供述和辩解、被害人辨认笔录、某县物价鉴定结论书现场指认笔录、现场勘查笔录都属于原始证据，能够比较客观地反映案件事实的本来面貌。而证人王某的证言指出从别人口中才知道马某抢了手机的事实，因此属于传来证据。由于原始证据与案件事实有直接的关系，证明价值一般大于传来证据；而证人王某的证言作为传来证据必须经过查证属实才能成为定案依据。

【案例三】 原始证据与传来证据的适用规则

1998 年 8 月 9 日凌晨，被告人沈某、楚某及楚某的女朋友唐某一行 3 人共同搭乘王宝贵的摩托车前往某市机床厂，当车驶经该市平安镇红旗路转入人民路约 30 米处停下时，由楚某付给王宝贵 5 元车费，3 人即离去。王宝贵认为给 5 元车费太少，要求多给点。沈某、楚某即与王宝贵发生争执，并转头冲至王宝贵身边，王宝贵见状即下车将车停好，沈某即用拳头打向王宝贵身体，楚某则用左手抓着王宝贵后衣领，并抄起路旁的一根木棍打中王宝贵的后背，当王宝贵从其摩托车上拿起一把螺丝刀进行自卫反抗并插伤沈某左边嘴角时，沈某即拿出其携带的水果刀，朝王宝贵的腹部、胸部等连续用力猛刺了 7 刀，致王宝贵倒地并当场死亡。作案后，被告人沈某、楚某即逃离现场，沈某将作案工具水果刀丢藏在现场附近。同年 8 月 10 日，楚某主动到公安机关投案自首，并协助公安机关将沈某抓获归案。

当地公安机关在侦查此案件中，收集到以下证据：

1. 公安机关制作的现场勘查笔录。
2. 该市公安局法医学尸体检验报告。
3. 提取作案工具水果刀、水果刀的照片。
4. 提取死者王宝贵的血液、在现场地上的可疑血迹、摩托车上的可疑血迹、水果刀上的血迹，并对这些血迹进行检验。
5. 现场目击证人唐某陈述，案发当时，沈某、楚某故意伤害被害人王宝贵的作案过程及案发后将沈某用刀捅被害人的事告知陈某某。
6. 证人陈某某陈述，是唐某告诉她沈某用刀捅被害人的事，她又将这件事告诉了付某。
7. 证人付某陈述，陈某某告诉她沈某用刀捅被害人的事，好像陈某某是听吴某某告诉她这件事的。
8. 证人黄某、刘某某（均为搭客摩托车驾驶员）均陈述在案发当日凌晨 1 时许，沈某、楚某逃走时，分别搭乘黄某和刘某某的摩托车，当时沈某的手上有血迹。

9. 证人徐某某陈述，案发后当日上午，听邻居讲其巷口处发生一宗杀人案，于是下午找到了楚某，问是不是他做的，楚某说是沈某做的。

10. 证人张某某陈述，1998年8月13日深夜，被告人沈某、楚某到其家中住了一晚，沈某讲其在平安镇杀了人。

11. 被告人沈某、楚某对犯罪事实均以供认在案。

1998年8月28日，公安机关侦查终结，提出《起诉意见书》，并移送检察机关审查起诉。

思考问题

结合本案诉讼过程中原始证据与传来证据的运用，谈谈原始与传来证据的适用规则。

参考意见与法理分析

首先是关于原始证据的运用规则。原始证据最显著的特点在于：它能够比较客观地反映案件的本来面貌，比传来证据更为真实和可靠。因此在司法实践中运用原始证据应遵守以下规则：

第一，应当尽量收集和使用原始证据。司法人员在办案中只要有可能，就应当追根溯源，尽量收集和使用原始证据。本案侦查机关收集了现场勘查笔录、法医尸体检验报告、作案工具、血迹、证人唐某等多名证人的证言、被告人的供认等原始证据，在法庭审理中应当尽量运用这些原始证据认定案件事实。

第二，对于亲自感知案件事实的证人和当事人，司法人员应当尽可能地亲自询问，并制作详细的询问笔录；在法庭调查中，亲自感知案件事实的被害人、目击证人应出席法庭，亲自陈述并接受询问，以保证原始证据的客观真实性。本案的被害人已经死亡。对于目击证人唐某，侦查人员应对唐某进行详细的询问，并制作询问笔录；在法庭调查中，应让唐某到庭接受询问。

第三，凡是能够将原始证据附卷的，都应当附卷作为定案的根据，以便起诉程序、一审程序、二审程序以及审判监督程序或死刑复核程序能够对原始证据再次进行审查，确保办案质量。对于本案的上述原始证据侦查人员将它们附卷移送审查起诉，由检察人员附卷移送一审法院审判，如还需进行二审，再由一审法院附卷移送二审法院进行审查。

第四，对于原始物证、书证和视听资料的审查确认必须依法进行。按照诉讼法的有关规定，原始物证、书证和视听资料必须当庭出示或者播放，经当事人、证人等当庭辨认、质证并经查证属实后，法院才能予以采信。如本案的原始物证——水果刀必须当庭出示，经唐某、被告人沈某、楚某辨认、质证并经查证属实后，才能作为认定案件事实的根据。

其次是关于传来证据的运用规则。由于传来证据在转述、转抄和复制过程中容易失实，且其证明价值低于原始证据，因此在司法实践中运用传来证据应遵守以下规则：

第一，尽可能收集和运用最接近于原始证据的传来证据，即转述、转抄或复制次数最少的传来证据。因为转手次数越少、距离原始证据越近的传来证据越可靠，而转手次数越多、距离原始证据越远的传来证据，其失实的可能性越大，就越不可靠。本案中，证人陈某的陈述是唐某证言的第一次转述，证人付某的陈述为唐某证言的第二次转述且有失实之处，所以应当运用最接近于原始的唐某陈述的传来证据，即陈某的陈述。

第二，必须查明传来证据的来源和出处。如果经查证核实，证明传来证据没有确切来源和出处，就不能作为定案的根据。本案的传来证据都有明确的来源和出处。

第三，传来证据必须与其他证据互相印证，只有没有矛盾或矛盾已得到合理排除的，才能作为定案的根据。本案中，唐某证言的第二次转述应不予采用，而其他传来证据都应有其他证据互相印证。

二、言词证据与实物证据

【案例四】 言词证据与实物证据的概念

上海建筑公司的一台吊车在施工作业时不慎将附近一民宅山墙撞塌，致使该民宅内的部分家具及电器受损，此外该民宅内的一名老人因受到惊吓在匆忙离开现场时摔了一跤，致使大腿骨折。事故发生后，双方当事人因对赔偿金额存在较大分歧，该民宅的房主李某诉至法院，要求被告上海建筑公司赔偿其经济损失。

原告李某在起诉时同时向法院送交了如下证据材料：（1）当地电视台《每日观察》记者现场采制的录音录像带；（2）李某拍摄的现场物品受损的照

片；(3) 事故发生前3个月李某为装饰房屋所签订的装饰合同书及付款凭证；(4) 松下微波炉的实物和东芝手提电脑的实物；(5) 李某母亲腿部骨折诊断书以及医疗费用清单的复印件；(6) 居委会提供的证人证言；(7) 现场部分围观群众提供的证言；(8) 赔偿费用一览表及计算办法；(9) 吊车现场位置图及车牌号。

被告提供的证据材料：(1) 被告现场拍摄的若干幅照片；(2) 现场局部实物特写及放大照片；(3) 松下微波炉和东芝手提电脑的位置图及两物品周围无山墙倒塌物的照片；(4) 被告于事发当日修复山墙的实景照片。[1]

思考问题

结合本案谈谈什么是言词证据？什么是实物证据？言词和实物证据的适用规则有哪些？

参考意见与法理分析

根据证据的表现形式，可以将证据分为言词证据和实物证据。言词证据是指以人的陈述为表现形式的证据。在法律规定的证据种类中，表现为人的陈述的证据，如证人证言、当事人陈述、被害人陈述、被告人供述与辩解、鉴定意见等属于言词证据。实物证据是指以实物形态为表现形式的证据。在法律规定的证据种类中，物证、书证、勘验检查笔录、现场笔录、视听资料属于实物证据。

将证据划分为言词证据与实物证据的意义在于：通过这种划分，可以揭示这两种证据不同的特点，从而使司法人员和当事人等有针对性地加以收集和审查判断，并用以证明案件的真实情况。例如，言词证据常常具有明确的意思和内容，它所表述的某种活动的目的、过程的具体细节结果等，容易为司法人员所了解。如本案中居委会提供的证人证言、现场围观群众提供的证言作为言词证据对事情的经过起到了清楚的证明效果。因此，言词证据的证明作用比较明显，往往具有很强的证明力。但是由于陈述人容易受到主客观因素的影响，因此也有相当多的言词证据存在失实甚至虚假的情况。而实物证据虽然客观性较强，但它是不会说话的"哑巴证据"。不能自动对案件事实

---

[1] "证据学案例"，载上学吧，https://m.shangxueba.com/ask/4852800.html。

作出证明,并且还可能被伪造或发生变化。因此,在司法实践中,往往用实物证据来审查言词证据的来源及其收集是否科学、合法,从而发挥其对案件事实的证明作用。

(一) 言词证据的适用规则

1. 言词证据以口头询(讯)问的方式产生,其询(讯)问的方式和程序应当符合法律规定,不得采用刑讯逼供等非法方法取证,也不得采用暴力、威胁及其他非法的方法获得。言词证据应在法庭上以口头的方式来证明案件事实,采用直接口头规则,一般情况下不宜直接以书面的形式作为证据使用。

2. 言词证据由于言词易出现歧义,一般采用交叉询问的方式审查其真实性。其审查的内容为人的诚实性和信用性,陈述的环境与自愿性是其最为关键的。

3. 言词证据是以人作为证据的载体,对于作证主体与案件及当事人的关系应当作为审查对象,防止因存在利害关系或者利益关系而出现伪证、瞒证、漏证、错证等现象。

4. 言词证据一般要有实物证据验证,并不排除仅仅有言词证据不能定案,不能不经过质证而采用所谓"一人证听,二人证信,三人证定",否则会出现所谓"好人死在证人口里"的不良后果。

(二) 实物证据的适用规则

1. 实物证据在一般情况下,只能证明案件事实的一个方面或一个侧面,无法证明案件事实的全貌,因为它属于"哑巴"或者"不会说话"的证据,需要借助于相关言词表述查清它与案件事实之间的关系。

2. 实物证据因具有间接性,其证明力多以科技手段为依托,通过勘验、检查、搜查、扣押、鉴定等行为,需要借助于科学技术设备或具有专门知识的人员予以揭示。对实物证据审查时,不仅需要借助技术手段或专业人员的能力进行审查,而且还需要合法的收集程序以及科学的收集、固定、保存等方法来维护。

3. 实物证据一般属于间接证据,运用实物证据时应当适用间接证据规则。关注实物证据有无伪造、变造以及被污染、调包等情况。

实物证据需要人的视觉、触觉、知觉直接感知或者借助某种仪器设备而感知其内容,即使实物证据本身是客观的,也可能由于获知其意义的环节出现差错,致使其失真,因此不能不经审查而直接作为定案根据。实物证据不像言词证据那样易受人的主观影响而出现失真和虚假，也难以伪造。[1]

【案例五】 言词证据的特征

1998年8、9月，张文英的公爹赵群柱在张天梅（女）家西邻盖房，双方发生矛盾，并多次引起争吵。1998年9月5日中午，赵群柱的大儿媳张文英和二儿媳刘志红从建房工地回家时，路过张天梅的门口，张天梅的女儿、母亲与刘志红发生口角进而厮打，张文英上前劝止，张天梅与女儿厮打张文英。

张文英指控张天梅犯侮辱罪并提起附带民事诉讼，1998年12月17日，自诉方在诉状中称：被告人张天梅与其女儿扑向原告，一边说"我非扒光你的衣服，让你丢丢人，出出丑"，一边抓住原告裙子使劲往下撕，致使原告连衣裙前排扣子全部被拽掉，在大庭广众之下上身全部裸露……同时提供了由自诉方律师提取的证人证言。

法院认为，本案定性的关键事实在于张天梅是否将自诉人张文英的连衣裙扒掉致其上身裸露，从而达到情节严重的程度。对于这一关键事实自诉人在接受公安机关和法院询问时所作的三次陈述内容不相一致，前两次陈述中均未提及裙子被张天梅扒掉、上身裸露的情况。

关于自诉方的证人证言，其中：

1. 证人苗军政1998年12月18日，对自诉方律师证实，看到张天梅和其女儿把张某英的上衣扒光，上身全部露出。1999年5月8日，苗军政对辩方律师证实前述证言不是实话，"打架扒衣服我不知道，我也没在那儿，当时作证是张继中去找个叫昌河的叫我的，一块叫去几个人"，"工头张继中说，怕赵群柱不给钱，为了要工钱，他们问我，我说见了"。法院认为，苗军政的两次自我否定的证言说明自诉方证人有做虚假证词的情况。

2. 证人胡兵1998年12月17日证实张天梅及其女儿把张文英的衣服都扒了下来，上身都扒光了。但在1999年9月16日庭审中则证实是张天梅及其母、其女3人打张文英，把她的衣服拉掉了。张天梅在前面扒，老太太和张

---

[1] 参见[美]阿尔弗雷德·阿伦·刘易斯：《血痕弹道指纹探奇》，何家弘译，群众出版社1991年版，第1页。

天梅女儿在后面拧住胳膊。[1]

思考问题

结合本案谈谈言词证据有哪些特点?

参考意见与法理分析

言词证据具有以下特点:

1. 能够主动、全面地证明案件事实。言词证据所反映的案件事实存在于人的大脑之中,通过人的陈述表达出来。它不像实物证据那样处于静止和被挖掘的地位,人们可以主动地提供他所感知的案件事实,从而对案件事实起到及时的证明作用。同时言词证据是陈述人对他所感知的案件事实的复述,往往能够把刑事案件或民事、行政争议发生的原因、过程、后果等具体情节描述清楚,从而能够比较全面地证明案件事实,而且陈述人能对他所感知的事实进行补充、修正,澄清疑问,从而更加全面地揭示案件的事实真相。如本案中,自诉人及有关证人主动提供他们所感知的案件事实,能够描述案件的一些具体情节,其中自诉人和证人胡兵都对他们先前的陈述作了补充。

2. 言词证据是以人作为载体,通过表达的内容来证明案件事实的证据。其内容比较形象、生动,在一定程度上具有深刻性、全面性,又因人的陈述能够将案件的发生原因、过程、结果等具体情节描述得较为清晰,一般与案件事实之间具有明显的关联性,查证属实后,能够直接揭示案件事实情况,能够直接证明案件事实。其证据的内容与直接源于案件事实的物证本身相比,以人作为载体将其他事实的内容转化为语言使之具有一定的"故事性"。但是,并非所有以人作为载体的证据均为言词证据,如人身遗留的伤痕。

3. 言词证据是人对案件事实的反映,具有可变性。言词证据作为人的陈述,往往会受自身条件(记忆力、理解力、表达力以及诚实等)或客观环境的影响,对于同一个事实陈述在某些方面可能存在一定的差异性。其差异性既包括本质差异也包括非本质差异,应当通过一定的询问程序予以揭示,再通过质证查实或实物证据验证后,才能作为定案的根据。

---

[1] 改编自河南省高级人民法院编:《人民法院裁判文书选——河南2000年卷(总第一卷)》,法律出版社2001年版,第33~36页。

4. 言词证据是以语言的方式提供的，其内容具有复杂性。由于语言本身具有多义性和人们对语言理解的差异性，尽管表达得正确，但在某些方面也会因人们理解的不同产生歧义。在一定意义上，具有"作品"与"读者"的关系。作品一旦离开作者，其作品就由读者来解释，不同的读者对同一部作品有不同的理解和认识，以至于形成了"一千个读者就有一千个哈姆雷特"的名言。语言本身不仅仅表达人对外在事实的反映，而且还会夹杂着人的判断和经验。

【案例六】 实物证据的特征

被告人张小飞以"刘书相有钱，且与我有仇"为由，在事先了解了作案现场的情况下，找到被告人吉建廷、陈建华、郑黎明，预谋对刘书相实施抢劫。1999年1月14日晚，陈建华、郑黎明、张小飞各带1把尖刀，4人各带1条毛巾用于蒙面，骑两辆自行车窜至任县前安庄村，翻墙进入刘书相家，吉建廷持木棍在楼下望风，张小飞在楼道内望风。陈建华先翻窗进入刘书相之子刘叶飞的卧室，在翻找东西时将刘叶飞惊醒，陈即持刀捅刺刘叶飞。郑黎明也跳窗入室持刀朝刘叶飞身上乱刺，刘叶飞被刺破主动脉血管，致失血性休克死亡。陈建华、郑黎明劫得一部寻呼机和60元现金，4被告人逃离现场。途中，陈建华将尖刀和带血的手套扔在前安庄村南一麦秸灰堆中，张小飞将刀扔至麦田，郑黎明的刀丢在路上。

上述事实，有下列证据证实：

1. 证人张振波的证言证实，案发前，张小飞曾让其领着他去前安庄刘书相家，在刘家门口，张振波进去了，张小飞却不进去。事后两三天，张小飞提出绑架刘书相弄点儿钱花。

2. 现场勘查的笔录的内容证实案发现场情况。

3. 法医对死者的尸体检验鉴定结论证实被害人的死因。

4. 从古建廷的住处提取NEC中文寻呼机1部，经刘书相辨认，确系其子刘叶飞生前所用，并经寻呼试验一致。

5. 从北章固村通往前安庄的路边麦秸灰堆中提取单刃木柄尖刀把和带血线手套一副，其上面的血痕检出"A"型人血，与刘叶飞血型相同，并经陈建华当庭辨认，此刀确系其作案时所用。

6. 证人吴立波在前安庄大街上捡到并交给公安机关的一刀背为锯齿的尖

刀（捡到时刀背锯齿上带有肉丝，已擦拭），经郑黎明辨认，此刀确系其作案所用。

7. 从张小飞和陈建华家分别提取 26 型自行车各 1 辆，从 4 被告人干活的工地北屋食间暖气上提取毛巾 1 条，经被告人辨认，确系其作案工具。

8. 被告人张小飞、陈建华、郑黎明、吉建廷对所犯罪行相互供证，并与上述证据相符。[1]

思考问题

结合本案说明实物证据有哪些特点。

参考意见与法理分析

实物证据具有以下特点：

1. 客观性较强。实物证据所反映的案件事实固定于实物形态之中，它不依赖于人的意识而独立存在，在诉讼中不易受人的主观因素的影响，从而具有较强的客观性。本案中，犯罪所得赃物寻呼机，作案工具尖刀、自行车、毛巾等属于实物证据，它们以实物形态证明了一定的案件事实，不依赖于人的意识而独立存在，因此客观性较强。

2. 依赖性较为明显。实物证据在诉讼中处于被动的待发现地位，其证明价值常常要依赖于专门人员运用一定的技术手段来发掘和固定。实物证据一般为间接证据，具有被动性，同时实物证据会由于外力作用而灭失，包括被人为毁弃而灭失和由于自然条件的变化而自行灭失，因此实物证据的证明价值还依赖于对它的及时发现、收集和保护。本案中，案发现场的情况就依赖于侦查人员及时对现场进行拍照、绘图、作文字记录，制作详细的现场勘查笔录予以发掘和固定；而张小飞携带的尖刀没有提取到，蒙面用的毛巾只提取了 1 条，其他 3 条没有找到，所以作为实物证据的作案工具已有灭失。这充分说明了实物证据波动性和依赖性较强的特点，因此需要对它们进行及时收集和保护。

3. 证明范围比较狭窄。实物证据通常只能说明案件事实中的某个片段或

---

[1] 改编自河北省高级人民法院编：《人民法院裁判文书选——河北 2000-2001 年卷（总第一卷）》，法律出版社 2002 年版，第 85~86 页。

某个情节（视听资料除外），而对案件的主要事实不能作出直接证明，需要和其他证据一起才能发挥证明作用。如本案中，现场勘查笔录、作案工具等实物证据只有与证人证言、鉴定结论等言词证据相结合，才能证明4名被告人犯抢劫罪这一案件主要事实。

三、直接证据与间接证据

【案例七】 直接证据与间接证据的概念

检察机关指控：被告人寇某与被害人陈某在单位一起闲聊至18时许，后二人到咸阳市自来水公司第三水厂水库平台顶端谈起结婚之事，因言语不和发生争吵，被告人寇某趁陈某不备，将陈某推入井中，之后又加了井盖逃离现场。当被害人之父当晚来水厂寻找被害人时，被告人寇某又编造了陈某有事而提前先走的谎言。经咸阳市公安局渭城分局法医鉴定，陈某系溺死。其证据为：（1）证人周某、杨某、牛某、张某的证言，证实当天下午看见陈某上班时，被告人寇某在工作室陪着陈某。（2）证人王某的证言，证实当日下午接班时，是被告人寇某代替陈某向其交班，未见陈某本人。（3）证人刘某的证言，其于1月11日17时30分发现水库水面上有一条围巾和一只手套。（4）公安机关对案件的侦破材料在卷。（5）现场勘查笔录、提取鞋印笔录、照片及证明所提取鞋印系被告人寇某左脚的鞋遗留的鉴定意见。（6）尸检时从陈某阴道内检出精子，其血型为"O"型，与被告人寇某血型一致。（7）证明被害人陈某系溺死的法医尸检报告。

思考问题

结合本案谈谈什么是直接证据？什么是间接证据？

参考意见与法理分析

直接证据和间接证据是指根据单独一个证据与案件主要事实之间的关系及其证明的直接或者间接作用而作的证据分类。这种证据分类仅仅因涉及案件的主要事实，未涉及案件的次要事实，在逻辑上存在一定的问题而被认为不具有严密性，但在司法实践中还能发挥重要的作用。

直接证据是指能够单独、直接证明案件主要事实的证据。直接证据因与案件主要事实存在直接关系，能够单独、直接对案件主要事实发生证明力。这类证据在刑事诉讼中主要有：犯罪嫌疑人、被告人供述，被害人陈述或者目击证人证言，某些书证和视听资料；在民事诉讼中主要有当事人陈述，证人证言，某些书证（证明合同关系存在的合同书）和视听资料；在行政诉讼中主要有行政机关在现场对相对人所作的现场笔录、当事人陈述以及现场监视形成的视听资料等。

案件的主要事实涉及两个基本要素，即"何人做了何事"。刑事诉讼中的案件事实一般包括"何人""何事""何时""何地""何方式""何因""何果"等。其中，包含"何人"和"何事"同时存在的事实为主要事实。民事诉讼中的案件事实分为主要事实和次要事实。案件的主要事实包括当事人双方之间民事法律关系发生、变更或消灭与否的事实。凡是能证明当事人之间民事法律关系发生、变更或消灭与否的证据就是直接证据。行政诉讼中案件的主要事实为具体行政主体的行政行为合法性事实。凡是能够单独直接证明行政执法机关作出具体行政行为的合法性的证据则为直接证据。

间接证据，又称为情况证据或者环境证据，是指不能单独证明案件的主要事实，必须与其他证据结合才能证明案件主要事实的证据。诉讼中，存在的证据多为间接证据，如物证、书证、勘验、检查、辨认。本案中，证人周某、杨某、牛某、张某的证言属于间接证据；证人王某的证言、刘某的证言也属于间接证据。

【案例八】 直接证据的特征与适用规则

北京市第二中级人民法院对原北京市人民检察院分院指控原审被告人伊凤羽（男，北京市通州区国家税务局食堂管理员）犯投毒罪一案审理后作出判决，认定伊凤羽犯投毒罪，判处无期徒刑，剥夺政治权利终身。伊凤羽不服，提出上诉。一审法院认定案件事实的证据中只有一个直接证据，即伊凤羽的亲笔供词，他供认：其于1997年6月27日中午看到金志文、刘秀杰将蒸熟的红豆米饭抬到卖饭窗口，待二人离开后便向红豆米饭中投毒。并供认其在"爱委会"购买鼠药"溴敌隆"母粉1千克，正常灭鼠用掉3两左右，将剩余的一斤六七两鼠药全部投入米饭里。其投放的是白色鼠药，没有气味，不会被人发现，投毒的动机是想让食堂搞出点乱子，吃饭的人"跑肚拉稀"，以便达到调离食堂工作的目的。伊凤羽被羁押后不供认投毒，经公安机关多次讯问，才供认并写下这个亲笔供词。

北京市高级人民法院经过对原有证据的进一步审查核实及对新证据的补充调查，结论是本案的事实不清，证据之间存在诸多矛盾和疑点，其中包括：

1. 伊凤羽的口供与证人证言之间存在的矛盾。伊凤羽在认罪供述中曾提到案发当日中午其看见金志文和刘秀杰将做好的红豆米饭抬到卖饭窗口，他在二人离去后开始投毒。但金志文、刘秀杰、韩国英三人均证实当日是由刘秀杰、韩田英抬饭。这两种证据之间的矛盾反映出伊凤羽口供的真实性值得怀疑，伊凤羽的口供没有其他证据相印证。

2. 伊凤羽在认罪供述中称其将一斤六七两鼠药全部投入米饭中。根据北京市法庭科学技术鉴定研究所模拟实验报告记载：将850克"溴敌隆"母粉放入红豆米饭（案发时所用量）中，可见白色粉末附着，从肉眼观察会有明显变化。根据伊凤羽的供述，投入上述数量的鼠药，则投毒载体红豆米饭便会出现异样反映，食堂就餐者和卖饭者都能观察到这一事实，但本案的所有被害人都没有证明红豆米饭有任何异样变化。伊凤羽的口供与事实的矛盾无法解释。

3. 原审判决认定伊凤羽的作案时间与事实不符。原判决根据伊凤羽的认罪供述认定伊凤羽投毒的时间是1997年6月27日中午，但根据专家意见现有证据不能认定6月27日为作案时间。

4. 伊凤羽曾供述为达到调离食堂工作的目的而投毒。经审查，证人金志文、刘秀杰等均证实伊凤羽平时工作积极主动，对工作认真负责，不相信伊凤羽会投毒；证人杨宏证实，伊凤羽在国税局享受正科级待遇，从没有正式提出过调动。原判决根据伊凤羽的供述认定其为达到调离食堂的目的，而向食物中投毒的犯罪动机，没有其他证据相印证。

二审最后撤销一审判决，认定伊凤羽犯投毒罪的证据不足，宣告其无罪。[1]

思考问题

结合本案分析直接证据的特点以及适用直接证据应遵守的规则。

---

[1] 参见北京市高级人民法院编：《人民法院裁判文书选——北京2000年卷》，法律出版社2001年版，第1~8页。

参考意见与法理分析

本案中,伊凤羽的认罪供述为直接证据。从中,可以得出的直接证据的特点有:第一,直接证据多表现为言词证据。言词证据的重要特点之一是容易受人的主观因素的影响而有失实的可能。本案二审法院对证据进行审查核实,发现伊凤羽的供述的真实性就有不少令人怀疑之处。第二,直接证据数量较少,且不容易获取。这一特点在刑事案件中尤为突出。由于犯罪分子实施犯罪行为多秘密进行,一般没有目击证人,因而缺少这方面的直接证据;而且犯罪分子案发后主动投案自首或被抓获后主动交代罪行的较少,因而犯罪嫌疑人、被告人的口供不容易获得,往往是经过多次审讯,犯罪嫌疑人迫不得已才会交代罪行。本案中没有目击证人,因此只有伊凤羽的供述这个直接证据,且伊凤羽被羁押后并不供认投毒,经公安机关多次讯问,他才予以供认。

通过本案可以得出运用直接证据应遵守两个规则:第一,所有直接证据必须有其他证据加以印证,经查证属实后才能作为定案的根据。由于直接证据有可能失实,运用直接证据认定案情必须十分谨慎,应当按照法定程序对直接证据的真实性核实,认定直接证据原则上必须有其他证据证明其真实可靠后,才能用以认定案件主要事实。本案中,二审法院对证据审查后,认为伊凤羽的供述中关于犯罪动机等方面没有其他证据相应印证,且关于投毒数量、作案时间等与事实不符,因此对该供述不予采信。因此,我国《刑事诉讼法》(2018 修正)第 55 条规定,"只有被告人供述,没有其他证据的,不能认定被告人有罪和处以刑罚。"第二,直接证据作为证据应当经过法定程序查实,才能作为定案的根据。当案件主要依靠一个直接证据作出肯定性认定时,需要得到其他证据的佐证或者补强。当证明同一事实既存在直接证据又存在间接证据时,直接证据的证明力一般大于间接证据的证明力。

【案例九】 间接证据的特征与适用规则

2014 年 3 月,被告人张传勇来到浙江省江山市,同年 8 月开始通过其持有的江山移动短号为 758729 的手机联系买家,在江山市区贩卖毒品甲基苯丙胺(俗称冰毒)。吸毒人员通过口口相传,知道需要甲基苯丙胺时就可电话联系 758729 这一移动短号求购。双方谈好交易后,张传勇会将一个他人名下的尾号为7476的农业银行账户发送给购毒人员,要求对方按照人民币400元/克的价格将相应的毒资款打入该账户。由于事先张传勇将自己持有的另一部号码为15973533913的手机与该账户进行了绑定,因此,毒资入账后,张传勇就会收到该账户余额变动短信通知。不久,张传勇就会通过移动短号758729的手机短信通知吸毒者毒品藏放处,而后吸毒者到指定地点取毒品。尾号为7476的农业银行账户的入账金额共计人民币4.9万元,除8月14日福清步行街支行柜台现存400元外,其余款项均由江山存入。该账户内44 050元通过网银被转至张传勇名下的尾号为5414的农业银行账户内,张传勇即从ATM机上将其取现或转账、消费。至案发,张传勇共收到毒资48 600元,折合贩卖甲基苯丙胺121.5克。

公诉机关的指控成立。法院以贩卖毒品罪判处被告人张传勇有期徒刑15年,并处没收财产人民币5万元。

一审宣判后,被告人张传勇以原判认定其贩卖甲基苯丙胺121.5克事实不清,证据不足为由,提出上诉。衢州市中级人民法院经审理认为,在案的证人证言、物证、书证之间能够相互印证,证实张传勇贩卖甲基苯丙胺121.5克的事实。原判认定事实正确,定量、量刑均符合法律规定。上诉、辩护意见均依据不足,不予采纳。故裁定驳回上诉,维持原判。现判决已生效。[1]

思考问题

结合本案谈谈间接证据的特征与间接证据的适用规则。

参考意见与法理分析

该案件定案的关键是要通过审查、认定在案的间接证据,使间接证据能形成完整的证据锁链,从而准确地认定案件事实。本案中,大量购毒者的证言证明,其等购买毒品首先拨打短号为758729的手机,与一名外地人联系,然后将购毒款打入尾号为7476的农业银行账户,根据对方发回的短信至藏毒地点取到毒品。相关通信客户详单、机主信息及通话、短信记录、银行账户交易明细、手机检验报告、辨认笔录等证据与上述证人证言相印证,能够证明短号为758729的手机、尾号为7476的农业银行账户用于贩卖毒品犯罪,毒

---

[1] 改编自2015年浙江省衢州市中级人民法院(2015)浙衢刑二终字第60号刑事裁定书。

品的交易价格是每克 400 元。而短号为 758729 的手机系侦查人员抓获张传勇时从其身上扣押，尾号为 7476 的农业银行账户由张传勇参与申请开户并与张传勇使用的号码为 159×××××××× 的手机绑定、尾号为 7476 的农业银行账户中有 44 050 元通过网银转至以张传勇实名开户的尾号为 5414 的农业银行账户、张传勇从尾号为 5414 的农业银行账户中取款等事实，均直接指向利用短号为 758729 的手机和尾号为 7476 的农业银行账户，采用"打卡埋雷"方式贩卖毒品的人即张传勇。

间接证据具有以下特点：

1. 间接证据的形式具有复杂多样性。间接证据的种类繁多、形式多样，既可以是言词证据，也可以是实物证据。这些证据因与案件直接事实不具有直接的关系，仅仅能够证明案件事实的某些片段或者情节，其证明案件事实需要借助于推理过程，其证明案件事实的过程也更为复杂。在实践中，这类证据以实物证据的形式出现的情况相对较多。

2. 间接证据证明案件事实具有间接性。间接证据在证明案件事实或当事人系争的事实时，需要通过逻辑推理来完成，只有将多个间接证据证明的某些相关案件事实结合起来经过推理等方法，才能推论出案件事实，在证明案件事实上无法一步达到案件中实质争议的问题，表现出间接性。

间接证据的适用规则：

1. 间接证据不能单独证明案件的主要事实。在诉讼中，多数证据为间接证据，这些证据因与案件主要事实不具有直接的关系，仅仅能够证明案件主要事实的某些部分或者某环节，不能单独证明案件的主要事实，其证明案件主要事实需要借助于推理过程，必须与其他证据结合起来才能发挥其证明案件主要事实的作用。

2. 据以定案的每个间接证据都是依法取得且已查证属实。证据是认定案件事实的依据，必须审查间接证据的来源和表现形式是否符合法律规定。对每个间接证据必须经过法庭质证，查实其内容。未经查证核实的，不能作为证据使用。在运用间接证据判定案件时，作为推论案件主要事实基础的每一个间接证据必须具有确实性，并有其他证据予以佐证或者相互印证。

3. 据以定案的间接证据之间相互印证，不存在无法排除的矛盾和无法解释的疑问。间接证据之间的印证性关系、同向性关系均表现为一致性的关系。印证关系要求印证间接证据具有高度一致性。同向性关系要求间接证据的证明方向具有一致性。间接证据之间没有矛盾是指各个证据间不具有相互支持性，在各个间接证据中每一个证据的存在并不会使其他证据证明的结果更为可能或更为不可能。由间接证据组成证据体系来证明案件的主要事实，要求组成证据体系的各个间接证据之间的关系达到指向目标的一致性。用间接证据组成证据体系判定案件，不允许证据间存在矛盾或冲突。间接证据作为证据应当具有排他性，排除各种可能性和合理怀疑。如果间接证据与间接证据之间存在着多种可能性或合理怀疑，再多的间接证据也不能定案。

4. 据以定案的间接证据已经形成一个完整的、严密的证明体系。单一证据不能定案，证据只有形成了一个完整的证明体系才能作为定案的根据。定案的间接证据应同锁链一样，一环扣一环，环环相扣，结成一个整体。这个证明体系究竟需要多少间接证据才算完整，需要具体案件具体分析。

5. 根据间接证据认定的案件事实，结论是唯一的，足以排除一切合理怀疑。间接证据形成"证据锁链"应当是在所证明的案件事实之间协调一致，必须足以排除其他可能性，能得出唯一结论。这种唯一性是指只有一种可能性而不存在多个可能的解释答案。

四、本证与反证

【案例十】 本证与反证的概念及特征

某甲起诉某乙，要求某乙偿还欠款1.5万元。某甲提供某乙出具的一张2万元欠条，并称某乙已偿还5 000元，尚欠1.5万元。某乙对借款这一事实没有异议，但辩称曾委托某甲将自己的一辆摩托车卖掉，某甲并未将卖车所得的价款1.8万元交付给自己，因此这1.8万元是偿还其所欠某甲1.5万元债务的本金和利息。某甲对收到某乙的卖车款1.8万元没有异议，但又称这1.8万元是某乙用于偿还其欠自己另一笔债务的，某乙并未归还该案的1.5万元，某甲对自己的这一主张并无证据证明。

思考问题

结合本案谈谈什么是本证与反证及本证与反证的特征？

参考意见与法理分析

本证是指能够证明承担举证责任一方所主张的事实存在或者成立的证据。它属于支持诉讼主张事实成立的证据。本证具有以下特点:

1. 本证在证明案件事实上具有积极性。本证的证明主体对所主张的事实的成立负有证明责任,旨在积极影响法官心证的形成,以便对其所主张的事实作出肯定性认定。

2. 本证在证据性质上具有主张证据的属性。本证是负有举证责任的一方为证明其主张成立所提供的证据,在一定程度上具有攻击的性质,带有控诉证据的特征。

3. 本证与当事人的举证责任和诉讼利益相关联。一般来说,对负有举证责任的一方有利且支持其主张的证据为本证。对于本证的认定不能简单地认为原告提供的证据为本证,被告提出的证据为反证。本证与原告和被告的诉讼地位无关,仅仅与举证责任以及是否可以证明主张的事实有关。[1]

反证是指当事人一方为否定对方当事人所主张的事实而提出的,证明其主张的事实相反而存在的证据。反证具有以下特点:

1. 反证是一种防御证据。反证是为阻止本证证明事实成立的证据,即为当事人一方对于他方的主张事实,防止法官确信其为真实而提出的证据。

反证同本证一样,既可由被告提出,也可由原告提出。本证与反证是证明存在相反事实的证据,发挥着作用相反的证明效力。在理论上应当分清哪些证据为本证、哪些证据为反证以及哪些证据为证据抗辩。

2. 反证是一种消极证据。反证具有侵吞和消灭本证证明事实存在的功能,使其证明主张的事实因相反事实证据的存在而不被法院认定,它与当事人的诉讼地位无关,原告、被告或第三人均可成为反证的主体。

3. 反证与举证责任不相关联。反证中提供证据的主体不负有证明责任,反证具有否定或者反对本证的意义,其目的主要是消极妨碍法官心证的形成。

【案例十一】 本证与反证的适用规则

武进区人民政府作出了一个行政处理决定,确定南夏墅镇砖瓦厂使用的

---

[1] 参见陈桂明主编:《民事诉讼法(第二版)》,中国人民大学出版社2013年版,第84页。

土地属该镇村民集体所有。南夏墅镇桐庄村下严西村民小组（以下简称下西组）对此决定不服，于2000年9月15日向法院提起行政诉讼。涉案土地从1979年起由砖瓦厂租用，从1984年起转为使用。双方当事人争议的焦点之一为：砖瓦厂用下西组的土地是否按规定对下西组进行了补偿和安置。

原告下西组认为双方约定的安置和补偿未到位，并提交了如下证据：1984年《关于砖瓦厂用下西村民组土地协议书》、1987年《南夏墅砖瓦厂与下严西村在土地使用由原租用改为使用时有关事项的协议书》、1991年《关于乡砖瓦厂与桐庄村下西队土地征用费结算协议》（以下简称《结算协议》）。

被告武进区人民政府提交了答辩状，认为砖瓦厂用下西组的土地，对下西组进行了一定的安置和补偿。被告向法院提供证明在此争议点上其作出的行政行为合法的证据：

1. 《结算协议》，以证明砖瓦厂已对下西组有了一定的安置相关人员的劳务费。
2. 1983年3月5日的收款收据，以证明砖瓦厂曾向下西组支付土地赔偿费和有关劳务费。
3. 1991年4月2日的农业税税票，以证明砖瓦厂代下西组支付了农业税。
4. 1985年度社员清单3份，以证明砖瓦厂对下西组进行了补偿。
5. 《武进区南夏墅公社桐庄大队下严西生产队外出人员收入归队统一分配结算表》3份，以证明砖瓦厂对该组村民进行了部分劳动力安置。

经过庭审质证，法院对被告提供的证据予以采信。[1]

思考问题

本案双方当事人提出的证据恰好为一对本证与反证，请说出哪一方的为本证，哪一方的为反证？并结合此案谈谈你对本证与反证的运用规则的认识？

参考意见与法理分析

本证是由负有举证责任的当事人提出，用以证明他所主张的事实存在的

---

[1] 参见江苏省高级人民法院编：《人民法院裁判文书选——江苏2000年卷》，法律出版社2001年版，第467~470页。

证据。根据我国行政诉讼法的规定，被告行政机关对其行政行为的合法性负有举证责任。因此，本案被告武进区人民政府提交的，用以证明其主张砖瓦厂已进行了一定的安置和补偿的事实的证据为本证。反证是一方当事人为了推翻对方当事人所主张的事实而提出相反的事实存在的证据。因此，本案原告下西组提交的，证明双方约定的安置和补偿未到位，以推翻被告主张的事实的证据为反证。

在运用本证和反证时，除遵循运用证据的基本原则外，还应遵守以下规定：

1. 除对方当事人承认外，当事人都必须提出或为本证或为反证的证据。负有举证责任的当事人为了证明自己所主张的事实必须提出充分的证据即本证，如本案被告提出的本证；对方当事人为推翻对方当事人所主张的事实也必须提出充分的证据即反证，如本案原告提出的反证。

2. 在通常情况下，本证和反证不能并存。即当本证成立时，反证则应当被推翻；反之，如果反证成立，本证就应当被推翻。只是在一些特殊情况下，如民事案件中的某些是非界限难以截然分清时，可能出现本证与反证并存的局面。本案中，法院采信被告的证据，所以本证成立，反证就被推翻。

3. 在只有本证或只有反证，或者本证和反证两者中已有一种被证明为虚假的情况下，审判人员仍要对该种证据进行认真的审查判断。如本案中，反证并不真实，但审判人员仍须从是否符合证据的客观性、关联性、合法性等方面对本证予以认真地审查判断。

第十一章 证据的分类

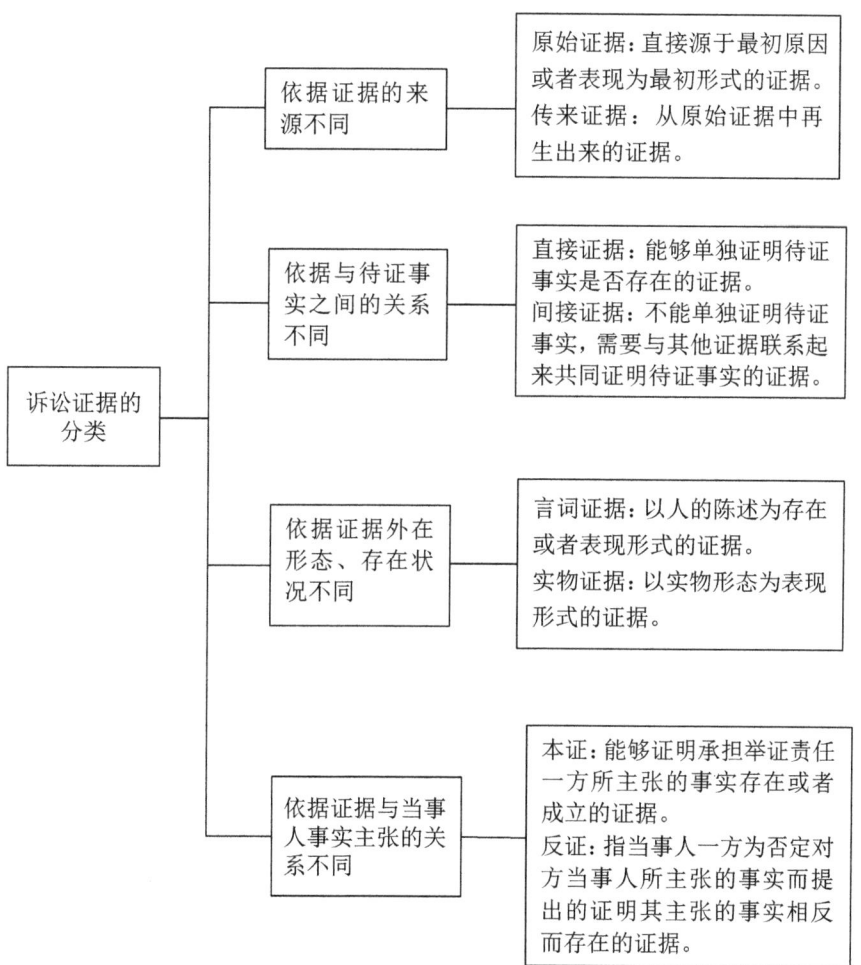

图 11.1 诉讼证据的分类

下 篇

证明论

第十二章
证明对象

本章学习任务

1. 证明对象的概述
2. 刑事诉讼中的证明对象
3. 民事诉讼中的证明对象
4. 行政诉讼中的证明对象

一、证明对象的概述

【案例一】 证明对象的概念

某居民甲在某市某商店买了一箱啤酒招待朋友。在开启第三瓶啤酒时,该啤酒瓶突然爆炸,玻璃碎片当场将甲的眼睛严重损伤,其朋友乙、丙及儿子小甲脸部也受了伤。甲的家人赶紧把他们送往医院治疗,并迅速到出售啤酒的商店交涉。甲因受伤住院半个月,花费5 000多元医疗费,其两位朋友及儿子也各花费了数十元至上百元不等。一个月后,甲到法院起诉,要求侵权者赔偿所有损失,对此哪些事实是甲需要证明的问题?

思考问题

结合本案谈谈什么是证明对象。

参考意见与法理分析

证明对象,又称证明客体、待证事实、要证事实或者争议事实,是指证明主体必须运用证据加以证明或确认的法定要件事实。证明对象是一个流动或者抽象的概念，不同类型的诉讼其证明对象不同，即使是同一类型的诉讼，因案件不同，其证明对象也不尽相同。同一诉讼案件在不同的诉讼阶段，其证明对象也存在差别。证明对象与诉讼主张，争议的问题及诉讼需要保护的利益关系密切。从诉讼活动的过程来看，它既包括在启动诉讼之前已经发生或者存在的实体法事实，也包括在诉讼过程中发生的程序法事实。

一般来说，证明对象主要包括以下内容：

1. 证明对象是与案件有关的事实，关系到案件能否得到正确处理。如果这些事实与案件有关联并对案件的处理产生较大的影响，就需要运用证据予以证明，它就会成为证明对象。证明对象既是当事人提出主张或者进行辩论的目标，又是查明案件事实的内容和作出正确处理的根据，也是解决案件争议作出裁判的根据。这就决定了证明对象必然与案件事实相关联，属于案件事实的内容。本案中的证明对象就是与案件有关的事实：甲在某商店买了一箱啤酒；啤酒瓶突然爆炸，玻璃片扎伤了乙、丙、小甲；在医院治疗花费 5 000 元医疗费等这些都是需要证明的事实。

2. 证明对象是受法律、法规调整的事实。事实分为法律事实与不涉及案件认定的普通事实。由于法律事实的存在或者发生，才引起法律关系的发生、变更或者消灭。只有事实成为法律事实时，才对正确处理案件具有重要意义。法律事实不同于一般的生活事实，它是受到法律、法规调整的事实，证明对象就是法律事实中的待证事实，也必然是受到法律、法规规范的事实。

3. 证明对象是通过证据证明而需要确认的事实。在诉讼中，并非任何事实均需要通过证明才能确认。有些事实不需要证据证明，法院就可以直接认定。这些不需要当事人举证证明的案件事实，则属于法律明确规定的免证事实，它们不是证明的对象。多数事实是必须运用证据加以证明的事实，只有经过证明才能确定其存在与否。这些需要证据证明的事实属于证明对象，无需证据证明的众所周知的事实或推定的事实，则不属于证明对象。

证明对象不同于裁判对象。证明对象是从证据的角度出发，回答哪些事实需要证据证明以及哪些事实不需要证据证明的问题；裁判对象是从裁判权的角度出发，回答哪些事实属于法官职权调查的范围。证明对象也不同于诉讼客体，它们之间互为表里关系，后者是前者的派生。

证明对象具有客观性、法定性、时效性以及被动性等特征。客观性，是指证明对象最初产生于主体的诉讼过程之外，它不因诉讼而发生，也不因诉讼而消灭，具有外在于诉讼程序的客观实在性，是诉讼之外的一种事实构成。客观性不是绝对的，一旦进入诉讼，难免受到诉讼主体、诉讼请求、诉讼模式等程序因素的影响。法定性，是指法律制约性、法律规制性，即受实体法和程序法的双重规定性。时效性一方面是指待证事实大多发生在过去，用来证明待证事实的证据也存在于过去，诉讼证明是追溯性活动。另一方面是指诉讼证明存在期间、追诉时效等限制，不能无限期地进行。被动性，是指证明对象的确定有赖于诉讼主体及其诉讼请求，证明对象的证明则需要证据这一手段。证明对象的被动性体现在它依赖证明主体运用证据进行证明上。

【案例二】 证据事实不能纳入证明对象

1992年12月31日13时许，被告人郑小明之子韩军红驾驶农用汽车给陕西省西安市长安区太乙宫镇关家村运瓦。卸瓦间隙他来到太乙宫镇第二中学打乒乓球，与学生杏卫国、韩波发生纠纷，双方厮打起来，后被人劝开。韩军红即从学校围墙翻出，在附近一修理部借来自制匕首一把，返回学校又与杏卫国、韩波厮打。厮打中，韩军红用匕首在杏卫国左腹部猛刺一刀致使杏卫国倒地。韩波见状，用砖扔砸韩军红，韩军红又用匕首在韩波左腹部猛刺一刀，致使韩、杏两人脾脏刺伤合并急性失血性休克死亡。

此案经西安市人民检察院提起公诉后，西安市中级人民法院依法公开开庭审理了韩军红故意伤害一案。12月20日，一审以故意伤害罪判处韩军红死刑。韩军红以量刑过重为由向陕西省高级人民法院提起上诉。上诉期间，韩军红的母亲郑小明向二审法院提出，其子作案时年龄未满18周岁，并送来4份书面证明材料。这4份材料一致表明，一审判决所认定的韩军红1974年12月25日的出生日期实际上是阴历。如按阳历计算，韩军红的出生日期是1975年2月5日。如果事实如此，韩军红1992年12月31日犯罪时距离18周岁生日还差两个月零5天，那么一审法院在量刑上不准确。

在一审案卷中，记载了长安太乙宫派出所1993年1月4日出具的证明：韩军红生于1974年12月25日；同时又记载了同年12月10日出具的证明：我所以前出具的韩军红的年龄证明，出生日期为公历。卷中还提供了韩军红的身份证、韩家的户口簿等证据，这些都确定韩军红出生年月为1974年12月25日。一审期间，其母郑小明也一再向法官说："我儿子刚满18岁，才跨入成人的行列。虽然这事后果严重，但希望能够从宽处理我娃。"庭审中，韩军红及其辩护人均没有对出生年月提出过异议。新证言的出现使案情变得扑朔迷离。1999年4月26日，陕西省高级人民法院以部分事实不清，撤销韩军红案原判，发回一审法院重新审判。

西安市中级人民法院与市公安局、市检察院组成联合调查组，迅速奔赴韩军红的出生地——长安区太乙宫镇，对那4份书面证明材料逐一调查核实。调查的结果充分说明了，有关韩军红出生年月是按阴历登记之说，完全是其母郑小明的一番苦心。

1994年11月14日，西安市中级人民法院依法公开开庭重新审理了韩军红故意伤害一案，再次以故意伤害罪判处韩军红死刑，剥夺政治权利终身。又经陕西省高级人民法院依法审理，驳回韩军红第二次上诉，维持一审判决，核准并下达了对韩军红执行死刑的命令。1995年4月27日，韩军红被依法处决。其后，郑小明被以包庇罪起诉，一审判处有期徒刑1年，被告人郑小明没有上诉。[1]

思考问题

本案中被告人母亲的证言不真实而拖延了案件的正常审理和判决的作出。可见，证据对案件的认定起着不可辩驳的关键性作用，但是当某一证据资料被提出的时候，它未必是真实的，其真实性需要经过认真细致的审查判读，那么证据事实本身是否属于证明对象呢？

参考意见与法理分析

关于证据事实应否成为证明对象的问题，学者们也有不同的观点。肯定论者认为，所有证据事实都应该成为证明的对象，因为任何证据都需要查证属实，也就是说，任何证据都需要由别的证据来加以证明。区分论者认为，直接证据事实不应该成为证明的对象，或者说不必单独列为证明的对象，因为它就是案件的主要事实；但是间接证据事实应该列为证明的对象，因为间接证据必须互相印证、互相连接，才能构成案件证明的完整链条。否定论者认为，证据事实根本就不是证明的对象，因为所谓的证据事实是用来证明案件事实的，属于证明的手段，人们不应把手段和对象混为一谈。

---

[1] 参见陈波、陈正云编著：《刑事错案探究与判解》，工商出版社1999年版。

笔者认为否定说是比较合理的。这是因为，从证据事实的作用来看，它归根到底只是用来证明实体法事实或程序法事实的一种手段，即证明对象的手段。证据事实本身很有可能也需要其他证据加以印证，但这种印证与被印证之间的关系，仍然是证明手段之间的关系。所有的证据都必须经过查证属实才能作为定案的根据，因此，就整个证明过程来说，证据事实无疑是第一步需要得到证实的事实，但不能因此就认定其为证明对象，从证明的最终目的看，它只是一个中间环节。在证明过程的连接链条之中，在复杂的情况下，可能每一个环节都需要其他环节加以证实，然而证明对象的范围不可能，也没有必要延伸至所有这些链条的环节，从哲学上来讲，因果链条既是有限的，又是无限的，当人们对某一概念进行界定时，只能以某个链条环节为分界点，在其之前的属于这一概念的范围，在其之后的则不属于。而证据事实由于相对于案件事实和程序事实的手段性而被排除于这一分界点之外。也就是说，在一个特定的诉讼之中，证据事实永远不可能成为证明对象。例如，侦查人员在一起杀人案的现场发现一封与案件有关的信。这封信本身也是一个事实，所以叫证据事实。但是，这封信就是证据，再称之为"证据事实"，确实有画蛇添足的嫌疑。[1]

二、刑事诉讼中的证明对象

【案例三】 犯罪构成要件是证明对象的重要组成部分

2007年8月20日晚，被告人刘某、房某携带作案工具到某公园附近小区欲行盗窃，因时机不成熟而未果。随后，刘某持尖刀、房某携"T"型撬锁工具到公园内伺机作案。当天22时许，两被告看到正在公园内散步的被害人王某（男）和蒋某（女），刘某提议抢劫，并先冲至王某身后，用手卡住王某的颈部并持刀抵住王某的腰部，将王某打倒在地。与此同时，房某上前将蒋某打倒，劫得蒋某价值人民币（下同）1 350元的手机和现金150元。房某随之又与刘某共同殴打王某，劫得价值360元的手机和现金700余元。刘某和房某欲逃跑时，王某就地取得1根竹棒追撵并击打两被告人，刘某遂持刀刺扎王某胸、背部等处，又将王某摔倒在地，房某亦对倒地的王某进行踢打，

---

[1] 参见刘金友主编：《证据理论与实务》，法律出版社1992年版。

后两被告人分别逃离现场。被害人王某因胸、背部遭受利器刺戳造成左肺静脉破裂、肺破裂导致失血性休克而死亡。

2007年12月，某市人民检察院以被告人刘某犯故意杀人罪和抢劫罪，被告人房某犯抢劫罪向某市中级人民法院提起公诉。

在审理过程中，对于本案的定性问题有三种不同的意见。第一种意见认为，被告人刘某、房某抢劫行为完成以后，被告人刘某为灭口直接实施了杀害被害人王某的行为，被告人刘某的行为构成抢劫罪和故意杀人罪；被告人房某对被害人王某的死亡结果不应承担责任，仅构成抢劫罪的基本犯。第二种意见认为，本案的抢劫和故意杀人是在不同阶段产生的不同犯意，并且被告人刘某持刀直接实施了杀死被害人的行为，在此过程中被告人房某也有一定的辅助行为，故被告人刘某、房某均分别构成抢劫罪和故意杀人罪，被告人房某在故意杀人过程中系从犯。第三种意见认为，被告人刘某、房某共同实施了抢劫犯罪，其行为均构成抢劫罪，被害人的死亡系两被告人在抢劫过程中共同加害所为。

最终，某市中级人民法院认为，被告人刘某、房某以非法占有为目的，分别携带作案工具，共同以暴力手段劫取公民财物。随即，为抗拒被害人王某的抓捕，两被告人又共同殴打被害人王某，其中被告人刘某持刀刺戳被害人王某并致其死亡。被告人刘某、房某的行为均已构成抢劫罪，并造成一人死亡的严重后果。根据罪责刑相适应的原则，依照《中华人民共和国刑法》判决如下：（1）被告人刘某犯抢劫罪，判处死刑，剥夺政治权利终身，并处没收个人全部财产。（2）被告人房某犯抢劫罪，判处有期徒刑7年，剥夺政治权利2年，并处罚金3 000元。[1]

思考问题

刑事诉讼中的实体性证明对象有哪些？其中关键的证明对象是什么？

参考意见与法理分析

如前所述，刑事诉讼中的证明对象包括实体性事实和程序性事实，主要是实体事实，包括犯罪构成要件事实和量刑事实，即定罪和处罚。其中犯罪

---

[1] 改编自云南省傈僳族自治州中级人民法院2010年刑事判决书。

构成要件事实是关键。

刑事诉讼所要解决的中心问题是被告人的刑事责任问题,即被告人的行为是否构成犯罪,所犯何罪,罪重还是罪轻,应否处以刑罚,处以什么刑罚的问题。这些定性都要围绕案件事实展开,因此,案件事实,即实体法的事实就成了证明对象的主干部分。

在我国的立法和司法实践中,实体法的事实一直是被当作证明对象的主要部分来对待的。我国《刑事诉讼法》(2018修正)第52条规定:"审判人员、检察人员、侦查人员必须依照法定程序,收集能够证实犯罪嫌疑人、被告人有罪或者无罪、犯罪情节轻重的各种证据。"最高人民法院《关于执行〈中华人民共和国刑事诉讼法〉若干问题的解释》(已失效)第52条规定:"需要运用证据证明的案件事实包括:(一)被告人的身份;(二)被指控的犯罪行为是否存在;(三)被指控的行为是否为被告人所实施;(四)被告人有无罪过,行为的动机、目的;(五)实施行为的时间、地点、手段、后果以及其他情节;(六)被告人的责任以及与其他同案人的关系;(七)被告人的行为是否构成犯罪,有无法定或者酌定从重、从轻、减轻处罚以及免除处罚的情节;(八)其他与定罪量刑有关的事实。"

上述规定中涉及的大多数为实体法事实,具体分为以下三个部分:

1. 关于犯罪构成要件事实。

某一行为是否构成犯罪的判断标准是其是否符合犯罪构成要件的要求。犯罪构成要件由刑法加以规定。总的来说,犯罪构成要件由四个方面组成,即犯罪客体、犯罪主体、犯罪的客观方面和犯罪的主观方面。具体是指:犯罪事实是否发生;犯罪行为所侵犯的社会关系、政治关系、经济关系;犯罪是否是犯罪嫌疑人、被告人所为;犯罪行为实施的过程,包括犯罪的时间、地点、手段、方法等;犯罪造成的危害后果,包括危害后果与犯罪行为之间有无因果关系;被告人是否达到刑事责任年龄、有无刑事责任能力;被告人犯罪的主观罪过,包括故意和过失,以及犯罪的动机和目的;应否追究刑事责任。可以形象地归纳为"七何(W)"要素,即何人(Who);何时(When);何地(Where);为何(Why);如何实施犯罪(How);侵害何种对象(Which);造成何种后果(What)。

在刑事诉讼中,准确查明关于这几方面的事实,对于正确定罪量刑关系重大,但由于刑事案件千差万别,这几个方面的事实不可能,也不要求在所有的案件中都缺一不可。

2. 排除行为可罚性、违法性和刑事责任的事实。

排除可罚性事实是指《刑事诉讼法》（2018修正）第16条规定的几种情况。排除行为违法性的事实是指根据实体法的规定，以表面上违法、实际上合法的形式出现，从而排除了行为的违法性以及行为人的刑事责任的行为，如正当防卫。而排除刑事责任的事实是指如该事实并非其所为或情节显著轻微、危害不大，不认为是犯罪的；该事实行为人未达到刑事责任年龄而无刑事责任能力，或该事实行为人因精神病正处在不能辨认控制自己的行为而依法不负刑事责任的时期。

3. 量刑情节的事实。

刑法理论将法院量刑时据以决定处刑轻重或免除处罚的各种情况称为量刑情节，又可具体分为法定情节和酌定情节两种。

尽管有这么多的实体法的事实需要查明，但在查明的过程中，必须注意分清主次，集中力量解决主要矛盾，首先要证实犯罪人是谁，其次再查清犯罪的具体情况。这种力量分布的原因在于：由于主客观条件的限制，对有的案件，要查明犯罪的所有情况是有困难的。

本案中，关键是查清犯罪构成要件事实，即围绕刑法上关于抢劫罪的犯罪构成要件来进行证明。被害人王某、蒋某的财物遭劫后，王某追赶被告人刘某、房某的行为属于抓捕行为，被害人抓捕的过程是抢劫现场的延伸。被告人刘某、房某为抗拒抓捕并实现最终占有所劫财物的目的，继续对王某实施暴力并致其失血性休克而死亡，是抢劫犯罪暴力的延续。因此，本案两被告人的犯罪行为属于劫财过程中为制服被害人反抗和抗拒抓捕当场使用暴力的行为，应以抢劫罪一罪论处，在此过程中杀死被害人的行为系抢劫犯罪中致人死亡的加重结果之情形，不属于抢劫以后为灭口而故意杀人的情况。

【案例四】 量刑事实构成证明对象

横县人民检察院指控，2013年11月20日上午，被告人宋大年、宋大金因无钱购买毒品吸食，便合谋盗窃电动车变卖。同日14时许，二被告人去到横县横州镇中山中路新州百货批零店门前，由宋大年负责望风，宋大金负责动手偷车，盗走被害人黄某某停放在该处的一辆价值1740元的济南铃木牌电动车。破案后，公安民警在宋大年家中缴获被盗的电动车并退还被害人。

法院在审理过程中查明，被告人宋大年因犯强奸罪于 2001 年 11 月 6 日被本院判处有期徒刑三年六个月，刑期至 2004 年 12 月 11 日。被告人宋大年、宋大金在强制隔离戒毒期间，主动向公安机关交代公安机关尚未掌握的二人共同盗窃黄某某电动车的犯罪事实。

上述事实，被告人宋大年、宋大金在开庭审理过程中亦无异议，并有被害人黄某某的陈述及提供的购车收据，公安机关出具及制作的受案登记表、立案决定书，抓获经过，户籍证明，检查笔录，扣押、发还清单，行政处罚决定书、强制隔离戒毒决定书，刑事判决书等书证，价格鉴定结论书，现场勘验材料、照片，以及被告人宋大年、宋大金在公安机关侦查期间的供述等证据证实，足以认定。

法院认为，被告人宋大年、宋大金以非法占有为目的，秘密窃取他人财物，数额较大，二被告人的行为已构成盗窃罪。公诉机关指控被告人宋大年、宋大金犯盗窃罪事实清楚，证据确实充分，指控罪名成立。宋大年、宋大金在强制隔离戒毒期间，主动供述司法机关尚未掌握的二人共同盗窃电动车的犯罪事实，可视为自首，可以从轻处罚；被盗车辆已追回发还被害人，对二被告人可以酌情从轻处罚。[1]

思考问题

结合本案理解量刑事实是证明对象的重要构成部分。

参考意见与法理分析

量刑是以定罪为基础的，同时也是法院裁量权的重要体现之一。定罪是量刑的前提，但量刑还具有相对独立的意义。如果仅仅是定罪准确而量刑不准，同样是错案的一种。因此，只有将影响量刑的情节纳入证明对象，使其经过严格的证明，才能使最终的准确性得到保证。刑法理论将法院量刑时据以决定处刑轻重或免除处罚的各种情况称为量刑情节，又可具体分为法定情节和酌定情节两种。

(一) 法定情节

1. 法定从重处罚的情节。主要是指主犯，即组织、领导犯罪集团或者在

---

[1] 改编自 2014 年广西壮族自治区横县人民法院 (2014) 横刑初字第 187 号刑事判决书。

共同犯罪中起主要作用的；特定身份的人员（如国家工作人员、司法工作人员）犯罪的；教唆不满18周岁的人犯罪的或引诱未成年人犯罪的；累犯；冒充警察招摇撞骗的情节。对这些情节，法院可在法定刑的限度内判处较重的刑罚。

2. 法定从轻处罚的情节。主要指已满14周岁不满18周岁的人犯罪；尚未完全丧失辨认或控制自己行为能力的精神病人犯罪；盲人犯罪；从犯；自首等，对于这些情节，法院可在法定刑的限度内判处较轻的刑罚。

3. 法定减轻处罚的情节。主要是指预备犯；又聋有哑的人犯罪；未遂犯；从犯；自首；正当防卫或紧急避险过当；中止犯；胁迫犯；被教唆的人没有犯被教唆的罪；有重大立功表现等。对于这些情节，法院可以在法定刑以下判处刑罚。

4. 法定免除处罚的情节。主要是指又聋又哑的人犯罪；正当防卫或紧急避险过当；没有造成损害的中止犯；预备犯；自首且犯罪较轻；犯罪后自首又有立功表现；在收获前自动铲除非法种植的罂粟或者其他毒品原植物；个人贪污数额在5 000元以上不满5万元的并且犯罪后积极退赃的；行贿人在被追诉前主动交代贿赂行为的；介绍贿赂人在被追诉前主动交代贿赂行为等。对于这些情节，法院可对犯罪分子作出有罪宣告，同时免除其刑罚处罚。

（二）酌定情节

对于这些情节，法律上没有明确作出规定，而是留给法官一定的自由裁量的空间根据事实和经验进行判断。这些情节主要有：被告人的个人情况包括姓名、性别、是否受过刑事处罚；政治面貌、一贯表现等；年龄籍贯家庭出生；犯罪手段；犯罪后的表现、态度；犯罪侵害的对象的情况；犯罪当时的环境；犯罪造成的损害后果；等等。

【案例五】 排除违法性事实构成证明对象

李某在某市场以卖水果为生。2007年1月15日，李某守在水果摊前卖水果。王某要买水果，于是过来询问价格，感觉价格合适并买了5斤水果。傍晚王某来到李某的摊位前，说是因为水果不好吃想退掉已买的水果，李某不同意。于是王某拿起水果扔向李某，李某随即躲闪而没有被打到。王某因为没有用水果打到李某，更加愤怒，于是上去朝李某的脸部打了两拳，因李某长得瘦小，王某长得高大，李某不敢还手，还是躲闪。王某于是上去掐住李某的脖子朝其腹部用脚猛踢。李某想跑,王某拽住他继续殴打。李某情急之下拿起随身携带的水果刀朝王某腹部刺去,王某倒地。李某拨打了110与120,王某经鉴定构成重伤。区检察院以故意伤害罪向人民法院提起公诉。被害人王某也向法院提起刑事附带民事诉讼,要求李某赔偿医疗费等经济损失。区法院经过合并审理后认为,李某构成故意伤害罪,判处有期徒刑一年,缓刑一年,赔偿附带民事诉讼原告人王某经济损失6 000元。被告人李某不服,以其行为属于正当防卫为由提起上诉。二审法院经过审理后认为,原审判决认定李某犯故意伤害罪的事实不清,证据不足。二审法院认为上诉人在遭到王某的不法侵害时,一度采取了克制与躲避的态度,后为避免自己的人身免受正在进行的不法侵害,被迫用随身携带的水果刀将王某刺伤。李某将王某刺伤后没有继续刺伤王某,而是拨打了110与120,其行为属于正当防卫。

思考问题

本案中,公诉机关认为正当防卫过当,法院则认为属于正当防卫。那么,如何正确认识本案中的正当防卫的事实?

参考意见与法理分析

正当防卫等事实是证明对象的组成部分。包括排除违法性事实、排除可罚性事实和排除行为人刑事责任的事实。这部分证明对象的证明对于区分罪与非罪具有重要的意义。

排除可罚性事实是指《刑事诉讼法》(2018修正)第16条规定的几种情况,如犯罪已经过了追诉时效期限的、经特赦令免除刑罚的;依照刑法告诉才处理的犯罪,受害人没有告诉或者告诉后又撤诉的;被告人已经死亡等。

排除行为违法性的事实,是指根据实体法的规定,以表面上违法,实际上合法的形式出现,从而排除了行为的违法性以及行为人的刑事责任的行为。例如,正当防卫和紧急避险,虽然造成了一定的危害后果,但其性质是为了保护国家、集体和公民个人的合法利益,从根本上排除了违法性。而排除刑事责任的事实是指如该事实并非其所为或情节显著轻微、危害不大,不认为是犯罪的;该事实行为人未达到刑事责任年龄而无刑事责任能力,或该事实行为人因精神病正处在不能辨认控制自己的行为而依法不负刑事责任的时期。

本案中,被告人的行为构成正当防卫,即为了使国家、公共利益、本人或者他人的人身、财产和其他权利免受正在进行的不法侵害，而采取的制止不法侵害的行为，对不法侵害人造成损害（《中华人民共和国刑法》第20条）。修订后的刑法明确规定，对正在进行的行凶、杀人、抢劫、强奸、绑架以及其他严重危及人身安全的暴力犯罪，采取防卫行为，造成不法侵害人伤亡的，不属于防卫过当，不负刑事责任，因此排除了行为的违法性。本案中被告李某的防卫行为与不法侵害的性质与程度相适应，没有超过必要的限度，不负刑事责任。

三、民事诉讼中的证明对象

【案例六】

原告人俞丹萍（1989年9月生），法定代理人俞忠，被告海桥乡中心小学，被告人李凯锋（1985年5月生），法定代理人郁汉珍。1998年4月16日，海桥乡中心小学举办春季运动会，原告与其同学起观看铅球比赛。被告人李凯锋是参加这次比赛的运动员。在李凯锋之前的运动员投掷完毕后，担任裁判的学校教师到铅球着落地点丈量投掷距离，原告与几位同学随该老师进入落地区观看丈量结果。在进行丈量的老师和同学未撤离时，被告李凯锋接着投出的铅球击中了原告的头部，造成其"急性重型颅脑损伤，右额部硬膜外出血"。经住院治疗花费医疗费7 173.1元，预计护理费1 470元，营养费600元，交通费154元，材料复制费20元。原告诉请学校承担民事责任，学校愿意承担一定的责任，但是认为李凯锋擅自投球，也应负责任。李凯锋则辩称自己经老师同意后掷球且未出投掷区域，不负责任。[1]

思考问题

结合本案谈谈民事诉讼中证明对象的范围以及具体在侵权诉讼中有哪些内容？

参考意见与法理分析

民事诉讼中的证明对象与刑事诉讼有所不同，而且由于实体法的多样性，其证明对象的具体内容也呈现多元性。民事诉讼中的证明对象可以作抽象和

---

[1] 选编自1998年上海市崇明县人民法院（1998）崇民初字第2322号民事判决书。

具体的理解。前者是指对于证明对象的抽象概括，学者从不同的角度进行归纳，主要有三种观点。第一种观点是依据原告据以提起的事实和理由为标准，认为证明对象包括当事人之间民事权利义务发生、变更或消灭的事实和当事人之间民事权利遭到侵犯或者发生争执的事实。第二种观点为英美学者所主张，是根据所要证明的事实与案件主要事实之间的联系程度来确定证明对象，认为证明对象包括：系争事实或者最终事实；有关系争事实发生情况的事实；与系争事实有关的事实，主要指证明系争事实存在的情况事实；确定比较标准的事实。第三种观点将证明对象与举证责任分配相联系，在探讨举证责任分配的同时明了证明对象的内容，即大陆法系的待证事实分类说和法律要件分类说。证明对象的具体理解即指在各类民事诉讼中的证明对象，如侵权诉讼、合同诉讼、继承诉讼、离婚诉讼等。这对于具体把握特定民事案件中的证明对象具有很大的意义

本案涉及的具体诉讼是侵权诉讼，其证明对象由侵权责任的构成决定。侵权责任可以分为一般侵权责任和特殊侵权责任。前者的构成必须具备四个条件：损害事实的客观存在；侵权行为与损害事实存在因果关系；行为具有违法性；行为人有过错。而特殊侵权则多数为无过错责任，因此其构成条件为损害事实、因果关系以及行为违法性。本案为一般侵权，证明要围绕四个方面进行。本案中，应当由学校承担疏于组织管理的责任，原告为未成年人，进入裁判区，老师未加以劝阻，疏于管理和防范，而李凯锋未满 13 周岁，在裁判员尚未制止的情况下投掷铅球，无法预料到所带来的后果，因此不负责任。总之，学校未尽管理职责，造成对原告的损害，这是案件证明的中心对象。

四、行政诉讼中的证明对象

【案例七】

吴某诉区公安局行政拘留案。吴某下公共汽车时，由于人太多车太挤，踩到了张某的脚，两人发生口角，后发生殴斗。在殴斗中，吴某击打了张某脸部数拳，造成张某脸部数处软组织损伤。在接到张某报案后，区公安局根据《中华人民共和国治安管理处罚法》，以"寻衅滋事"为由，对吴某处以行政拘留 5 日的处罚。吴某出来后不服，认为两人殴斗是由于张某先动了手，

自己的行为不属于寻衅滋事，遂向区人民法院提起行政诉讼，要求撤销区公安局的行政处罚。

思考问题

结合案例谈谈本案的证明对象有哪些？

参考意见与法理分析

行政管理的复杂性和多样性，带来了具体行政行为的复杂性，因此决定了围绕具体行政行为进行的行政诉讼的证明对象也呈现差异性。

《行政诉讼法》（2017 修正）第 6 条规定："人民法院审理行政案件，对行政行为是否合法进行审查。"第 34 条规定："被告对作出的行政行为负有举证责任，应当提供作出该行政行为的证据和所依据的规范性文件。"由此可知，与具体行政行为合法性有关的事实和规范性文件是行政诉讼证明对象的主要范围。此外，根据行政复议法的有关规定，抽象行政行为也可以成为证明对象。根据国家赔偿法的规定，其证明对象有特殊性。同样，除了实体性事实，行政诉讼中的证明对象还包括行政程序法的事实。总之，行政诉讼中的证明对象可以概括为五类，即包括被诉具体行政行为合法性和合理性有关的事实、与行政赔偿构成要件有关的事实、被诉具体行政行为符合行政程序的事实、行政诉讼程序事实以及规范性文件。其中实体性证明对象有：

1. 与被诉具体行政行为合法性和合理性有关的事实。与具体行政行为有关的对象有行政机关具有法定职权的事实；原告是否实施了被处理行为或者是否符合法定条件的事实；被告作出被诉具体行政行为时的目的是否正当的事实以及被诉具体行政行为的处理与案件的事实、情节和性质是否相适应。与抽象行政行为合法性和合理性有关的事实有行政主体是否享有实施该抽象行为的职权；抽象行政行为的指定程序是否合法；抽象行政行为的适用范围和效力情况。

2. 行政赔偿构成要件有关的事实。在行政赔偿的案件中，证明对象不同于一般的行政诉讼案件，是与行政赔偿构成要件有关的事实，主要有：侵权行为是否是行政机关及其工作人员实施的；是否是在行使行政职权的过程中实施的；侵权行为是否违法；是否造成了损害以及大小；行为和损害之间是否有因果关系。

3. 被诉行政行为符合行政程序的事实。行政程序是规范行政机关在行使行政权力，实施行政活动时需要遵循的程序。违反行政程序主要包括事实不清和违反法定程序两种。

4. 规范性文件。规范性文件是行政机关作出具体行政行为的法律依据。在行政诉讼中，规范性文件的存在及其合法性是证明的对象。规范性文件的范围主要包括宪法、法律、行政法规、地方性法规、行政规章以及国际条约等。

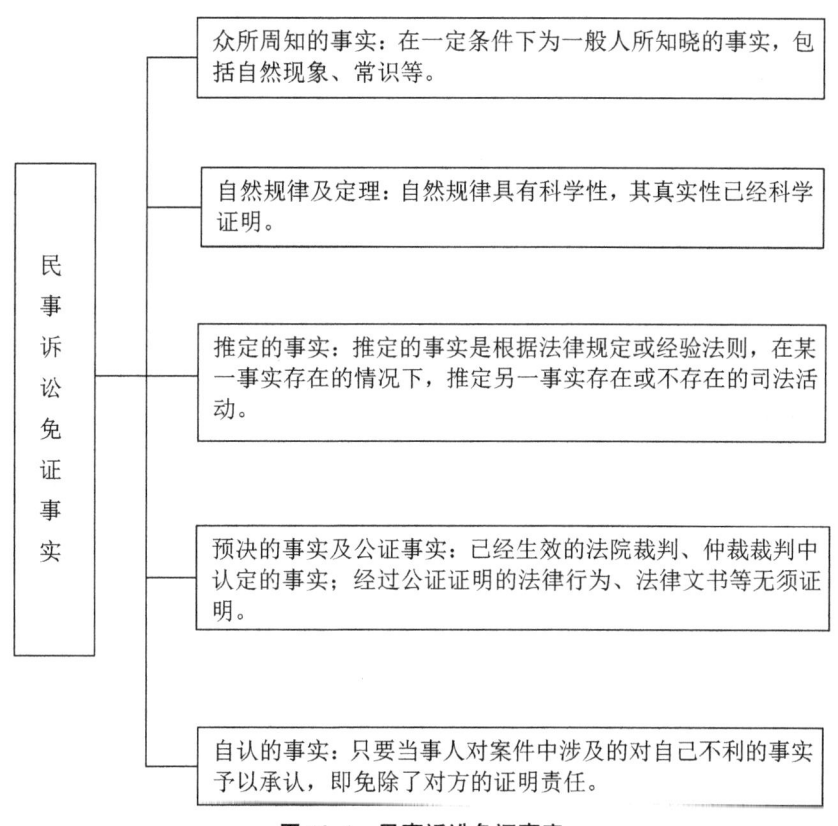

图 12.1　民事诉讼免证事实

第十三章 证明责任

本章学习任务

1. 证明责任的概念
2. 民事诉讼中的证明责任
3. 刑事诉讼中的证明责任
4. 行政诉讼中的证明责任

一、证明责任的概念

【案例一】

某年8月12日,唐某和李某达成购买李某12台机器的协议,共计货款13 500元。后李某按协议约定,指派在其门市担任营业员的亲戚张某将货物运送到唐某住所地交付于唐某。唐某收货后,当即支付了现金1 500元,余额12 000元出具欠条。写明"欠李某货款12 000元"。第二年10月,张某离开李某门市,外出务工。第三年6月,原告李某以被告唐某欠货款拒付为由诉至法院,要求被告唐某给付货款12 000元,并提供被告唐某出具的欠条为证。被告唐某辩称该货款已付清,并提供张某所出具的收条佐证。该收条上载明:"收到唐某货款12 000元。"收款人为张某,收款日期为上述欠条落款时间的第二年9月20日。原告李某否认收到此款,并对被告唐某提供的收条是张某所出具的提出质疑。

思考问题

结合本案谈谈如何理解证明责任的含义?

第十三章 证明责任

参考意见与法理分析

在我国,"证明责任"有时又被称为"举证责任",是指办案机关或当事人应当履行的提供证据证明其主张的事实成立或者存在的负担,否则将承担其主张的事实不能成立的风险或者因事实真伪不明的事实认定后果。由于承担证明责任的主体的目的在于使自己的诉讼主张得到法院的确认,因此拥有明确的诉讼主张是承担证明责任的前提,同时该主张也成为证明的对象,以及证明责任主体通过证明活动所要实现的目标。由于各国普遍实现了"证据裁判主义"作为证明的基本原则,因此任何希望法院认可其主张的人只能依靠证据来作为其主张的根据,这种没有证据就会使其主张得不到支持的风险便是提出证据的责任,并且自然应当由承担主张责任的当事人来承担。

举证责任一般包括如下内容:

(一)当事人对自己的主张事实负有提供证据的行为责任

当事人有义务或者办案机关依职责提出适当的证据来证明某些系争事实,以便法官在被证明的事实基础上作出对其有利的认定。如我国《民事诉讼法》(2017修正)第64条第1款规定:"当事人对自己提出的主张,有责任提供证据。"《刑事诉讼法》(2018修正)第51条规定:"公诉案件中被告人有罪的举证责任由人民检察院承担,自诉案件中被告人有罪的举证责任由自诉人承担。"当事人对有利于自己主张的案件事实负有提供证据的责任,这里的举证责任表现为行为责任或者提证责任。

(二)当事人利用证据证明己方主张事实成立的说服责任

当事人对于自己提供的证据应当证明以及论证它的真实性、关联性以及与案件事实之间的证明关系,利用证据充分论证来说服法官,使之信服并接受,如果当事人未能适当履行,这将不利于负有举证责任的当事人,裁判主张的事实出现犹豫不决时,法官就有可能作出不利于负有举证责任的当事人的裁判,让其承担不利后果,举证责任表现为证明以及说服责任。

(三)当事人(控方)提出证据不足时当事人承担的败诉风险责任

当事人对利己的主张不能提供证据,或者提供的证据不能证明利己主张的存在,造成所主张的事实真伪不明时,应当承担对己不利的裁判后果,举证责任则表现为结果责任。当事人对自己提出的诉讼请求所依据的事实或者反驳对方诉讼请求所依据的事实有责任提供证据加以证明。没有证据或者证据不足以证明当事人的事实主张的，由负有举证责任的当事人承担不利后果。

举证责任之所以被定位为风险责任而不是败诉责任，是因为一方面它仅仅涉及事实的认定，而有些案件事实的认定还需要通过推定等其他方法；另一方面，我国诉讼采取职权主义诉讼模式，法官还存在一定程度的证据调查权，承担着履行追求客观真实的职责。如我国《民事诉讼法》（2017 修正）第 64 条第 2 款规定："当事人及其诉讼代理人因客观原因不能自行收集的证据，或者人民法院认为审理案件需要的证据，人民法院应当调查收集。"法院调查收集的证据可能会使当事人提供证据证明的真伪不明的案件事实明晰化，因此，不排除法院根据查明的案件事实作出有利于主张事实成立一方的裁判。从证明的结果来看，举证责任属于一种风险，将举证责任作为事实真伪不明的风险配置更能反映其本质。

举证责任在我国刑事诉讼法、民事诉讼法和行政诉讼法中属于法定术语，对于依法及时处理真伪不明的案件，避免案件事实因未得到证明而"悬而未决"并陷入裁判困境是具有积极意义的。被告唐某是否将所欠货款支付给张某，是该案的存疑事实。就该案而言，当事人双方争议的焦点问题是所欠货款是否已经清偿，双方均有自己的主张。为此双方都应当负有对自己的主张提供证据加以证明的责任。该案中被告唐某就欠款已清偿提供了收条作为证据。原告李某对被告的证据提出异议，应当由原告李某对其反驳被告唐某的事实承担举证责任。被告唐某收条的证明力并不影响原告李某应当承担的举证责任，以被告唐某提供证据的证明力未得到确认，而要求其继续承担举证责任，并以此免除原告李某的举证责任，这在举证责任的分配上是有失公平的。

二、民事诉讼中的证明责任

【案例二】 民事诉讼证明责任的基本标准

原告许景彬，男，1984 年 11 月 1 日出生，汉族，住泉州台商投资区东园镇。

被告张景波，男，1986 年 8 月 29 日出生，汉族，住泉州台商投资区东园镇。

法院于 2015 年 3 月 6 日立案受理了原告许景彬诉被告张景波民间借贷纠

纷一案，原告许景彬到庭参加诉讼，被告张景波经传票传唤未到庭。原告许景彬诉称，被告因欠缺资金，于2014年5月18日向原告借款30 000元。双方口头约定借款期限至2014年8月18日，但未约定借款利息。借款期限届满后，被告未能还款。请求判令被告立即偿还借款30 000元。

被告张景波未作答辩。

法院审理过程中，原告提供证据即"借款抵押协议书"1份，以此证明被告于2014年5月18日向原告借款30 000元。

法院认为，被告未到庭参加诉讼，又未书面提出异议并提交证据，应视为其放弃答辩、举证、质证等相关诉讼权利。原告提供的"借款抵押协议书"有被告以借款人身份在借款抵押协议书上的签名捺印，具有真实性、合法性，能够证明被告于2014年5月18日向原告借款30 000元，双方未约定借款利息。原告主张双方口头约定借款期限至2014年8月18日，未能提供相应的证据加以证明，法院不予采信。

经庭审认证，结合原告陈述，对案件主要事实作如下认定：

被告张景波于2014年5月18日向原告借款30 000元。双方未约定借款期限和利息。嗣后，被告未予还款。

最后，法院认为，被告向原告借款30 000元，事实清楚，证据充分，足以认定。该借款双方未约定借款期限和利息，属不定期无息借贷。被告经原告起诉催告仍未能履行还款义务，应承担相应的民事责任。原告请求被告返还借款30 000元，符合法律规定，理由充分，应予支持。被告经本院合法传唤，无正当理由拒不到庭，本院依法进行缺席审理和判决。[1]

思考问题

结合本案谈谈民事诉讼中分配证明责任的基本标准是什么？

参考意见与法理分析

虽然证明责任应当由当事人来承担，但在具体案件中证明责任应当分配给哪一方当事人来承担，却会因为案件性质的不同而不同。通常，在民事诉讼、刑事诉讼和行政诉讼案件当中都会实行不同的证明责任分配标准。即使

---

[1] 选编自2015年福建省惠安县人民法院（2015）惠民初字第2112号民事判决书。

在同一类诉讼性质的案件当中，有时也会因为具体案件需要证明的对象不同而采取不同的证明责任分配标准。之所以要求不同的案件适用不同的证明责任分配标准，其意义主要体现在三个方面：第一，保证诉讼结构的大体平衡。由于不同案件中当事人的诉讼能力存在巨大的差异，因此合理地分配证明责任将有助于平衡当事人的诉讼地位，保证诉讼得以公正进行。第二，节约诉讼资源。在某些案件中，要求由证明能力强的一方来承担举证责任，有助于节约诉讼资源，并且更有利于发现案件的真实情况。第三，有利于引导诉讼进程。由于明确了证明责任的分配，就会使案件中的双方当事人能够有针对性地展开诉讼活动，从而使诉讼活动有序地进行。可见，确立合理的证明责任分配标准既有利于实现案件处理的实体公正和程序公正，同时也有利于提高诉讼效率。

具体到民事诉讼当中应当确立什么样的证明责任分配标准，虽然经历了中外法学家们千百年的探索，但至今没有一个规定的答案。证明责任的分配问题最先被规定在罗马法当中，并表现为"原告负证明责任"和"主张者负担证明的义务，否认者不负担证明的义务"这两个原则。此后，经过德国学者的发展，这两个原则又演化出了一些现代证明责任分配的学说，其中就包括待证事实分类说、法规分类说和法律要件分类说。我国《民事诉讼法》（2017修正）第64条第1款规定："当事人对自己提出的主张，有责任提供证据。"这虽然规定了举证责任分配的原则，却不能作为具体案件当中的证明责任分配标准。但是，目前较为普遍承认的观点是我国应当采用法律要件分类说作为证明责任分配的基础标准，结合危险领域说、盖然性说和损害归属说作为该基础标准的补充。根据法律要件分类说，主张权利存在的当事人对权利发生的法律事实承担举证责任，主张权利不存在的当事人对权利消灭或者妨碍或限制权利的法律事实承担举证责任，即"谁主张，谁举证"。可见本案中的证明责任分配标准是以法律要件分类说为依据的，并且与我国民事诉讼中证明责任的分配标准是一致的。

【案例三】 我国民事诉讼中的举证责任倒置

河南省孟州市一男子在医院输血，18年后被查出感染丙肝。焦作市中级人民法院对这起医疗事故责任纠纷作出维持原判的终审判决：被告医院赔偿原告各项损失4.7万余元。

1992年10月，顾某因受伤到焦作市某医院进行治疗，一个月后出院。2010年底，顾某因身体不适，重新到该医院进行检查，被告知患了丙肝。顾某回忆当时自己出血较多，医生为他输了血，输血后顾某并没有出现任何不适反应。但是顾某认为，家人的丙肝抗体均呈阴性，所以自己没有其他感染丙肝的途径，一定是那次输血导致自己得了丙肝。于是，顾某和该医院进行交涉，希望该医院能够赔偿自己。然而，该医院相关负责人表示，顾某当年并没有在该医院输血，而且，中间相隔时间太久，顾某得丙肝和在该医院治疗之间没有必然的因果关系。为治疗此病，顾某支出了大量费用，在与该医院协商未果后，将该医院告上法庭。

庭审中，被告医院否认原告顾某在该院输血的事实，但未提供证据证明其主张。

法院审理认为，顾某作为成年人，其父母、爱人、子女的丙肝抗体均呈阴性，可以排除性传播和母婴传播的可能。丙肝病毒进入人体后，会有一段时间的潜伏期，最长可达20年，且没有任何症状。该案中被告医院负有提供有效的证据证明该院不存在医疗过错。因此认定顾某感染丙肝与被告医院的诊疗行为存在因果关系。据此，法院依法作出如上判决。[1]

思考问题

结合本案谈谈我国民事诉讼中有关举证责任倒置的规定。

参考意见与法理分析

虽然我国的证明责任分配的一般标准是法律要件分类说，但在特定的案件中，完全依据此标准来分配证明责任会造成案件处理结果的不公正，尤其是可能会损害处于弱势地位一方当事人的利益。因此为了保证案件处理的实质公平，有必要在坚持法律要件分类说的基础上，在特定案件中实行举证责任的倒置。所谓举证责任倒置，就是在部分案件中实行与法律要件分类说不同的证明责任分配标准，如危险领域说、盖然性说、损害归属说，以此使那些本来根据法律要件分类说应当承担证明责任的当事人不再承担

---

[1] "河南省一患者输血十八年后查出感染丙肝，起诉医院索赔"，载中国新闻网，http://www.chinanews.com/sh/2015/12-03/7654126.shtml。

证明责任，而将其证明责任转移给对方当事人来承担。

在我国的民事诉讼法当中并没有关于举证责任倒置的规定，但在最高人民法院2001年12月21日公布的《最高人民法院关于民事诉讼证据的若干规定》第4条中却以列举的方式规定了八种证明责任倒置的情形：（1）因新产品制造方法发明专利引起的专利侵权诉讼，由制造同样产品的单位或者个人对其产品制造方法不同于专利方法承担举证责任；（2）高度危险作业致人损害的侵权诉讼，由加害人就受害人故意造成损害的事实承担举证责任；（3）因环境污染引起的损害赔偿诉讼，由加害人就法律规定的免责事由及其行为与损害结果之间不存在因果关系承担举证责任；（4）建筑物或者其他设施以及建筑物上的搁置物、悬挂物发生倒塌、脱落、坠落致人损害的侵权诉讼，由所有人或者管理人对其无过错承担举证责任；（5）饲养动物致人损害的侵权诉讼，由动物饲养人或者管理人就受害人有过错或者第三人有过错承担举证责任；（6）因缺陷产品致人损害的侵权诉讼，由产品的生产者就法律规定的免责事由承担举证责任；（7）因共同危险行为致人损害的侵权诉讼，由实施危险行为的人就其行为与损害结果之间不存在因果关系承担举证责任；（8）因医疗行为引起的侵权诉讼，由医疗机构就医疗行为与损害结果之间不存在因果关系及不存在医疗过错承担举证责任。虽然对该条规定的八种情形是否都属于举证责任倒置在理论界还存在着一定的争议，但至少举证责任倒置这一特殊的证明责任分配标准在我国的民事诉讼中已经得到了正式的承认，并对司法实践活动产生了重要的影响。

三、刑事诉讼中的证明责任

【案例四】"疑罪从无"是刑事诉讼证明责任的特点

2003年2月25日，武汉市一出租屋内发生煤气中毒事件，27岁的桂某身亡。现场门窗紧闭，煤炉上的汤已煨干。即将出殡时，桂某丈夫王二（化名）向中国平安保险武汉分公司、中国人寿保险武汉分公司提出索赔。因为其曾向其哥出资2.3万余元为妻子购买人身意外伤害险。在平安投保115万元，在人保投保49.1万元，合计164.1万元。经过调查，两保险公司认为桂某死亡有他杀可能，向公安局报了案，称王氏兄弟有犯罪嫌疑。2003年3月5日，王氏兄弟双双被刑拘。7月29日，王氏兄弟"杀妻骗保案"在法院开庭审理。公诉人认为证据确凿，并出示了电信部门的书证，证明从2月23日晚7时至24日晚8时的案发期间，王氏兄弟通话频繁，有时电话结束不到3分钟，又以短信联系。并证实，王二通信工具通话位置在汉正街案发现场范围内。在4个多小时的一审庭审中，王氏兄弟一直在翻供并喊冤，后上诉。2004年6月4日，湖北省高院刑一庭审理此案后，认为抗诉理由难以成立，一审法院认定王氏兄弟犯故意杀人罪的事实不清，证据不足。该院准许省检察院撤回抗诉，并将案件发回武汉市中院重新审判。武汉市中院重审，仍认定王氏兄弟故意杀人罪成立，但改判两人无期徒刑，剥夺政治权利终身。王氏兄弟再次向湖北省高院提出上诉。省高院刑二庭通过对此案的审理，认为桂某系一氧化碳中毒死亡的事实清楚，但现有证据不能充分证明其死亡结果系王氏兄弟所为。湖北省高院依照法律规定，以证据不足、指控的犯罪不能成立为由，宣告王氏兄弟无罪。

思考问题

本案中被告人王氏兄弟的犯罪行为无法确定，法院最终判决检察院指控的罪名不能成立，这说明了证明责任的何种特点？

参考意见与法理分析

在刑事诉讼中，案件的争议双方通常是代表国家的追诉机关和犯罪嫌疑人、被告人，且争议的问题是犯罪嫌疑人、被告人的行为是否构成犯罪，因此无论是证明的主体还是证明的对象都具有一定的特殊性，这也使得刑事诉讼当中证明责任的分配标准具有一定的特殊性。与民事诉讼不同，刑事诉讼中争议问题的解决将直接关系到犯罪嫌疑人、被告人的财产、自由甚至是生命是否会被剥夺，因此法律对案件事实的证明标准规定得最为严格，通常情况下承担证明责任的一方要想完成其说服责任也最为困难。此外，在刑事诉讼当中争议的双方在诉讼能力上也存在着巨大的差距。在公诉案件中，追诉的一方都是代表国家的公安机关和检察机关，他们可以依赖国家庞大的司法资源来对自己的主张进行证明活动。而处于被追诉地位的犯罪嫌疑人、被告人不仅在诉讼资源上无法与之相比，还常常会因为被迫接受强制措施而在诉讼能力上受到极大的限制。除了证明主体和证明对象上的特殊性以外，刑事诉讼中的最大特点还在于其坚持的无罪推定的原则。根据这一原则，任何人在未经人民法院公正审判并被依法判定有罪之前，都应当被推定无罪。因此任何人无须向法院证明自己无罪，而证明其有罪的责任只能由追诉的一方来承担。正是由于以上两个方面的原因，使得刑事诉讼当中的证明责任固定分配给追诉的一方来承担。只有采取这样的证明责任分配标准，才能够保持诉讼程序上的实质公正，并保障被追诉一方的基本人权。具体而言，在公诉案件中应当由人民检察院来固定承担证明被告人有罪的责任，而在自诉案件中这份责任则由自诉人来承担。当然，在自诉案件中争议双方的诉讼能力可能大体一致，但这仍不能免除由无罪推定导致的自诉人所承担的证明责任。本案是一起公诉案件，证明被告人有罪的责任自然应当由人民检察院来承担。当其无法完成说服责任时，就应当承担在判决时的不利后果。当然，刑事案件中公诉机关承担的不利后果并非体现在实体利益上的损失，而是其认定被告人有罪的主张得不到法院的支持。而本案的被告人王氏兄弟虽然没有提供证明自己无罪的证据，但只要公诉机关没有完成其证明责任，就可以根据无罪推定的原则而被无罪释放，这也正是刑事诉讼证明责任特殊性的体现。

【案例五】 刑事诉讼中的举证责任倒置

上诉人（原审被告人）姜××，女，1963年8月23日出生，满族，大学本科文化，中共党员，辽宁省兴城市人。

葫芦岛市龙港区人民法院审理葫芦岛市龙港区人民检察院指控被告人姜××犯巨额财产来源不明罪一案，于2015年3月10日作出（2014）龙刑初字第00246号刑事判决。宣判后，被告人姜××不服，提出上诉。

原判认定，被告人姜××与其爱人齐××均于1983年参加工作，两人1987年结婚，截至2014年7月，二人总收入为人民币4 508 224.8元。经查，被告人姜××在此期间的支出及存款共计人民币6 495 687.15元，尚有1 987 462.35元财产不能说明其来源，其中被告人姜××对部分财产来源虽有辩解，但其辩解不具有可能性和合理性，且无法查实。

原判认为，被告人姜××财产、支出明显超过合法收入，差额巨大，其行为触犯了《中华人民共和国刑法》第395条之规定，构成巨额财产来源不明罪。公诉机关指控罪名正确，应予确认。公诉机关指控姜××的财产、支出与合法收入的差额为4 786 862.35元，经查，该差额未考虑以下部分：（1）被告人姜××在兴城某校任校长、教导处主任期间享受补课费、升学奖、考核奖等相关待遇，该部分结合证人证言，确定数额为人民币6万元。（2）被告人姜××丈夫齐××补课收入及工作期间校内的补课费、高考奖等各项待遇应属于其家庭收入，该部分数额结合被告人供述与辩解、证人证言及学生校内外补课的社会现象，法院确定该部分数额为人民币1 800 000元。（3）齐××于2009年9月至2010年7月在沈阳某校任教，其工资22 000元应计入其家庭收入。（4）被告人姜××供述她购买的兴城市蓝天花园、兴城一高档住宅楼（红楼）各一户及一个车库卖给姜×、何××，获利54万元，有姜×、何××的证言相佐证，该部分也应确定为家庭收入。（5）关于沈阳市铁西区虹桥路门市房租金收入，证人马××证实2014年5月28日前给付租金四次，每次为57 500元，结合租房合同，可以确定至案发前该门市房租金收入为23万元。

综上，法院认定姜××的财产、支出与合法收入的差额为1 987 462.35元。被告人姜××辩解欠其姐姐姜×79万元，系多年来替其姐姐保管钱财而产生，与常理不符，不予采纳；被告人辩称其家中近年来有人情往来收受礼金约34.24万元，因收受礼金属礼尚往来，有收入亦有支出，此项辩护意见，法院不予采纳。其辩护人提出给付段××16万元，姜××供述系购买房屋的押金款，不应认定为支出，经查，对该笔款项有银行转账记录和被告人的供述，没有段××的证言予以证实，认定该笔款项为支出，证据不足。辩护人此项辩护意见，法院予以采纳。被告人姜××及其辩护人关于其不构成巨额财产来源不明罪的其他辩护意见，与法院查明的事实不符，且无相应证据予以支持，法院不予采纳。公诉机关指控被告人犯受贿罪，被告人姜××辩解没有收受陈×钱款，也没有为其谋取利益。经查，证实姜××收受陈×人民币3万元，有陈×的证言，陈×证实工程结算后给姜××送人民币3万元；另一证人李×证实听陈×说过给被告人送过钱，但证实内容与陈×的证言有矛盾之处，且陈×的证言不能证实其请托事项及被告人为其谋取利益的情况。公诉机关指控被告人犯受贿罪，事实不清，证据不足，法院不予采纳。最终，判决如下：（1）被告人姜××犯巨额财产来源不明罪，判处有期徒刑二年。（2）被告人姜××财产差额部分人民币1 987 462.35元，予以追缴，上缴国库。[1]

---

[1] 选编自2015年辽宁省葫芦岛市中级人民法院（2015）葫刑终字第00082号刑事判决书。

思考问题

结合本案谈谈法院最终判决被告人巨额财产来源不明罪，是否符合我国刑事诉讼法中有关证明责任的规定？

参考意见与法理分析

虽然在刑事诉讼当中一般应当由追诉一方承担证明责任，但是在一些特殊的证明责任类型的案件中也存在着举证责任倒置的情况，即由被追诉方承担证明自己无罪的责任。目前在我国刑法当中，实现举证责任倒置的案件类型只有巨额财产来源不明的案件和其他持有型犯罪的案件。之所以在这些类型的案件当中规定举证责任倒置，其目的仍然是为了更为全面地实现"打击犯罪"和"保障人权"这一刑事诉讼的根本目标。通常情况下，追诉一方与被告人相比在诉讼资源和诉讼能力上都具有优势地位，为保证诉讼的公平和尽可能地发现案件真实情况，理应由追诉一方承担案件的证明责任。但在这类特殊类型的案件当中，被告人对其掌握的巨额财产或其他非法物品的来源比他人更为清楚，并且有能力清楚地证明其合法性。因此，将这类案件的证明责任转移给被告人承担并非是强人所难，也不会因此造成不公正的结果。当然，在这类案件中的举证责任倒置并非是完全的，追诉机关仍然应当承担必要的初步证明责任，比如证明被告人的财产明显超过了其合法收入且数额巨大，或证明被告人确实持有某种非法物品等。只有在追诉机关完成了初步证明责任的情况下，才能进一步将证明责任转移到被告人身上。可见这一转移并非是毫无根据毫无条件的，因此与刑事诉讼中的无罪推定原则并不矛盾。此外，需要注意的是这种举证责任倒置的情况只限于在特殊类型的案件中适用，并作为刑事诉讼证明责任分配原则的例外而存在。

本案中，公诉机关证明了被告人姜某某的一部分财产是其通过受贿所得，而对于另外一部分财产，只能够证明明显超过了其合法收入且数额巨大。由于巨额财产来源不明罪属于法定证明责任倒置的案件类型，因此这足以将本罪的证明责任转移给姜某某来承担。由于被告人没有完成其证明责任，因此法院判决其行为构成了巨额财产来源不明罪，这并不违反我国刑事诉讼证明责任的分配原则。当然，决定刑事诉讼证明责任分配原则的关键因素还是指控的罪名，如果检察机关坚持以受贿罪对姜某某进行起诉，仍应当由检察机关承担案件的证明责任。

四、行政诉讼中的证明责任

【案例六】 行政诉讼中证明责任的分配原则

某区规划局于 2000 年 5 月 15 日作出了（2000）某规检拆字第 003 号限期拆除决定书，认定某区五交化经营部未经城市规划主管部门批准，擅自在某园区凉水河西南进行违法建设行为。根据《城市市容和环境卫生管理条例》第 37 条规定，责令该五交化经营部于 2000 年 5 月 20 日前将面积为 716 平方米的违法建设无条件拆除。该五交化经营部认为区规划管理局认定其进行违法建设行为没有根据，拆除决定程序违法，执法主体不当，遂向当地人民法院提起行政诉讼，要求人民法院判决撤销区规划局所作的拆除决定。区规划局在答辩期间未提供作出决定的根据，并于 2000 年 6 月 2 日以法律文书制作不规范为由，撤销了（2000）某规检拆字第 003 号限期拆除决定书。后人民法院根据我国行政诉讼法的有关规定，判决确认被告某区规划局作出的（2000）某规检拆字第 003 号限期拆除决定书违法。[1]

思考问题

本案中，原告五交化经营部向法院起诉撤销区规划局的限期拆除决定书，法院根据被告区规划局未提交证据而判被告败诉，这说明在行政诉讼中实行的是什么样的证明责任分配原则？

参考意见与法理分析

在行政诉讼中，证明责任主要是被告行政机关在诉讼中承担的对其作出的具体行政行为的合法性提供证据加以证明，并在不能证明其合法性时承担败诉后果的责任。根据我国《行政诉讼法》（2017 修止）第 34 条规定，被告对作出的行政行为负有举证责任，因此我国行政诉讼中的证明责任分配标准，实际上是固定地要求作为被告的行政主体承担证明其具体行政行为合法的责

---

[1] 参见北京市高级人民法院编：《人民法院裁判文书选——北京 2000 年卷》，法律出版社 2001 年版，第 763 页。

任。与民事诉讼和刑事诉讼中的证明责任分配标准不同的是，其并不遵循"提出主张的人有证明责任，否定的人没有证明责任"这一基本的分配原则，而将其倒置为"提出主张的人没有证明责任，否定的人有证明责任"。因此，在行政诉讼案件中，行政相对人作为原告提出了作为被告的某行政主体的具体行政行为违法的主张，但却无须承担证明该主张的责任。而被告如果要否认原告的主张，就必须提供足够的证据证明其具体行政行为合法。如果其不能完成这一证明责任，则要承担该具体行政行为被法院判定违法的不利后果。可见，在行政诉讼中虽然主张责任仍然由原告承担，但提供证据的责任、说服责任和不利后果负担责任却转移给被告承担。

我国的行政诉讼之所以采用证明责任倒置的分配原则，主要有以下三个方面的原因：第一，虽然行政诉讼是由行政相对人提起的，但其争议问题具体的行政行为却是由行政主体最先提出的。只有行政相对人对该具体行政行为的合法性不能接受时才会提起行政诉讼。因此当双方对该行政行为的合法性问题发生争议时，理应由最初启动该行政行为的行政主体来承担该证明责任。第二，由于在日常生活中，原被告双方往往处于管理与被管理者的地位，因此原告没有能力针对被告的行为展开相应的调查取证行为。而被告无论在证明手段和证明的方便程度上都更有优势，因此固定由被告承担证明责任并不会与公正、公平的原则相冲突。第三，"先取证，后作为"是行政主体实施具体行政行为的前提条件，行政主体只有在获得了充分证据的基础上才能实施某种行政行为，因此证明某一具体行政行为合法的责任只能由被告承担。而且，在行政诉讼中，争议的问题不是行政相对人的行为是否合法，而是行政主体的具体行政行为是否合法。从促进行政主体依法行政的角度来看，由行政主体承担证明责任也具有一定的积极意义。当然，在行政诉讼中并非对所有的情况都应当由被告承担。最高人民法院于2002年7月24日颁布的《最高人民法院关于行政诉讼证据若干问题的规定》第4条规定，在起诉被告不作为的案件中，原告应当提供其在行政程序中曾经提出申请的证据材料。第5条也规定，在行政赔偿诉讼中，原告应当对被诉具体行政行为造成损害的事实提供证据。本案中，原告五交化经营部向法院起诉，主张区规划局的限期拆除决定书不合法，并应予以撤销。但根据我国行政诉讼法的规定，原告却无须承担证明责任。只要被告区规划局不能在法定期限内提交证明该决定书合法的证据，就应当判定其承担不利的后果，可见，我国在行政诉讼中实施的是由被告承担证明责任的分配原则。

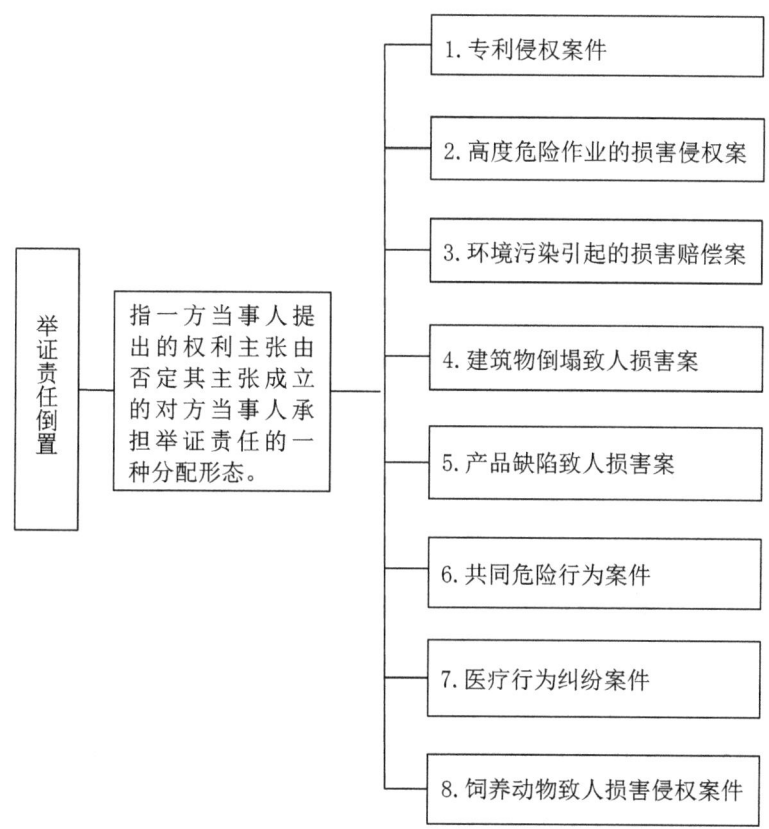

图 13.1 举证责任倒置的概念和类型

第十四章
证据规则

本章学习任务

1. 非法证据排除规则
2. 最佳证据规则
3. 补强证据规则
4. 意见证据规则

一、非法证据排除规则

【案例一】

1996年4月9日19时45分左右，被害人杨某某离开呼和浩特市锡林南路千里香饭店，称要去厕所，后于当天21时15分左右，被发现死于内蒙古第一毛纺织厂宿舍57栋平房西侧的女厕所内，死亡原因系被扼颈导致窒息死亡，该案被称为"4·9"女尸案。

被告人呼格吉勒图当晚与其同事闫峰吃完晚饭后分手，回家拿钥匙，因听到厕所里有女人的叫声，于是返回单位叫上闫峰一同来到厕所内，用打火机照见一个光着下半身的女尸担在隔墙上，二人惊恐不已，迅速赶到附近的治安岗亭报了案。由于呼格吉勒图是男性，却发现有陌生女子在女厕所内遇害，因此其被呼和浩特市公安局新城分局的侦查人员认为有作案嫌疑，并被拘捕。后呼和浩特市人民检察院以"故意杀人罪"和"流氓罪"两项罪名对呼格吉勒图提起公诉，并提交了证人证言、公安机关刑事科学技术鉴定书、物证检验报告、尸体检验报告以及现场勘查笔录等相关证据。

呼和浩特市中级人民法院于1996年5月17日作出（1996）呼刑初字第

37号刑事判决，认定呼格吉勒图犯故意杀人罪，判处死刑，剥夺政治权利终身；犯流氓罪，判处有期徒刑5年，决定执行死刑，剥夺政治权利终身。一审宣判后，呼格吉勒图以没有杀人动机，请求从轻处理等为由，提出上诉。内蒙古自治区高级人民法院于1996年6月5日作出（1996）内刑终字第199号刑事裁定，驳回上诉，维持原判，并根据当时有关死刑案件核准程序的规定，核准以故意杀人罪判处呼格吉勒图死刑，剥夺政治权利终身。1996年6月10日，呼格吉勒图被执行死刑。

然而，事隔9年之后，案件出现了转机。2005年10月23日，"2·25"系列强奸、抢劫、杀人案的犯罪嫌疑人赵志红落网，其主动交代，曾于1996年4月在第一毛纺织厂的公共厕所内奸杀了一名女子。赵志红不仅准确指认了案发地点（当时已拆除重建），而且对厕所的具体方位、内部结构、被害人的年龄、身高等特征、杀害被害人的方式以及尸体的摆放位置等，均进行了具体而明确的陈述，由此引发了社会各界对呼格案的质疑。2006年3月，内蒙古自治区政法委成立了复核组对该案进行复查。同年8月，复核组得出结论，认为呼格案确实为冤案。2006年11月28日，呼和浩特市中级人民法院对赵志红案进行了不公开审理。然而，在检察机关的指控事实中并未提及"4·9"女尸案，法庭也未对此进行审理，由此赵志红提出质疑，法庭宣布休庭。

呼格吉勒图的父亲李三仁、母亲尚爱云提出了申诉。根据呼格吉勒图父母的申诉，内蒙古自治区高级人民法院于2014年11月19日作出再审决定，并向呼格吉勒图父母送达了立案再审通知书。呼格吉勒图案正式进入再审程序。再审中，辩护人提出，原判决事实不清、证据不足，应当宣告呼格吉勒图无罪。内蒙古自治区人民检察院亦认为，原判决认定呼格吉勒图构成故意杀人罪、流氓罪的事实不清，证据不足，应通过再审程序，作出无罪判决。经审理，内蒙古自治区高级人民法院认为，原审认定呼格吉勒图犯故意杀人罪、流氓罪的事实不清，证据不足，对申诉人的请求予以支持，对辩护人的辩护意见和检察机关的意见予以采纳，判决呼格吉勒图无罪。2014年12月15日，内蒙古自治区高级人民法院宣告原审被告人呼格吉勒图无罪，并向其父母送达了再审判决书。2014年12月30日，内蒙古自治区高级人民法院向呼格吉勒图父母支付国家赔偿金205万。

2014年12月16日，呼和浩特市人民检察院宣布，经过对1996年呼和浩特"4·9"女尸案进行审查,就赵志红的该起犯罪事实向呼和浩特市中级人民法院追加起诉,指控赵志红构成故意杀人罪、强奸罪。2015年2月9日,呼和浩特市中级人民法院对被告人赵志红故意杀人、强奸、抢劫、盗窃一案进行了公开宣判,以故意杀人、强奸、抢劫、盗窃罪并罚,对赵志红判处死刑,剥夺政治权利终身,并处罚金人民币53 000元,同时,判决赵志红赔偿附带民事诉讼原告人经济损失共计102 768元。宣判后,赵志红在上诉期内提出上诉,认为其具有自首、立功情节,应从轻处罚。2015年4月30日,内蒙古自治区高级人民法院对赵志红故意杀人、强奸、抢劫、盗窃上诉一案进行了二审宣判,驳回赵志红的上诉,维持呼和浩特市中级人民法院于2015年2月9日作出的刑事附带民事诉讼。[1]

思考问题

结合本案,谈谈非法证据排除规则在我国的运用。

参考意见与法理分析

(一) 什么是非法证据排除规则

非法证据排除规则,是指在刑事诉讼中,国家专门机关及其工作人员违反法定程序使用非法方法获取的证据,不具有证据资格,不得被法庭采纳作为定案的根据,正确理解非法证据排除规则需注意以下四个方面:

第一,关于取证的主体。取得非法证据的主体仅限于国家专门机关及其工作人员,主要是侦查人员,而不包含普通公民或其他组织。这是因为,非法证据排除规则设立的初衷,主要是对国家专门机关的权力,特别是侦查机关的侦查权进行规范和限制,防止其违法而侵害普通公民的合法权益。

第二,关于非法证据的种类。非法证据最初仅限于违反法定程序搜查、扣押而获得的实物证据,而并不包含非法取得的言词证据。但随着相关立法与实践的发展,非法言词证据的危害性愈加凸显,各国也更加重视非法言词证据的排除。因此,广义上的非法证据排除规则不仅要求排除违法取得的实物证据,而且要求排除非法的言词证据。

---

[1] "呼格吉勒图冤案18年,体制内如何不断角力",载搜狐新闻,http://news.sohu.com/20150210/n408890317.shtml。

第三,关于非法证据的范围。究竟违反哪些法定的程序、方式或方法取得的证据,属于非法证据而应当排除,这在不同的国家和地区,甚至在同一国家和地区的不同时期,也不相同。通常,在刑事诉讼中更加注重人权保障、追求自由价值的国家和地区,对法定程序的要求更为严格,其排除非法证据的范围也越广泛;反之,更加注重惩罚犯罪、追求安全价值的国家和地区则对取证程序和方法的要求相对宽松,排除的非法证据的范围也相对较窄。

(二) 非法证据排除规则的适用

非法证据排除规则的适用因证据类别不同,在适用上存在差别。这些差别主要体现在言词证据和实物证据的排除适用上。

1. 非法言词证据的排除适用。

非法言词证据的收集一般会对人身权利或人格尊严造成极大的侵犯,被各国宪法或者法律所禁止,这种证据一般会被排除适用,形成了所谓绝对排除规则。

非法言词证据被排除的原因主要有:(1) 这类非法证据侵害了宪法规定的基本权利,属于违宪行为,世界各国对非法言词证据均予以排除。(2) 以非法手段获取的言词证据,其虚假性极大,极易造成事实的错认,往往并不具有"形式上有缺陷而实质上真实"这一特性。(3) 国际社会存在一定的要求,各国应当履行国际义务。如联合国《禁止酷刑和其他残忍、不人道或有辱人格的待遇或处罚公约》第15条规定:"每一缔约国应确保在任何诉讼程序中不得援引任何确属酷刑逼供作出的陈述为证据。"

我国在侦查、审查起诉、审判时发现有应当排除的证据的,依法予以排除,不得作为起诉意见、起诉决定和判决的依据。同时,对于经过法庭审理,确认或者不能排除存在以非法方法收集证据情形的,对此类言词证据应当予以排除。在民事诉讼中,以侵害他人合法权益或者违反法律禁止性规定的方法取得的证据,不能作为认定案件事实的依据。一般来说,"侵害他人合法权益"的"他人"不仅包括当事人,也包括当事人以外的其他人。

另外,非法言词证据之所以被严格禁止,因为这些证据还存在被重新收集的可能,具有重复收集的特性,但这不是非法排除规则确立的主要原因。

2. 非法实物证据的排除适用。

非法实物证据排除规则是指国家机关及其工作人员在采用搜查、扣押以及询问等行为取证时违反法定程序或者采取非法的方法，并达到一定危害程度且不符合例外条件所取得的实物证据，不得作为证据使用的规则。一般情况下，非法实物证据采用原则上排除的规则。

对于非法实物证据是否排除，除了需要考虑到社会治安形势和案件的严重程度外，法律赋予法官自由裁量权，由法官根据具体情况决定排除与否。非法证据的排除可以侵犯"严重法益"作为衡量的标准。在刑事案件中，应考虑非法行为违背法律的主观意图、客观情节、侵害人权的轻重、对被告人在诉讼上防御不利益的程度、犯罪的危害程度、禁止使用该证据的效果以及侦查机关有无发现该证据的必然性等情形，并从人权保障与社会安全维护的考量中作出判断。其中，应当综合考虑"可能严重影响司法公正"收集物证、书证违反法定程序以及所造成后果的严重程度等情况。

在民事诉讼中也存在非法实物证据的排除问题，如《意大利民事诉讼法》规定了排除当事人一方以非法手段从对方当事人处取得的并且属于对方当事人所有的书证。

(三) 非法证据排除规则的例外

非法证据排除规则的例外，是指虽然该证据属于非法证据，但不适用排除规则而作为证据使用的特殊规则。这些例外在国外（主要是美国）主要包括：（1）大陪审团审理的除外。非法证据排除规则不适用于大陪审团审理，因为大陪审团审理是在法庭审理之前的行为，不涉及对被告人的最终定罪。(2) 善意的例外。善意的例外是指收集证据的主体怀有善意且有合理根据的情况下违法取得的证据，或不是故意违法取得的证据。(3) 弹劾证据的例外。反驳证人的证据是针对被告人或证人前后陈述的矛盾，实物证据与被告人或证人陈述的矛盾可以减弱被告人或证人的可信度。非法取得的证据可以在法庭上被用作反驳被告人或证人的证据，这种用来反驳证人（被告人）的弹劾证据可为排除例外。（4）私人非法收集的例外。非法证据排除规则一般不适用于"私人搜查"。

在司法实践和理论上，一般认为下列情况可以作为例外：（1）排除非法证据，可能会危及国家重大利益的，如国家安全、主权统一的；（2）取证违法而不涉及公民人身权或者对公民人身权侵害显著轻微，而将其排除不利于维护正常社会秩序的；（3）证据以侵犯当事人合法权益的方式取得，但当事人认同的；（4）非法证据有利于受侵害人利益的；（5）需要综合各种因素而应当采用的其他情况。

对于办案人员出于过失或情况紧急，缺少或未履行某种具体的法律手续的形式上不合法的证据，仅在形式上存在一些不合法的瑕疵（如笔录未签名、盖章等），这些证据属于"瑕疵证据"，而不是严格意义上的非法证据，因为它经过补正可以转化为合法证据。《刑诉法解释》第 73 条第 2 款规定："物证、书证的收集程序、方式有下列瑕疵，经补正或者作出合理解释的，可以采用：（一）勘验、检查、搜查、提取笔录或者扣押清单上没有侦查人员、物品持有人、见证人签名，或者对物品的名称、特征、数量、质量等注明不详的；（二）物证的照片、录像、复制品，书证的副本、复制件未注明与原件核对无异，无复制时间，或者无被收集、调取人签名、盖章的；（三）物证的照片、录像、复制品，书证的副本、复制件没有制作人关于制作过程和原物、原件存放地点的说明，或者说明中无签名的；（四）有其他瑕疵的。"

另外，国外还存在"毒树之果"的排除例外。这些例外主要包括："独立来源""必然发现""污染中断"的情形。我国《刑事诉讼法》（2018 修正）没有涉及"毒树之果"问题。

在呼格案中，确定呼格吉勒图有罪的关键性证据是其所作的有罪供述。然而，从对呼格吉勒图的讯问笔录以及对相关知情人的询问笔录来看，侦查人员有使用刑讯、欺骗和引诱等非法方法取证的嫌疑。根据报道，1996 年的 5 月 7 日，呼格吉勒图在呼和浩特市看守所接受了检察人员的讯问。从当日的笔录看，呼格对检察人员说："我以前讲的不是真的，当时公安局说我讲了就可以回家，而且当时我尿急，想讲完了就可以尿去了。后来公安局的人跟我说那个女的没死，认出我来了，所以我才全讲了（指承认杀人事实）。"当检察人员让呼格"如实交代"时，呼格再次表明："我今天讲的全部都是真的，在公安局一开始讲的也是真的，后来他们认为有很多疑点讲不通，他们告诉我那个女的没死，而且我当时尿急，他们说我讲完就可以上厕所可以回家，所以我就那样讲了，讲的都是假的。"检察人员又问他是否杀死了那个女人，呼格说没有。检察人员问他是否知道当时厕所内的女人穿什么衣服，呼格说不知道。检察人员继续追问："你以前交代得很清楚，交代过那个女人穿高领秋衣，怎么现在不知道了？"呼格回答道："那是我猜的。"在此次讯问中，呼格吉勒图推翻了此前所作的有罪供述，向检察人员说明自己并没有杀人，而之前所作的有罪供述并非真实的意思表示。

此外,其单位同事闫峰的询问笔录也提及,其在当晚被呼和浩特市公安局新城分局刑警进行询问的过程中,多次听到隔壁房间的呼格被民警殴打发出的惨叫和桌椅移动的声音。闫峰称:"有几次我都听到隔壁的呼格吉勒图大叫,'你就是打死我,人也不是我杀的'。"此后,闫峰在接受记者采访时还称,"我看见呼格蹲在审讯室的暖气管前,双手伸到背后铐住,头上戴着摩托车头盔,脸很黑,就是那种不正常的黑,我从没见过他有这种脸色。"

然而,该案的一审和二审均是在1996年进行的,如前所述,当时我国尚未在法律层面确立非法证据排除规则,因此上述违法取证以及由此获得的非法证据的排除问题并未受到重视。呼格吉勒图的供述不仅没有被排除,反而被作为主要的定案根据,这不能不说是造成这一冤案的重要原因。

二、最佳证据规则

【案例二】

被告应某在2008年6月至同年9月多次从债权转让人朱某处借款,共计3 308万元,后被告应某虽归还了部分借款,但尚有1 440万元未归还。2008年10月15日,原、被告经协商签订《偿债协议》,约定了还款日期、资金使用费、违约金等内容以及被告H公司对被告应某的债务承担连带还款责任。此后,被告应某仍以资金紧张为由未按约归还。

后经原告与朱某协商,朱某在2009年10月16日给原告出具债权转让书,将其对被告应某享有的1 440万元借款及其他利益的债权全部转让给原告享有。当天,朱某和原告共同签发了债权转让通知书并传真给被告,朱某亦将与被告应某签订的《偿债协议》及相关汇款凭证移交给原告。此后,原告去人、去电向被告催讨,但被告总是以种种理由推脱。为此,原告诉至法院,请求依法判令:(1)被告应某立即归还借款1 398万元,并支付资金使用费及违约金共计310.953 6万元;(2)被告H公司对被告应某不能清偿部分的1/2承担赔偿责任。

原告提供如下证据:

证据1:偿债协议,拟证明被告应某向朱某借款后尚欠的金额,双方约定了还款期限、违约责任及被告H公司应承担连带责任保证。

证据2:债权转让书,拟证明朱某已将对被告应某享有的1 440万元借款及其他利益转让给原告。

证据3：债权转让通知书，拟证明朱某将债权转让给原告后已履行了通知被告的义务。

证据4：银行汇款凭证、交易明细账、往来款清单、利息清单，拟证明：（1）朱某在2008年6月至同年9月期间通过其妻子杨某的账户出借给被告应某共计3 308万元，后被告应某归还本金1 868万元（不包括被告应某另行支付给朱某的261.63万元利息）；（2）原告主张的利息计算标准符合法律规定。[1]

思考问题

结合本案谈谈最佳证据规则。

参考意见与法理分析

最佳证据规则，又称"原本法则"或者原始文书规则，是指某一特定的有关案件事实，只能采取能够寻找到最令人信服和最有说服力的证据予以证明的规则。它是"关于文书内容之证据容许性之法则，该法则需要文书原本之提出，如果不能提出原本，直至有可满意之说明以前，则拒绝其他证据。"法学家塞耶认为，证明文书的内容，文书的原件是第一位的证据，除非不能提供原件的原因得到合理解释，否则第二位证据不可采纳。1945年美国第二巡回法庭在林济格诉斯韦特公司的判决中将其表述为，"最佳证据规则在现代的应用中仅指这样一条规则，即一份文字材料的内容必须通过引用文书本身来证明，除非对原始文书的缺失提出令人信服的理由。"[2]最佳证据规则具有以下特点。

(一) 最佳证据规则属于证明力裁量规则

最佳证据规则是对双方当事人所提交的证据的证明力和证据的价值进行衡量。法官通过对当事人所提交的所有证据的实质进行分析，确定证据的证明力大小和价值高低，决定证据的取舍。

---

[1] 选编自2009年浙江省宁波市海曙区人民法院（2009）甬海商初字第1844号民事判决书。
[2] [美] Edmund M. Morgan：《证据法之基本问题》，李学灯译，世界书局1982年版，第386页。

（二）最佳证据规则属于优先选择规则

最佳证据规则是在存在多个证据证明案件事实的情况下，采用最有说服力、最令人信服的证据确认事实，即最佳证据享有优先权。有多个证据证明双方所争议的房屋的产权情况，但最有说服力的证据应该是住建部门作为管理机关在纠纷发生前根据客观事实颁发的《房地产所有证》，当房地产所有证与登记簿不一致时，以登记簿为准即属于最佳证据。如在原告与被告股权纠纷案中，虽然原告提供了某公司的注册资金是从其原合伙公司转入的证明，但根据工商登记材料，原告并非某公司的股东，对该公司不享有权利，也无须承担该公司的义务，因此，工商登记材料是本案的最佳证据。

我国司法实践也存在最佳证据规则的规定。一般认为，证明同一事实的数个证据，其证明效力可以按照下列情形分别认定：（1）国家机关以及其他职能部门依职权制作的公文文书优于其他书证；（2）鉴定意见、现场笔录、勘验笔录、档案材料以及经过公证或者登记的书证优于其他书证、视听资料和证人证言；（3）原件、原物优于复制件、复制品；（4）具有鉴定资格部门的鉴定意见优于其他鉴定部门的鉴定意见；（5）法庭主持勘验所制作的勘验笔录优于其他部门主持勘验所制作的勘验笔录；（6）原始证据优于传来证据；（7）其他证人证言优于与当事人有亲属关系或者其他密切关系的证人提供的对该当事人有利的证言；（8）出庭作证的证人证言优于未出庭作证的证人证言；（9）数个种类不同、内容一致的证据优于一个孤立的证据。最佳证据的适用规则如下：

最佳证据规则是指以文字材料的内容证明案情时，必须提交该文字材料的原件。这一规则仅适用于以其所载内容证明案情的文字材料。我国《民事诉讼法》（2017修正）第70条规定："书证应当提交原件。物证应当提交原物。提交原件或者原物确有困难的，可以提交复制品、照片、副本、节录本。"据此，在诉讼活动中，当事人应当以提交原件为原则，提交复制品为例外。人民法院在查证、质证时，应当先查明当事人提交的书证、物证是否为原件。对于不是原件的，应当责令当事人提交原件；拒不提交原件或有关证据线索，且没有其他材料可以印证，对方当事人又不予承认的，在诉讼中不得作为认定事实的根据。如果提交原件原物确有困难，也可以提交复制品，但应当当庭审查复印件或者复制品是否与原件内容、形式及其他特征相符合。

本案中，原告提交的书证全部为原件。法院首先对原告提供的汇款凭证、交易明细账等证据的来源进行审查，后对其真实性、合法性予以确认。对于原告提供的证据3，由于被告没有收到过债权转让通知书的传真件，不能证实原告当时已向被告应某履行告知义务。但鉴于被告应某在本案应诉后签收了该份证据，可认定原告已将债权转让事宜通知被告应某。通过本案，我们也看到当事人应当以提交原件为原则，提交复印件为例外。这样能够更清楚地证明案件事实，并能够得到法院的认定。

三、补强证据规则

【案例三】

2013年1月17日9时30分，某县附近涵洞内发现一具无名女尸。公安局接到报案后立即派人前往现场。经过现场勘查发现，死者系县林场工人谢某，接着查明谢某早就与供销社田某有不正当关系。当侦查人员准备调查田某时，田某却去了邻县，不知道是畏罪潜逃还是正常的采购。侦查人员迅速赶往邻县将田某拘回。预审中，田某很快就交代了自己杀人移尸的经过。田某说，他与谢某早就开始通奸，谢某一直纠缠着让其与妻子离婚后同其结婚，田某没有同意。2012年12月27日晚，谢某又到田某处吵闹，并服毒后躺在田某的床上，田某气不过就卡住了谢某的脖子，又用被子捂了半个小时，后将尸体装入麻袋，扛至城外公路的涵洞里抛尸。根据田某的交代，侦查人员在供销社保管室内搜出了转移尸体所用的麻袋，麻袋里有3根与死者血型相同的长发，麻袋外沾的泥沙与涵洞内的泥沙相同。至此，奸情杀人的案件可以认定。然而，尸检结果却让人意外。死者颈部组织无出血，无窒息死亡现象，胃内溶物无毒物反应，结论为一氧化碳中毒死亡。侦查人员又进行了复勘和复验，结果均表明谢某是一氧化碳意外中毒死亡，如何认定被告人的口供成为该案争议的焦点。

思考问题

结合本案谈谈补强证据。

参考意见与法理分析

补强证据是相对主证据而言，它是以对案件事实能否起主要的证明作用和一方对另一方有无担保或依赖关系为依据而作的理论分类。主证据，是指为能够证明案件主要事实需要其他证据增强或担保其证明力的证据。基于主证据自身的性质，未经补强证据增强、担保其证明力，证据能力也存在疑问，不具备对案件主要事实的证明作用。由于主证据本身不存在证据瑕疵，其证据能力也不存在疑点，不同于需要补强的瑕疵证据。补强证据具有以下特点：

（一）补强证据是具有独立来源的证据

补强证据是具有独立来源的证据，与主证据有着不同的来源。因此，补强证据不得是需要补强的主证据的产物或复制品，如证人的两次证言，不得以一次证言来补强另一次证言。

（二）补强证据具有证明案件事实的功能

补强证据与案件事实的关系与主证据相比，无论在地位、作用还是证明的着力点、功能上均具有自己的特点。一方面，它与主证据证明的着力点、方向以及对象在某些方面或某种程度上的重合、交叉，能增强主证据的证明力；另一方面，它能证明案件事实。一般情况下，补强证据不能直接证明案件的主要事实，不像主证据那样证明的方向直接指向案件的主要事实，一般为间接证据。

补强证据必须是合法的，具有证据能力，非法证据不得作为补强证据。当其与主证据无法作出实质性区分时，不能作为补强证据，如记载有口供内容的讯问笔录。《刑诉法解释》第101条第2款规定："公诉人提交的取证过程合法的说明材料，应当经有关侦查人员签名，并加盖公章。未经有关侦查人员签名的，不得作为证据使用。上述说明材料不能单独作为证明取证过程合法的根据。"

补强证据规则的适用遵循以下规定：

（一）口供的补强规则

我国《刑事诉讼法》（2018修正）第55条规定："只有被告人供述，没有其他证据的，不能认定被告人有罪和处以刑罚。"根据此条规定，案件只存在被告人口供这种证据时，即使是真实的，也必须有其他证据予以补强，否则被告人口供不具有证据的证明力。尽管田某主动交代的内容与部分事实相吻合，但是鉴定结果证明田某的犯罪事实不成立。那么，对于补强证据所应达到的证明要求问题上，除口供本身之外的补强证据应能够达到排除合理怀疑的证明程度，抑或口供与其他补强证据共同达到排除合理怀疑的程度。为了确保口供的真实性，防止裁判者恣意裁断，对口供的证明力需要施加一定的限制，口供和其他补强证据的证明作用达到排除合理怀疑的程度，符合我国《刑事诉讼法》（2018修正）规定的"综合全案证据，对所认定事实已排除合理怀疑"的要求。《刑诉法解释》第106条规定："根据被告人的供述、指认提取到了隐蔽性很强的物证、书证，且被告人的供述与其他证明犯罪事实发生的证据相互印证，并排除串供、逼供、诱供等可能性的，可以认定被告人有罪。"该规定属于口供补强规则的进一步细化。

（二）证人证言的裁量补强规则

法律没有规定实体补强和程序补强。补强与否，由法官自由裁量。法官对何种案件或何种证人证言采用何种补强（实体还是程序），基于个案的具体情况、案件争议的事实以及证人证言的内容和质量、可信度的高低予以判断。

在我国司法实践中，下列证据不能单独作为定案依据，需要其他证据补强：（1）未成年人所作的与其年龄和智力状况不相适应的证言；（2）与一方当事人有亲属关系或者其他密切关系的证人所作的对该当事人有利的证言，或者与一方当事人有不利关系的证人所作的对该当事人不利的证言；（3）应当出庭作证而无正当理由不出庭作证的证人证言；（4）难以识别是否经过修改的视听资料；（5）无法与原件、原物核对的复制件或者复制品；（6）经一方当事人或者他人改动，对方当事人不予认可的证据材料；（7）其他不能单独作为定案依据的证据材料。以上证据不能单独证明案件事实，没有完全的证明力，需要其他证据进行强制性补强。

1. 未成年人证言补强规则。

未成年人由于智力与发育的原因，对某些事物的理解可能以偏概全或突发幻想，由于同龄的未成年人发育程度、智力水平、理解能力等参差不齐，无法仅凭年龄对其做统一要求或者作出评价。未成年人证言在适用中也应当受到一定的限制，需要其他证据补强后，才能作为定案的根据。

2. 与当事人有亲属关系或者其他密切关系的证人证言的补强规则。

与当事人有亲属关系或者其他密切关系的证人证言主要包括：与一方当事人有亲属关系或者其他密切关系的证人所作的对该当事人有利的证言；或者与一方当事人有不利关系的证人所作的对该当事人不利的证言。其他密切关系的证人，如雇员与雇主对催讨债务的作证。因为这些证人与当事人有特定的关系,根据"利益有涉"规则,对其证明力应当予以适当的限制,对当事人自己提供的证人与当事人有亲属关系、密切关系或其他利害关系提供有利于其的证人证言应当予以补强。

3. 无正当理由未出庭作证的证人证言的补强规则。

证人作证应当在法庭上充分履行作证义务,接受当事人的质询,使法官从中判断其所作证言的真实性。未出庭作证的证人证言因未得到当事人的充分质疑,其真实性难以保障,不能单独作为认定案件事实的根据,只有经过补强,其真实性能够确认的,才能对案件事实发生证明力。

另外,还涉及视听资料、复制件及其复制品的补强问题。对视听资料应当辨别真伪,并结合案件的其他证据,审查确定能否作为认定事实的根据。对当事人陈述,应当结合案件的其他证据,审查确定能否作为认定事实的根据。实质上,这些证据需要结合其他证据确定能否作为认定案件事实的依据,主要不是补强问题,体现"物证"验真的意义,也非本质意义上的补强。

四、意见证据规则

【案例四】

张某从 2000 年起长期卧病在床,一度生活不能自理,2013 年病故后留下一份遗嘱,对自己身后的遗产做了分割,把大部分房产分给了长期照顾自己的长女。张某的三个子女就遗产分配问题争执不下,两个儿子将长女告上法庭。争议的主要问题就是张某在立遗嘱时是否是心智健全的。被告认为,张某心智健全并且提交了三封熟人写给她的信以及张某的回信(写这些信的作者均已死亡)为证据,并主张法庭采纳这些文件。其理由是:(1)因为写信的人关心商业商务,这可以证明写信者认为收信人是心智健全者;(2)在张某的回信中,张某的言语思想表明她是心智健全的。

思考问题

结合本案谈谈意见证据规则。

参考意见与法理分析

(一) 意见证据规则的概念

意见证据是基于证人所感知到的事实作出的猜测性、评论性、推断性的言词。鲁伯特·克罗斯 (Rupert Cross) 认为,证据法上的意见,是"从观察事实所得出的结论"。"证人基于直接呈现于其感官上之事实,推论系争事实存在与否,法律上称之为意见。证人本于上述推论所作的陈述,称之为意见证据。"[1]

意见证据规则,是指证人作证只能陈述自己体验的过去事实,就自己知觉直接感知到的事实陈述的意见、推论或者结论,不得作为证据的规则。该规则主要是基于以下原因产生:(1) 就所证明的事实而言,证人的意见与证明的案件事实不具有相关性。如果案件事实属于需要专门知识解读,非专家的意见没有任何证明价值;如果案件事实不需要专业知识解读,法官作为法律专家和职业人士完全有能力进行判断或者推论,证人的意见不具有价值。(2) 对案件事实或者证据判断权属于法官的职责,如果允许证人提出意见则超越法官的权力。证人作为一种证据方法,其作用在于将其亲自体验的事实如实地提供给法庭;依据一定的证据材料作出推断或结论,属于法官裁判的职能,应当由法官(或陪审团)负责。(3) 证人的意见在法庭上无法对其进行质证,因为其本身就是一种推断。《刑诉法解释》第75条第2款规定:"证人的猜测性、评论性、推断性的证言,不得作为证据使用,但根据一般生活经验判断符合事实的除外。"

(二) 意见证据排除规则的适用

在英美证据法上,证人分为普通证人和专家证人。意见证据规则主要适用于普通证人,普通证人包括当事人;专家证人则是意见证据规则的例外。在大陆法系国家,证人即指普通证人,专家证人被称为鉴定人,鉴定人的意见具有可采性。专家证人的作用在于为法庭审理提供必要的信息,以弥补法官和陪审团专门知识方面的不足。如果没有专家证人的帮助,法庭无法作出推断,因此专家的意见具有可采性。意见证据规则只适用于普通证人。因为普通证人的意见证据与案件事实不具有关联性,不具有可采

---

[1] 刁荣华主编:《比较刑事证据法各论》,汉林出版社1984年版,第259页。

性，原则上予以排除，但根据一般生活经验判断符合事实的除外。美国爱德华州最高法院曾宣称：只要意见证言适当，证人就其受询问之事实，关于其可能性、或然率、或精确性，表示其意见，此种答复并非侵犯或僭越陪审团之职权，纵使涉及陪审团应决定之主要事实亦然。1926年，勒恩·汉得（Learned Hand）法官认为，程度上的差别是意见与事实之间的分界线，应该只取决于事实上的理由……每一个经验丰富的法官都会发现，如果坚持强人所难，要求证人以他无法做到的方式作证，会歪曲整个事实。证人不能事先察觉到推理结论进入其感觉的程度，他们只能用他所能掌控的唯一方式来阐述事实。[1]

意见证据规则不仅适用于具体证人的意见证言，而且适用于一般性意见以及公共舆论意见。对于公共舆论意见作为证据的排除，存在两方面的限制：（1）如果只是为了证明特定时期关于某事项的一般性意见是什么，或者公共舆论意见处于一种什么样的状态，而不是为了证明普遍赞誉或相信的事项为真，公共舆论意见可以作为证据采纳；（2）对于有关公共利益的事项，如果直接证据难以获得或者不可能获得，作为最后的不得已手段，可以运用公共舆论意见进行证明。

一般证人的证言仅仅是指某人就自己亲自经历或者体验的事实而在法庭上所作的客观陈述。若证人证言中包含对案件事实发生、发展经过的猜测、推理和评论因素，则属于意见证据，应当适用证据排除规则进行排除。本案当事人陈述是一种意见，应当正确对待。

---

[1] 参见［美］乔恩·R. 华尔兹：《刑事证据大全》，何家弘等译，中国人民公安大学出版社1993年版。

第十四章 证据规则

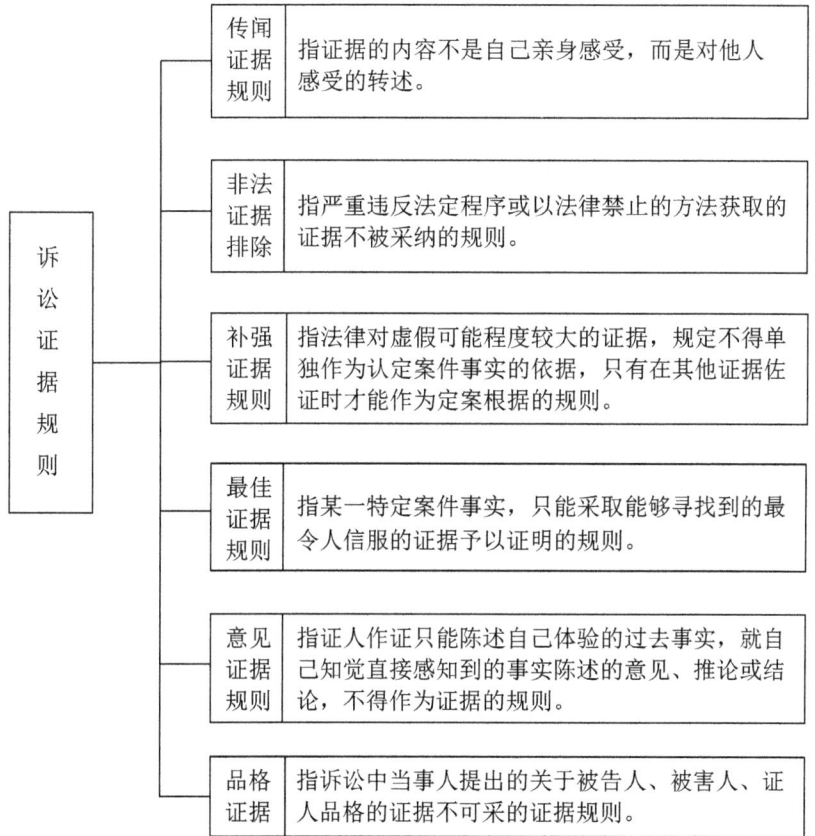

图 14.1 诉讼证据规则

第十五章
证据的收集与保全

本章学习任务

1. 证据收集的概述
2. 证据保全的概述
3. 收集与保全证据的意义
4. 各种证据的收集与保全

一、证据收集的概述

【案例一】

河南省偃师市人民法院公开开庭审理了偃师市人民检察院指控被告人王少波、刘俊峰、史志光犯绑架罪一案。

2000年1月5日5时许,被告人王少波、刘俊峰、史志光预谋后,携带匕首、面具、绳子、胶带等作案工具窜至偃师市诸葛镇刘井村,欲绑架该村刘顺杰之子刘万强,三被告人在见到刘万强后因3人所骑摩托车发生故障,3人未能实施绑架。1月7日5时许,被告人王少波、刘俊峰、史志光携带作案工具再次窜至刘井村,采用塞嘴、蒙眼等手段将刘万强绑架至龙门煤矿炸药库下边一窑洞内。被告人史志光此后多次向刘万强家打电话欲勒索现金6万元。当天上午,刘万强在窑洞内被群众发现而获解救。中午,三被告人在前往窑洞观望时被守候干警当场抓获。

公诉机关用以证明上述指控事实的证据有:询问被害人刘万强的笔录,其被绑架的时间地点、基本情节与三被告人的供述一致;证人王某某、刘某某的证言,证明3次接到匿名电话的时间、内容,也与被告人史志光供述一致;证人王某某、韩某某、李某某的证言,证实在窑洞内发现刘万强后将其解救的情况；公安机关的现场勘查笔录；提取的作案用的蒙面用具、摩托车及辨认笔录。

针对上述指控的犯罪事实和证据，被告人王少波、刘俊峰没有异议。被告人史志光及其辩护人对出示的史志光的年龄证明有异议。为此，辩护人申请通知史志光的母亲陈桂香当庭作证，证明史志光生于1982年农历二月十八，出生后未满月时因计划生育紧，被带去龙门煤矿居住。并提供了郝论竹、史玉珍、韩更臣的证言，用以证明陈桂香证词的客观性。其中，证人郝论竹证明自己生小孩前天在村里见陈桂香，当时陈桂香怀孕已临近分娩，但还没有生。自己孩子满月后，听说陈桂香最后生的是个男孩，陈桂香带孩子去煤矿了，自己在村里没有再见到她。证人韩更臣证明自己1982年底从龙门煤矿退休，退休前与陈桂香的丈夫史俊章同在炸药库上班，当年农历二三月份陈桂香带孩子到矿上居住，当时见其抱了一个男孩，像是没有满月的孩子。证人史玉珍证明，自己是陈桂香第六胎孩子（男孩）的接生员，据回忆当时的季节里有红薯芽，可能是春季二三月份（农历）。陈桂香所生前五胎均为女孩。

法院认为辩方所提供的证人证言之间能相互印证，证言内容客观可信、符合情理，予以采信。被告人史志光作案时未满18周岁，应依法减轻处罚，辩护人对此的辩护意见，法院予以采纳。[1]

思考问题

什么是收集证据？结合本案，指出收集证据有哪些特征？证据收集的基本要求有哪些？

参考意见与法理分析

收集证据，是指为了证明自己的诉讼主张或者查明特定的案件事实，特定的国家专门机关、律师、一般公民、法人或者其他组织通过一定的行为、采取必要的方法获取和汇集证据的活动。收集证据有以下特征：

第一，收集证据的主体具有广泛性，既包括国家专门机关，如人民检察

---

[1] 参见河南省高级人民法院编：《人民法院裁判文书选——河南2000年卷（总第一卷）》，法律出版社2001年版。

院、人民法院等司法机关以及公安机关和其他行政机关；也包括一般公民、法人和其他组织。如在刑事诉讼中，人民检察院和公安机关履行侦查、检察职权，收集证据是这些职权的重要组成部分。根据《刑事诉讼法》（2018修正）第43条的规定，辩护律师在刑事诉讼中有收集与本案有关的材料、申请人民法院通知证人出庭作证等调查取证权。本案中，侦查机关收集了三被告人实施绑架罪的有关证据，被告人史志光的辩护律师收集了证明史志光年龄的证人证言。

第二，收集证据是具有明确目的的行为。对于国家专门机关来说，收集证据的目的在于查明案件事实，作出正确的裁决或者处理决定；对于律师、一般公民、法人或者其他组织来说收集证据是为了揭示案件事实或者证明本方的诉讼主张。本案中，侦查机关收集证据的目的在于查明案件事实，以便对王少波、刘俊峰、史志光3人作出正确的处理；史志光的辩护律师收集证据是为了揭示关于史志光的年龄的真实情况。

第三，收集证据的活动内容是通过一定的行为采取必要的方法获取和汇集证据。本案中，侦查机关通过询问被害人、询问证人、现场勘查等方法收集证据；史志光的辩护律师通过询问证人的方法收集证据。

诉讼活动的开展基本是围绕着证据进行的，证据收集作为诉讼的基础性活动，需要法律对此进行严格规范以保证其活动能够严格依法进行以及收集的证据具有真实客观性。证据收集的基本要求如下：

第一，证据收集必须依法进行。我国的诉讼法对证据收集都作了相对明确的规定。证据收集的主体应当为法定主体，《刑事诉讼法》（2018修正）赋予了办案机关收集证据的职权，他们向有关国家机关、企业、事业单位、人民团体和公民个人收集调取证据既是一种权力，也是一种职责。作为职责应当履行，必须依照法定程序履行，收集能够证实犯罪嫌疑人、被告人有罪或者无罪、犯罪情节轻重的各种证据；而作为权力也不是无限的，仍受到法律的限制，不得采取非法方法或者违反法定程序收集证据。证据收集往往涉及与公民人身权、财产权密切相关的强制手段，法律规定只有职权机关才有权使用这些强制性措施来收集证据，其他主体无权使用这些强制性措施。在民事诉讼中，法院作为调查收集证据的合法主体，一般限定于当事人申请的涉及国家利益、社会利益或他人合法权利的事实及涉及依职权追加当事人、中止诉讼、终结诉讼、回避等与实体争议无关的程序事项时，法院才能成为收集证据的合法主体，当事人委托的人收集证据也是合法主体，但不具有强制性。

第二，证据收集应当客观、全面、忠于事实真相。收集证据应当客观，证据收集主体在收集证据时，应当从实际出发，客观、全面、实事求是，其是指证据收集主体应从案件的客观实际情况出发，按照证据的本来面目去如实地收集，既不能用主观猜想去代替客观现实，也不能按主观需要去收集证据或者以自己的主观意志去寻找证据或任意取舍证据，更不能弄虚作假、伪造证据。

收集证据应当全面，是指从不同的角度去收集证明案件事实的证据，既不要夸大，也不要缩小。对于办案机关来说，收集证据不可先入为主，以偏概全，而应当收集能够证明当事人双方各自利益的各种证据。《刑事诉讼法》（2018修正）第52条规定："审判人员、检察人员、侦查人员必须依照法定程序，收集能够证实犯罪嫌疑人、被告人有罪或者无罪、犯罪情节轻重的各种证据。"

第三，证据收集应当主动、及时。世界万物都处在运动变化之中，静止不变只是暂时的，诉讼中的证据也同样具有"易变性"的特点。在刑事诉讼中，犯罪人实施犯罪后，为了逃避惩罚往往破坏现场，隐匿、销毁罪证，转移赃物，订立攻守同盟，制造伪证和伪供以掩盖自己的罪行。有些物证会随着时间的流逝发生变化，甚至消失；存在于人头脑中的证据也会随着时间的流逝逐渐淡漠，甚至忘却。一旦收集证据的时机被延误，则会造成原本可以收集的证据收集不利，本来可以证实的事实无法被证实。

二、证据保全的概述

【案例二】

周某的邻居马某突然来到她家，要借6万元急用，当时马某保证两年之内连本带利一并还清。周某碍于她和马某关系不错，经常互相帮忙，就把钱给了马某，由于事情来得太突然，周某忘了让对方打借条，后来想是街坊邻居，不至于赖账而没有补办。两年后，马某一直没提还钱的事，周某就来到了马家讨要。可是，马某否认借钱的事实，当时两人争吵起来，马某满不在乎地说："我借钱？没有的事情，你有借条吗，拿出来让我看看。"回家后，周某很气恼地给朋友打电话，朋友安慰了她，要她去公证处申请公证，把马某的话录下来，再到法院告他。于是，周某来公证处申请办理保全证据公证。

第二天，周某和公证人员来到马某家里，周某当着公证员的面问马某什么时候还钱，同时把放在包里的录音机打开。马某说："我就是不还。你有证据说我借了你的钱吗？谁让你当初不管我要借条的，你要告就告我去，你无凭无据告不倒我。"这时候，站在一旁的公证人员亮出了身份，当场放了一遍周某的录音，并进行了证据保全公证。

思考问题

结合本案谈谈什么是证据保全？证据保全的特征是什么？

参考意见与法理分析

证据保全，是指为了防止证据自然灭失、人为毁坏或者以后难以取得、无法使用而对证据采取的一种保护性措施。证据保全作为固定和保护证据的一项活动，我国《民事诉讼法》（2017修正）和《行政诉讼法》（2017修正）对证据保全作了相应的规定。在刑事诉讼、民事诉讼和行政诉讼中都存在证据保全问题，由办案机关协同当事人对证据予以固定与保护。由于刑事诉讼绝大多数案件属于公诉案件，由国家专门机关收集证据，在行政诉讼中由行政机关在作出具体行政行为前收集证据，办案机关在收集证据的过程中对有些证据已经进行固定和保护，其证据保全不像民事诉讼那样突出。在民事诉讼中，收集证据的主体主要是当事人，由于当事人收集证据的权利与能力往往受到一定条件的限制，需要有关机关的协助与保全，以免自己的合法权益因证据的灭失而得不到保障。特定条件下也需要公证机关来实施。因此，对于证据保全制度来说，民事诉讼表现得较为典型，在某些特殊案件中，如海事海商案件显得尤其重要，以至于《中华人民共和国海事诉讼特别程序法》对此设专章作出规定。

证据保全具有以下特征：

（一）证据保全主体为法定主体

实施证据保全既可以基于申请进行，也可依职权进行。实施证据保全的主体除公安司法机关外，还包括法律明确规定的其他机关，如公证机关和行政机关。证据保全程序不仅必须依法启动，而且实施的主体还必须是法定机关，否则证据保全不具有法律效力。我国《民事诉讼法》（2017修正）第81条第1款规定："在证据可能灭失或者以后难以取得的情况下，当事人可以在诉讼过程中向人民法院申请保全证据,人民法院也可以主动采取保全措施。"证据保全程序可以由诉前的利害关系人或诉讼中的当事人提出申请而进行。

公证机关和行政机关实行证据保全必须以申请人或当事人的申请为前提,一般不得自主进行,否则不具有法律效力。司法机关在特殊情况下可以在诉前依职权进行,如《民事诉讼法》(2017修正)第81条第2款规定:"因情况紧急,在证据可能灭失或者以后难以取得的情况下,利害关系人可以在提起诉讼或者申请仲裁前向证据所在地、被申请人住所地或者对案件有管辖权的人民法院申请保全证据。"

(二)证据保全是一种法律行为

证据保全应当依照法定条件启动,其条件为证据将会发生灭失或者以后难以取得,并对确定事物的现状或者案件处理有法律上的利益关系且有保全的必要。不仅如此,证据保全应当依法进行。对于申请人为迫使对方当事人或者第三人提出有利于自己的证据而申请的保全、对非法财产申请的保全或者为了不正当目的对他人隐私申请保全的,因保全目的的不正当而不符合法律的要求,有关机关不得实施保全活动。

(三)证据保全是一个独立的程序

证据保全具有独立的程序地位,是当事人和有关机关预先调查收集证据和固定与保存证据的程序。一般会与证据收集同时进行,但在民事诉讼中多数发生在法庭开庭之前。如《中华人民共和国著作权法》第51条规定:"为制止侵权行为,在证据可能灭失或者以后难以取得的情况下,著作权人或者与著作权有关的权利人可以在起诉前向人民法院申请保全证据。"当事人向法院申请诉前保全证据,应当在法定期限内申请。在特殊情况下,也可以在审判活动中进行,可以作为"诉讼程序的附随程序"。[1]证据保全具有证据收集的属性,属于证据收集的一种特殊方法或形态,在程序上依然具有独立性。

本案中,证据如果不进行保全,被告就不承认了,以后可能难以收集了,所以要请公证员在场保全证据,也就是说该证据日后能够证明本案的待证事实。

---

[1] 参见占善刚编著:《民事证据法研究》,武汉大学出版社2009年版,第275~276页。

三、收集与保全证据的意义

【案例三】

云南省牟定县人民法院公开开庭审理了原告黄丽萍诉被告牟定县房产管理所登记一案。

原告诉称,第三人邓光兰欠我人民币4万元,因债务难以还清,故将市场的房屋抵押给我。后我向被告申请办理房产登记,而被告以种种借口不予办理,特请求判令被告办理房产登记。

原告向法庭举出的证据材料有:(1)被告于2004年4月15日出具的1份办理房产转移申请收条;(2)2份邓光兰投资建房的交款收据存根,金额为3 638.08元;(3)1份产权人为第三人邓光兰的私有房产所有证;(4)2份赵有乾及第三人邓光兰向原告借款的借条,金额为4万元;(5)1份由第三人邓光兰、赵有乾与原告黄丽萍、吴俊签署的房屋产权转让协议。

被告牟定县房产管理所向法院提交了答辩状,并在庭审中辩称,原告递交申请要求办理房产转移登记手续,被告在审查阶段经核实,原告要求办理房产转移的房屋已作抵押,按照有关法律规定,对产权有争议的房屋,应予暂缓登记。

被告在庭审中的举证材料有:(1)1份中国农业发展银行流动资金借款申请书;(2)1份中国农业发展银行抵押担保借款合同;(3)1份抵押物品清单;(4)2份逾期贷款催收通知书;(5)1份中国农业发展银行楚雄州分行驻牟定县信贷组的人员对牟定县蟠猫铜矿采选厂的李行文的谈话记录;(6)1份牟定县公证处的公证书;(7)1份牟定县公证处2000年5月25日出示的证明。[1]

思考问题

结合本案,指出收集与保全证据有何意义?

参考意见与法理分析

证据的收集与保全在诉讼活动中具有重要意义,主要表现为:

---

[1] 参见云南省高级人民法院编:《人民法院裁判文书选——云南2000年卷》,法律出版社2001年版,第526~527页。

第一，证据的收集是正确认定案件事实的基础。要对案件进行正确处理，必须全面获得证据，正确认定案件事实。没有证据或者证据不足，就不能够正确认定案件事实。在刑事诉讼中，就不能使国家刑罚权得到落实；在民事诉讼中，就不能按照客观事实正确处理纠纷，使权利受到侵害的当事人得到救济；在行政诉讼中，就不能判断具体行政行为的合法性，维护行政相对人的合法权益。所以，要正确认定案件事实，不能不认真对待收集证据的问题。特别是在证据有可能灭失或者难以取得的情况下，应注意及时收集和固定证据，因此在收集证据时还必须重视对证据的保全。在本案的行政诉讼中，原、被告双方向法院提交了证据，有利于法院综合全案的证据以正确认定案件的事实，确定被告牟定县房产管理所不予进行产权登记的行为是否合法。

第二，证据的收集是保证当事人的实体权益的手段。在刑事诉讼中有关当事人为了维护自己的合法权益，应当积极提供证据或者证据线索，在法律允许的前提下，还应当主动地收集并提供证据。在民事诉讼和行政诉讼中，向法庭提供证据是承担证明责任的当事人为了避免败诉后果的发生而进行的理性行为，不承担证明责任的当事人为了切实维护自己的合法权益，也应当积极主动地提供有利于己的证据或者证据线索。当证据有可能灭失或者难以取得的情况下，为保护自己的合法权益并保障诉讼活动的顺利进行，当事人可以主动申请人民法院采取证据保全措施。在本案的行政诉讼中，被告牟定县房产管理所承担证明责任，为了防止败诉后果的发生，其积极履行举证责任，向法庭提供了7项证据。原告黄丽萍虽然不承担举证责任，但其为了维护自己的合法权益，也向法庭提供了相关证据。

四、各种证据的收集与保全

【案例四】 实物证据的收集和保全

2000年6月8日凌晨2时许，何某携带匕首，在村民许某（女，53岁）屋外沿墙边果树攀爬上房，再翻窗潜入屋里，进入到许某卧室。趁许某熟睡之际，翻写字台抽屉柜子，窃得金项链1条、5 000元存款单2张、玉镯1个，欲逃离时不慎碰落写字台边上的茶杯。许某被茶杯摔碎声惊醒，一面与何某搏斗，一面大声呼救。在搏斗中，许某面部、颈部及双手被匕首划伤多处。其子宋某听见母亲的呼救后急忙赶来，何某见状即持匕首猛刺宋某腹部，致宋某主动脉和下腔静脉破裂，急性大出血死亡。何某劫得财物后，丢弃匕首，匆忙逃离。

当地公安机关接到许某的报案后，迅速赶到许某家，在对现场进行勘验中，提取匕首、指纹、脚印，并送物证检验机构进行检验，同时将宋某的尸体送法医进行检验。经被害人许某同意，公安机关聘请女医师对其检查身体，确认许某的伤势为轻伤。由于许某指出作案人即为同村的何某，侦查人员随即持搜查证，在何某父母在场情况下对何某家进行搜查，查获1件带有血迹的衬衫，将其予以扣押，并制作搜查笔录，由何某的父母在笔录上签名。

何某在劫得财物后将赃物交其姐姐何萍保管。何萍为了减轻其弟的罪行，主动将何某从许某家抢劫的1条金项链、2张存款单、1个玉镯交于侦查员。在何某父母及何萍的再三劝说下，何某于2000年6月20日到公安机关投案。侦查人员依法对何某进行讯问，并将获取何某供述的讯问过程进行录音。

2000年6月25日，公安机关将物证匕首和带血衬衫、现场勘验笔录、尸检报告、被害人许某的陈述、何某的供述等证据连同整个案卷移送人民检察院审查起诉。

思考问题

结合本案说明可以通过哪些方法对实物证据进行收集和保全？

参考意见与法理分析

1. 通过勘验的方法。在刑事诉讼中，勘验是一项重要的侦查活动。案件发生后，侦查人员往往首先赶赴现场，对与犯罪有关的场所、物品等进行勘验，以寻找发现犯罪人留下的痕迹物品，并根据现场的情况作出判断。通过对现场进行勘验，通常能够取得证明有关案件事实的证据，取得对调查案件有价值的线索。本案中，侦查人员接到许某的报案后迅速对现场进行了勘验，提取匕首、指纹、脚印，并送物证检验机构进行检验及将宋某的尸体送法医进行检验，以此获得了证明本案案件事实的重要证据。

2. 通过检查的方法。在刑事诉讼中，检查的目的在于确定被害人、犯罪嫌疑人或者被告人的某些特征、伤害情况或通过人身检查发现与犯罪有关的物证、书证、视听资料。对被害人进行人身检查，应征求其本人的意见，不得强制进行。检查妇女的身体，应由女工作人员或医师进行。本案中，为确定被害人许某的伤势，在其同意的情况下，侦查人员聘请女医师对其进行人身检查，确认其伤势为轻伤。

3. 通过搜查的方法。搜查只能由侦查人员进行。任何单位和个人，都有义务按照公安机关或人民检察院的要求，交出可以证明犯罪嫌疑人有罪或者无罪的证据。

4. 通过扣押的方法。扣押的范围仅限于查明与案件有关的具有证据意义的各种物证、书证、视听资料。本案中，侦查人员在搜查的同时，将与查明案件事实有关的物证即带血迹的衬衫予以扣押。

5. 通过当事人或者其他人主动提交的方法。在诉讼活动中，当事人或者其他人主动向有关机关提交自己所掌握、收集和发现的证据，也是十分普遍的现象。对于一般公民而言，其主动提交证据的原因多种多样，有的是基于公民的责任感，有的则基于与案件当事人存在亲情、友情或者好恶等原因。在本案的刑事诉讼活动中，何萍主动向侦查机关提交何某犯罪所获得的赃物，履行了其作为公民对国家的义务，有利于刑事诉讼活动的顺利进行。

6. 通过制作的方法。进行录音、录像等制作是获得视听资料证据的常见方法。视听资料可以分为诉讼外形成的视听资料和诉讼过程中形成的视听资料两种。对于诉讼过程中形成的视听资料而言，它是指在诉讼过程中对当事人陈述、证人证言以及在侦查、检查中对收集证据活动制作的视听资料。本案侦查人员将对何某的侦查讯问过程制作的录音就属于这种视听资料。

【案例五】 言词证据的收集和保全

九江市浔阳区人民检察院以浔检刑诉（2014）153号起诉书指控被告人田某某犯故意伤害罪，于2014年7月23日向本院提起公诉。本院依法适用简易程序，实行独任审判，公开开庭进行了审理。九江市浔阳区人民检察院指派检察员周华昌出庭支持公诉。被告人田某某到庭参加诉讼。现已审理终结。

九江市浔阳区人民检察院指控：2014年1月31日19时30分许，曾某某驾驶车牌为鄂A31E**的丰田汉兰达越野车行驶至九江石化社区五区一栋楼旁，与周某某驾驶的车牌为赣G0T6**的现代伊兰特轿车发生刮蹭。双方下车后对车辆受损程度及赔偿问题意见不一致，即各自通知亲属到达现场。随后双方再次因为车辆赔偿问题发生争执，进而引发肢体冲突。在争执过程中，周某某的丈夫即被告人田某某将曾某某的亲属即被害人洪某某打伤。经鉴定，被害人洪某某的伤情为轻伤一级。

案发后，被告人田某某主动到公安机关投案并如实供述了自己的犯罪事实，且被告人田某某与被害人洪某某达成刑事和解协议，被告人田某某赔偿被害人洪某某各项经济损失为人民币 81 798.36 元，被害人洪某某自愿和解，请求对被告人田某某从轻处罚。

上述事实，被告人田某某在开庭审理过程中亦无异议，且有以下言词证据与实物证据：

被害人洪某某的陈述

证人田某某、夏某某、周某某、曾某某、金某某的证言

法医鉴定意见

刑事和解书、收条、住院费发票、归案经过、户籍信息等证据证实，足以认定。

法院认为，被告人田某某无视国家法律，故意伤害他人身体，且致人轻伤，其行为已构成故意伤害罪，应予以惩处，公诉机关指控被告人田某某犯有故意伤害罪的事实清楚，证据确实、充分，指控罪名成立。被告人田某某主动到公安机关投案并如实供述了自己的犯罪事实，属自首，依法可从轻处罚。本案系民事纠纷引发，被告人田某某自愿真诚悔罪，向被害人洪某某赔偿损失并获得被害人洪某某的谅解，被害人洪某某自愿和解，双方当事人达成了刑事和解协议，依法对被告人田某某可从宽处罚。[1]

思考问题

结合本案谈谈如何对言词证据进行保全？

参考意见与法理分析

对证人证言、被害人陈述、被告人供述、当事人陈述等证据的保全方法，一般应当通过询问（讯问），制作询问（讯问）笔录的方式；同时应当进行录音、录像。笔录的制作要完全符合叙述人的原话、原意，不能断章取义，不能任意取舍。记录完毕之后，要履行法定的核对程序，将笔录交由叙述人阅读；无阅读能力的，可向他宣读。有误或需要更改的，应当予以更改；更改

---

[1] 选编自 2014 年九江市浔阳区人民法院（2014）浔刑一初字第 109 号刑事判决书。

后经叙述人确认无误后,签名盖章或按指印。已形成的笔录不得重新抄写或更改,录音、录像并附卷保存。

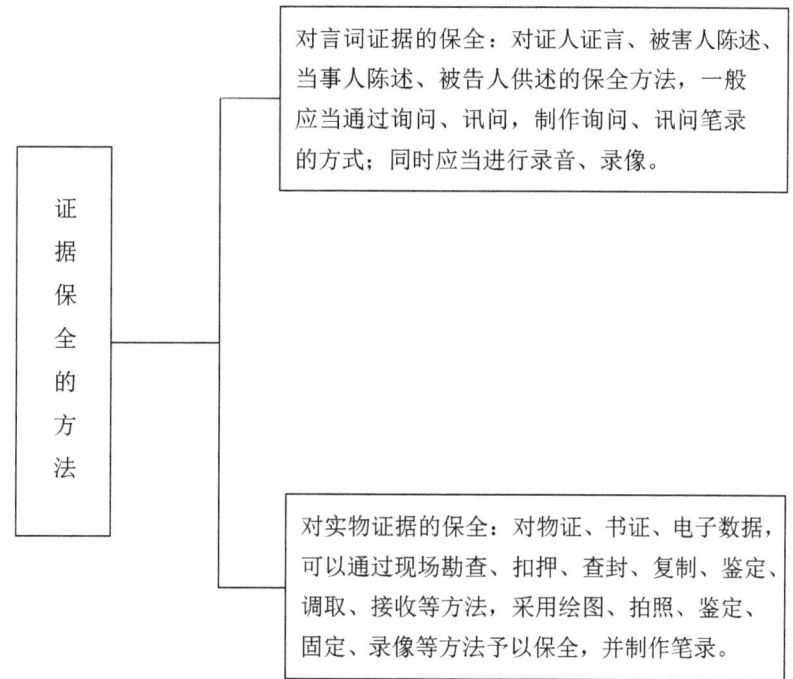

图 15.1 证据保全的方法

第十六章
证据的审查判断

本章学习任务

1. 审查判断证据的概念和特征
2. 审查判断证据的基本要求
3. 各种证据的审查判断

一、审查判断证据的概念和特征

【案例一】

村民甲女与乙男1985年结婚,婚后感情尚可,并育有二女一子。1994年前后,甲女与同村村民丙开始通奸,直至故意杀人罪案发。案发后不久,丙因病死亡。

公诉机关指控,2002年7月26日12时许,乙坐在炕上取茶叶放入白搪瓷缸中,用开水冲茶饮用。喝过茶水后,乙突然感到不适倒在炕上,经抢救无效于当日中午死亡。当天21时许,村民丁等六人到甲家中帮忙料理丧事,乙的侄女戊在当日乙喝茶用的白搪瓷缸中加入新水,招待来人饮用。随后,村民丙也来帮忙,见白搪瓷缸中的茶水混浊,便将茶水残渣倒在院子里一土台上,从乙家屋内茶叶筒内取出新茶冲泡,招待客人。约一个小时后,村民丁等6人喝过戊倒的茶水后分别出现头晕、恶心、呕吐等中毒症状,经抢救脱险。经法医鉴定,死者乙胃内容物、肝组织及从现场提取的丙倒掉的茶叶渣中均检出"毒鼠强"成分。

一审法院以故意杀人罪判处甲死刑,剥夺政治权利终身。甲不服,提起上诉。二审法院以该案事实不清、证据不足为由,裁定撤销原判发回重审。

一审法院重审后，以甲犯故意杀人罪改判无期徒刑，剥夺政治权利终身。此后，甲第二次上诉，二审法院再次裁定发回重审。一审法院再次重审后仍对甲判处无期徒刑。2005年2月，甲第三次提出上诉，辩称自己没有投毒杀夫，原判定性错误，请求宣告无罪。

在本案多次审理中，控辩双方的证据基本上是确定的，主要包括尸检报告、现场勘查笔录、鉴定结论、被告人供述与辩解、物证以及证人证言等。正是因为公诉机关、被告人以及一、二审法院对这些证据的审查评断出现了不同的认识，本案中才出现了三次一审、三次上诉、两次改判仍不能审结的情况。

思考问题

请结合本案，阐述证据审查的概念和特征。

参考意见与法理分析

审查判断证据，是指国家专门机关、当事人及其辩护人或诉讼代理人对证据材料进行分析研究和判断，以鉴别其真伪，确定其有无证据能力和证明力以及证明力大小的一种诉讼活动。

审查判断证据有以下特征：

1. 审查判断证据的主体既包括国家专门机关，也包括当事人及其辩护人或诉讼代理人。本案中，在法庭审理过程中，控辩双方均对被告人供述和辩解、被害人陈述、证人证言及相关书证进行了审查。

2. 审查判断证据的本质是一种目的性的思维活动。证据的审查判断主要针对证据的真实性、与案件事实的内在联系以及证明案件事实效力的有无与强弱进行的活动。这一项活动具有明确的目的性。

3. 审查判断证据的目的是确定证据是否具有证据能力和证明力以及证明力大小。证据与案件事实联系越紧密，其证明力越大。本案中，审判人员通过对证人证言和相关书证等证据进行审查判断，确定了上述证据具有证据能力和证明力，与案件事实有紧密联系。

4. 审查判断证据有两项任务：一是对单个和多个证据的审查判断；二是对全案证据的审查判断。本案中，不仅要对被告人供述和辩解进行审查判断，同时还要结合书证等证据对案件事实进行认定。

哪些因素会影响到证据的可靠性？司法实践中没有规定，但这一问题大体上能分解为如下小问题：证据是如何形成的，或者是由谁提供的？证据所反映的人、事、物有多大的可信度？证据自身内部、证据相互之间是否存在矛盾等。本案中，尸检报告、现场勘查笔录、鉴定意见与物证就具有很高的可靠性，而被告人供述与辩解因存在如下疑点而不具有可靠性：（1）甲未能供出投毒的灭鼠药的来源；（2）甲供述投毒杀人是为了与丙结婚生活，但两人发生不正当性关系已有八年，双方都有家庭子女，均未提出过离婚，且甲自幼左臂残疾，婚后日常生活需要乙帮助，时至案发前，甲才产生杀死乙而与丙结婚的动机，原因不合情理；（3）甲投毒的过程得不到其子女的证言印证等。

有关的待证事实可以分解为两个要素：一是乙是否服用"毒鼠强"中毒死亡，二是乙服用的"毒鼠强"是否为甲故意投放。对于前一事实，不仅有尸体检验报告证实，而且有现场勘查笔录、刑事科学技术鉴定意见佐证，足以认定；但对于后一事实，一旦排除了可靠性不强的有罪供述外，便属于没有证据支持的情形。换言之，本案中虽有充分的证据证明杀人方式，却没有充分的证据证明杀人者。有关法院之所以出现误判，问题正是出在评断全案证据的证明价值方面。

二、审查判断证据的基本要求

【案例二】

2010年10月20日22时30分许，被告人药某驾驶一辆红色雪佛兰小轿车返回某市市区，当行至某大学西围墙外时，将前方在非机动车道上骑电动车同方向行驶的被害人张某撞倒。药某下车查看，见张某倒地呻吟，因担心张某看到其车牌号后找麻烦，即拿出其背包中的一把刀来向张某胸、腹、背刺数刀致张某主动脉、上腔都脉破裂大出血当场死亡。杀人后，药某驾车逃离。当行至某村村口时又将行人马某、石某撞伤。同月23日，药某在其父母陪同下到公安机关投案，如实供述了杀人事实。

上述事实，由检察机关提交，并经法庭举证质证确认的下列证据证实：

1. 现场勘查笔录、照片、现场示意图和提取痕迹物品登记表证实：现场位于某市长安区翰林南路，中心现场翰林南路东侧非机动车道上有一女尸，尸体头东在 100cm×30cm 范围内有大片血迹，左小腿东地面上有一块手表。尸体南 170cm 处有一辆新日牌银色电动车，电动车头南尾北向西侧倒于地面，车尾部破损。车右侧有多处擦痕，车体后侧塑料外壳破碎。现场提取了血样、电动车、手表、手机等。

2. 对雪佛兰轿车的勘查笔录及照片移交证明证实：2010 年 10 月 22 日，经对雪佛兰轿车进行勘查，右前大灯左侧距地 32cm 处有多处擦划痕，其中进气格栅右上角有三处裂痕。引擎盖右前部，距车标 11cm 有一凹陷，在此凹陷区内右侧有磕碰痕迹。车内副驾驶位置的脚踏垫上有点状血迹（已拍照并提取）。

3. 某市公安局出具的破案及抓获经过证实：2010 年 10 月 20 日 23 时 10 分，某分局接 110 转警称，长安区某大学西门外有女子躺在路边，全身是血。派出所民警赶赴现场，发现在该女子南边有一辆电动车倒在路边。120 急救中心人员赶到现场后，确认该女子已死亡。经勘查，发现该女子身上有刀伤。根据现场遗留的一部手机，很快查明死者叫张某。10 月 23 日，药某在其父母陪同下来到某分局刑警大队投案，供认 10 月 20 日晚在郭南村发生交通事故前，还将一骑车的女子撞了，怕该女子看到车牌号便持刀将该女子杀害。

4. 某市急救中心病情告知书及尸体检验鉴定报告和尸检照片证实 2010 年 10 月 20 日 23 时 35 分，急救中心人员到达现场对张某进行检查，张某已死亡。尸体检验：（1）衣着检查：死者外套衬里、黑色长袖 T 恤、牛仔裤、红色线裤、内裤、胸罩等处有纤维破口、钝性撕裂。（2）尸表检验：根据尸检所见，死者衣服多处钝性纤维撕裂，额面部、腰背部、臀部可见大面积条片状擦挫伤，右肩锁关节脱位，左股骨闭合性骨折。结合现场勘查，符合交通事故损伤特征，以上损伤均不足以致命。死者右胸前、左上腹、右腋下及胸背部可见 6 处皮肤创口，各创口创缘整齐，创角一钝一锐，可推断系一单刃锐器戳刺形成，其中右胸前锁骨下刺创沿裂创，纵膈、心包膜裂创，休克而死亡。其余刺创加速了血液流失，损伤为该锐器切划形成。检验意见：张某系胸部锐器刺创致主动脉大出血死亡。

5. 提取笔录照片及指认笔录证实：2010 年 10 月 23 日，某市公安局某分局民警在药某的指认下，在郭杜街办邮电北路段路西的草丛中提取一把单刃尖刀；从药某身上提取一条灰色牛仔裤，一双李宁牌运动鞋，裤子和鞋上有血迹。

6. 生物物证/遗传关系鉴定证实：经DNA检验，现场地面血泊、匕首上、雪佛兰轿车副驾驶座位脚垫上、药某裤子和鞋上的血均系张某所留的可能性为99.99%。

7. 证人证言：

（1）证人朱某（某大学长安校区工地门卫）的证言证实：2010年10月20日22时许，他站在工地的一个土堆上，看到有个女的骑辆电动车由南向北顺着路东走着，那女的刚从他面前过去，有辆深颜色的小轿车也由南向北开，接着就听到"嘭"一声响，又听到一声"哎哟"的女人尖叫声。过了一会儿，听到车声向北边去了。再过了一会儿，就有警车来了。

（2）证人王某、贺某、殷某（均系市容监察队工作人员）的证言分别证实：2010年10月20日23时许，他们三人驾车巡查途径某大学西围墙外时，发现马路上倒着一辆电动车，旁边躺着一个女人，车灯亮着，车前边散落电动车碎片，南边有电动车刹车印。随后，派出所、交警队和120急救车先后到达现场，120急救人员进行检查，发现人已死亡。

（3）证人张某之父的证言证实：2010年10月21日凌晨3时许，有人到他家说张某出事了，在某大学的公路上。他就去了现场，对尸体进行辨认，确认现场死者系其女儿张某。

（4）证人刘某（药某的女友）的证言证实：2010年10月20日20时许，药某开车到学校看她，22点半左右，药某一人开车走，她从东门送药某，药某开车向北朝西安方向走了。过了大约不到一个小时，药某给她打电话说把两个人撞了，让她24点左右给他妈打电话说他出交通事故了。后来药某又给她打了几个电话，说很紧张，不知道怎么办。

8. 被告人药某的供述证实：2010年10月20日20时30分许，他在校区与女朋友分手后，驾驶自己的雪佛兰轿车从学校东门出来回西安，在一条南北路上行驶了十几分钟，换CD时，车的行驶方向向东偏了，听见"嘭"一声，一个女的"哎"的一声尖叫，他才感到把人撞了。停车时心里很慌，就背着包下了车，看见一个女的侧身躺在车后呻吟，旁边有一辆电动车。他害怕这女的看见车牌号找他麻烦，就取出装在包里的刀，在那女的身上乱捅，那女的挥动胳膊反抗，并发出叫喊声。之后，他把刀放在车上，开车继续向前行驶了一会儿，又将路上一男一女两个行人撞了。他拨打了120之后，就将刀扔在路边草丛中。交警来后将伤者送到医院并扣留了他的车。23日早上，他给父母说了撞人后用刀捅人的事,父母听后就将他带到公安机关投案。

9. 被告人药某指认笔录及照片证实:购买刀具地点在某超市,案发现场位于某大学校区西墙外,丢弃刀具的地方在某条路北段路边草丛中。

法院认为,被告人药某在发生交通事故后,因担心被害人张某看见其车牌号以后找其麻烦遂产生杀人灭口之恶念,用随身携带的长刀数刀将张某杀死,其行为已构成故意杀人罪。[1]

思考问题

结合本案谈谈审查判断证据有哪些要求?

参考意见与法理分析

审查判断证据应符合以下要求:

1. 审查判断证据的真实性。对于收集到的每个证据材料,只有通过审查判断,才能确定其是否真实可靠,即是否符合案件的实际情况。

第一,审查判断证据的来源。审查判断证据首先要查明证据的来源,包括查明证据是如何形成的,由谁提供或收集,收集的方法是否科学,证据的形成是否受到主客观因素的影响等。证据的来源不同,其真实可靠程度也会有所差异。只有那些有根有据,来自于客观实际的证据,才有可能成为证明案件事实的根据。本案中,现场勘查笔录、照片、现场示意图以及对雪佛兰轿车的勘查笔录及照片等证据都是侦查人员依据科学方法收集的,提取痕迹物品登记表、某市公安局出具的破案及抓获经过、尸体检验鉴定报告和尸检照片以及生物物证遗传关系鉴定等,也都是侦查人员严格依据法定程序作出的。这些证据均通过合法手段收集,能够成为证明案件事实的根据。

第二,审查判断证据的内容。首先,要注意每个证据本身的不同特点。其次,要注意证据的内容本身是否一致,有无矛盾。再次,要注意证据与证据之间有无矛盾。本案中,被告人药某的供述,朱某、张某之父等人的证人证言,现场勘查笔录,尸体检验鉴定报告等证据均能够表明药某开车撞人后又用刀刺向张某数刀致其死亡的事实,各项证据相互印证,不存在矛盾。

---

[1] 选编自 2011 年陕西省西安市中级人民法院(2011)西刑一初字第 68 号刑事附带民事判决书。

2. 审查判断证据的关联性。作为证据的事实必须是与案件事实存在某种联系，即能够证明案件某真实情况的事实。根据司法实践经验，审查判断证据的关联性，一般应从以下三个方面进行：

第一，分析判断证据与案件事实之间有无客观联系。第二，分析判断证据与案件事实之间联系的形式和性质。第三，分析判断证据与案件事实之间联系的确定性程度。一般地说，证据与案件事实之间联系的确定性程度是由证据的稳定性程度决定的。本案中，对雪佛兰轿车的勘查笔录及照片、移交证明以及生物物证鉴定证实了药某案发当天所驾驶的汽车正是将张某撞倒的肇事车辆，对于单刃尖刀的提取笔录和照片表明了药某杀人时所使用的作案工具。它们均与案件事实存在客观的因果联系，且因其与案件事实之间存在直接联系而具有较大的证明价值。

3. 审查判断证据的合法性。作为认定案件事实依据的证据必须符合法律规定的形式和要求，具有合法性，否则可能因不符合证据能力方面的要求而丧失证据资格，不能作为诉讼证据采纳。

根据法律的规定和司法实践经验，审查判断证据的合法性，一般应从以下方面进行：第一，审查判断证据是否具备法定的形式，手续是否完备；第二，审查判断证据收集的程序是否合法；第三，审查判断证据的运用是否合法。本案中，侦查机关通过深入实际，调取证据，获得了案发时朱某、王某等人的证人证言；通过对案发现场的勘验检查，获得了案发现场及雪佛兰轿车的勘查笔录和照片；通过尸体检验鉴定报告及生物物证/遗传关系鉴定证实了药某故意杀人的事实。这些证据的收集均符合法定程序和要求，能够作为诉讼证据采纳。

三、各种证据的审查判断

【案例三】 物证的审查判断

2001年11月1日20时许，被告人吴忠平到崔某住宅前矮墙处与吴英教闲聊时因发生口角引起打架，吴忠平被吴英教推倒在地。吴忠平不服气，便回家取来一条扁担返回崔某住宅方向，当见到吴英教正在路上行走时，吴忠平冲上用扁担朝吴英教的头顶部猛击两下，扁担被打折为两截，吴英教当即倒地，其脑组织外溢。吴忠平仍持扁担朝吴英教身上乱打，吴忠平的父亲见状即上前阻拦并拉其回家。吴忠平又从家中拿一把钩刀冲出欲再打吴英教，但被他人劝阻。吴英教因颅脑挫伤，在被送往医院抢救时死亡。

上述事实，有公诉人当庭宣读和出示的如下证据予以证实：

1. 被告人吴忠平的供述材料对犯罪事实供认不讳。在庭审当中也作了同样的供述。

2. 证人证言。证人吴家宽证言证实，案发当晚，其儿子吴忠平匆忙回家，其头部、嘴角处流血，并讲是吴英教打他。吴忠平不听劝告，从墙角处拾一支扁担走出。在崔某店铺处，我看见忠平手中持一支扁担，吴英教躺在地上，脸朝下，已不能动弹，且流许多血。我赶紧上前从忠平手中夺过扁担丢在附近草丛中。

证人潘永梅证言证实，案发当晚，其看见吴忠平与吴英教在矮墙处发生口角，二人在推拉中吴忠平被推倒地，口角处流血。后吴忠平赶回家持扁担赶来，其父在后面想阻拦但拦不住。后吴忠平跟吴英教打架，吴英教躺在地上不能动弹。

证人王东顺证言证实，案发当晚听见在崔某家矮墙处有人在争吵厮打的声音。半个钟头后，吴忠平被其父拉着从铺店旁回家，吴忠平手中持半截扁担，不久，群众发现吴英教躺在地上。

证人吴玉东证言证实，当晚，其听说吴英教被打后，赶到现场时，见吴忠平手里拿一把农田用刀在旁叫唤，便将刀夺过丢在路旁。吴忠平即逃离现场。

3. 现场勘查笔录及照片证实，发案现场位于东澳镇通往东澳村的道路上。现场有长扁担碎片、血迹及2至3克脑组织，南面公路旁有1把长刀，北面灌木丛中有1条长80厘米的扁担，现场记录的情况与被告人的供述及证人证言一致。现场照片经被告人辨认无异议。

4. 刑事科学技术鉴定书结论：死者吴英教系被他人持钝物殴打头部等处，造成严重颅脑挫裂伤死亡。死者照片经交被告人辨认无异议。

5. 现场提取的扁担及长刀照片经交被告人辨认无异议。

6. 万宁市公安局东澳派出所提供的常住人口登记表证实，吴忠平生于1957年8月15日。[1]

---

[1] 选编自2002年海南省中级人民法院（2002）海南刑初字第33号刑事判决书。

思考问题

结合本案谈谈如何对物证进行审查判断。

参考意见与法理分析

对物证的审查判断应当从以下几方面进行：

1. 审查判断物证是否伪造和有无发生变形、变色或变质的情况。犯罪分子或当事人为了逃避罪责或责任，经常故意伪造物证。例如，犯罪分子为了掩盖罪行或嫁祸于人，把勒死或掐死伪装成被害人上吊自杀，用别人的工具去犯罪而故意将工具遗留在现场；民事当事人为了胜诉故意用他物冒充原物。同时还应注意审查物证有无因为自然原因或人为原因发生变形、变色或变质的情况。

2. 审查判断物证与案件事实有无客观联系。物证是不会说话的证据，它不能讲清自己与案件有何联系。但物证随着犯罪行为、民事行为或具体行政行为的发生或实施而产生，必然与案件事实有着必然的联系否则不能作为证据使用；某物品如与发生的民事法律关系没有联系，同样不能作为证据使用。

3. 审查判断物证的来源，查明物证是原物还是同类物或复制品。司法人员对自己收集或当事人提供的物证，必须追根溯源，查明它的原始出处，防止将同类物或类似的痕迹误作证据。经审查，如果物证不是原物的，要努力取得原物，在民事诉讼中提交原物确有困难的，允许提交复制品或照片，但也要直接审查或查看原物，把原物同复制品或照片加以比较，以查清其是否一致。如果出现不一致，要查明原因。对于原物已毁灭的，要查明毁灭的原因和具体情况。在刑事案件中应注意有无栽赃陷害的情况，如犯罪分子杀人后将凶器丢在别人的后院里，或偷来别人的工具，作案后故意遗留在现场等。

关于审查判断物证的方法，既可以采用将物证交当事人、证人进行辨认的方法，也可以采用鉴定、勘验的方法。但最重要的还是把物证和全案其他证据联系起来进行对照分析，从中发现矛盾，并进一步认真查证，以消除矛盾，鉴别真伪。[1]

本案涉及的物证是作案用的扁担和长刀。扁担和长刀均在犯罪的现场提

---

[1] 参见卞建林、刘玫主编：《证据法学案例教程》，知识产权出版社2012年版，第284页。

取，并拍摄了照片，而且交被告人辨认无异议。此外，刑事科学技术鉴定书结论：死者吴英教系被他人持钝物殴打头部等处，造成严重颅脑挫裂伤，这也符合扁担打击的特征。因此，可以判断该扁担和长刀就是作案的工具。

【案例四】 书证的审查判断

南通开发区的林英驾驶登记车主为被告海门某运输公司的运土车通过竹行镇景兴路施工现场，因驾驶不慎将原告南通某广电局管理的南通市竹行镇广电站电缆、光缆、水泥杆拉断。事故发生后，南通市开发区公安分局竹行派出所立即赶赴事故现场进行了勘查。林某向海门某保险公司报案，被告海门某运输公司向海门某保险公司申请索赔，并承诺其提供的相关索赔材料真实、可靠，没有任何虚假和隐瞒。原告南通某广电局的索赔数额为79 176.82元，经保险公司核定第三者财产损失为75 406.5元，另有电缆、光缆残值2 000元（已经被原告自己处理）。保险公司按照保险合同认定被保险人海门某运输公司应负事故的全部责任，实际赔偿被告海门某运输公司人民币51 384.55元，由被告杨某代被告海门某运输公司领取。另查明，原告事业部主任顾某向杨某出具结算凭证，载明收到第一被告79 176.82元，同时由被告杨某向其出具了收条，内容是：今收到广电某分局票据一张号码为9003462，面额为79 176.82元。又查，林某是杨某雇佣的驾驶员。[1]

思考问题

结合本案谈谈书证的审查。

参考意见与法理分析

（一）审查判断书证的产生或制作过程

制作书证的副本、复制件时，制作人不得少于两人。办案机关向有关单位收集、调取的书面材料，必须由提供人署名，并加盖单位公章；办案机关向个人收集、调取的书面证据材料，必须由本人确认无误后签名或者盖章。办案机关对有关单位和个人提供的证据，应当出具收据，注明证据的名称、收

---

[1] "从本案看民事诉讼综合证据的审查判断方法"，载找法网，http://china.findlaw.cn/zhengju/minssj/qzff/45.html.

到的时间、件数、页数以及是否是原件等,由相关人员签名。根据相关解释的规定,对书证的产生或制作过程的审查判断为:

一是要查明制作人是否制作了该书证。若没有制作该书证,则表明该书证是被人伪造的;若制作了该书证,还需要审查书证的制作过程,查明制作人是在什么情况下制作的,制作的背景、环境与条件如何,是否存在暴力、威胁或欺骗等情况;如果存在,该书证不具有真实性。

二是审查书证的获取过程,书证是谁提供的,在什么时间、地点、情形下取得的,取得过程有无其他人参与,有无被篡改的可能,有无被替代的可能。是否附有相关笔录、清单,笔录、清单是否经书证持有人、见证人签名。

三是审查书证的形式是否完善、是否符合法律的要求,有无瑕疵;书证在收集、保管、移送、鉴定过程中是否受损或者改变。

(二) 审查判断书证的复制件

据以定案的书证应当是原件,取得原件确有困难的,可以使用副本、复制件。当事人提供的书证是复制件的,必须证明原件曾经或现在确实存在且该原件是真实的,以及不能提供原件的理由。对书证复制件的审查判断主要包括以下方面:(1) 原件已经不存在,提供原件已无可能,如原件遗失或毁坏,但提供人恶意遗失或毁坏的除外。(2) 原件存在,但原件为对方或第三人控制,通过合法的程序或手段不能获得。如原件在一方当事人或第三人控制之下,而该当事人或第三人拒绝提供。(3) 原件曾经存在,但提供原件可能造成原件毁坏或不方便等。如粘贴在墙上的通告,提供原件可能造成原件的毁坏。(4) 其他正当理由。

同时,还需要进一步审查复制件的制作方法、程序是否符合法律的规定;复制件的复制次数以及复制的具体状况;复制件的内容有无明显的删减、内容是否前后一致、连贯;复制件内容的格式、布局是否符合书证的要求。一般来说,复制件与原件具有同等程度的可采性,并不代表与原件具有同等的证据效力。

(三) 审查判断书证的获取过程和保全情况

查清书证包括审查书证的收集程序、方式是否符合法律及有关规定;由谁收集或提供的,是在什么情况与环境、背景下获取的;审查书证由谁保管,在保管期间有无其他人接触,采取何种固定和保管措施等。如书证是通过搜查和扣押获得的,还要审查有关人员有无搜查和扣押书证的权力,在搜查和扣押书证时是否履行了应有的法律手续。

（四）审查书证的内容

审查判断书证还需要分析书证的内容是否明确具体，是不是制作人真实的意思，语言表述是否前后一致；有无被变造或伪造的可能；审查书证的内容是否符合法律规定。如合同书是否有双方当事人的签名，公证书是否符合法律的要求等。必要时，可以结合知情证人的证言进行审查判断。

书证的副本、复制件，经与原件核对无误、经鉴定为真实或者以其他方式确认为真实的，可以作为定案的根据。书证有更改或者对更改迹象不能作出合理解释，或者书证的副本、复制件不能反映原件及其内容的，不得作为定案的根据。在勘验、检查、搜查过程中提取、扣押的书证，未附笔录或者清单，不能证明书证来源的，不得作为定案的根据。对书证的来源、收集程序有疑问，不能作出合理解释的，该书证不得作为定案的根据。

杨某持有顾某开具的盖有原告公章的结算凭证，可以作为其已付款项的直接证据。原告提出异议，认为其开出的发票杨某没有实际付款，同时提供了相反证据，即证人许某证明从杨某到原告单位来要求开票至杨某开票后出去这段时间其一直在场，亲眼看见了杨某仅仅是要求开票去保险公司理赔而没有实际付款。对于双方各自不同的证据，如果孤立地看单个证据，顾某向杨某出具结算凭证后，又让杨某写了收到号码为 9003462、面额为 79 176.82 元的票据一张的收条。正常情况下开票付款，无需多此一举，而且 79 176.82 元是原告单方制作的损失数额，保险公司核定的数额是 75 406.50 元，杨某在保险公司对其损失尚未赔偿，却按高出该数额 3 000 多元如数支付有悖常理。

【案例五】 电子证据的审查

2003 年 7 月 19 日，甲工具制造有限公司（以下简称甲公司）与乙电子商务有限公司（以下简称乙公司）签订电子商务服务合同 1 份，约定：乙公司为甲公司安装其拥有自主版权的 IteMS20001.0 版国际贸易电子商务系统软件 1 套，在安装后 1 年之内最少为甲公司提供 5 个有效国际商务渠道。乙公司对甲公司利用其软件与商情获得的成交业务，按不同情形收取费用，最高不超过 50 万元。如果在 1 年之内，乙公司未能完成提供有效国际商务渠道的义务，则无条件退还甲公司首期付款 5 万元并支付违约金。合同签订后，乙公司在甲公司处安装了软件平台，并代甲公司操作该系统。2004 年 10 月，甲公司以乙公司违约，未能提供有效国际商务渠道为由起诉至法院，要求解除合同，返还已付款项并支付违约金。乙公司在举证期限内提供了海外客户对甲公司产品询盘的4份电子邮件（打印文件），以此证明乙公司为甲公司建立的交易平台已取得业务进展，至于最终没有能够成交，是由于甲公司提供给外商的样品不符合要求。

本案的争议焦点在于，乙公司在合同约定的1年内是否为甲公司提供了有效国际商务渠道，而确定该问题的关键在于对乙公司提供的4份电子邮件如何进行认定。

思考问题

结合本案谈谈电子数据如何进行审查？

参考意见与法理分析

电子证据可以作为证据使用，法学理论界以及司法实践均没有争议，而对于电子证据的归类、法律地位以及相对应的证据认证规则尚处于理论讨论阶段，再加上对电子证据的判断需要计算机领域的相关专业知识，这难免会给法官在证据的审查认定上带来较大的难度。从一、二审判决可以看出，一审法院基本上将电子邮件作为书证对待，适用了书证这类证据的认证规则；而二审法院虽然没有在判决中对电子邮件作为证据的法律属性明确阐述，但从法官要求乙公司方当场演示储存邮件的计算机以及对证据提取过程的特别程序要求可以看出，法院对电子邮件作为证据使用时采取了与书证和视听资料等不同的认证规则。

电子证据是存储于磁性介质之中，以电子数据形式存在的诉讼证据。电子证据必须通过一定手段转换成能为人们直接感知的形式，就这一点而言与视听资料有着相似之处，其中一些数据经计算机输出后更像是一种书证。但电子证据表现形式具有多样性（如文本、图形、动画、音频及视频等多种媒体信息），并且因为电子数据储存在计算机中，可能会遭到病毒、黑客的侵袭以及人为修改，难以完全归入任何一个传统类型的证据当中。因此，笔者认为将电子证据简单地归入视听资料一类会限制其证据效力的发挥，进而影响到案件事实的认定；而应当将电子证据作为独立的证据种类并规定符合其自身特点的认证规则。

对电子数据的审查判断，应当根据电子数据的特点以及与待证事项之间关系，有无其他相应的材料予以佐证，并结合案件其他证据，审查其真实性和关联性。对电子数据应当审查判断以下内容：

(一) 审查判断电子数据的形式

审查电子数据存储磁盘、存储光盘等可移动存储介质是否与打印件一并提交；是否载明该电子数据形成的时间、地点、对象、制作人、制作过程及设备情况等；制作、存储、传递、获得、收集、出示等程序和环节是否合法；取证人、制作人、持有人、见证人等是否签名或者盖章等。电子数据是否随原始存储介质移送；在原始存储介质无法封存、不便移动或者依法应当由有关部门保管、处理、返还时，提取、复制电子数据是否由两人以上进行；是否足以保证电子数据的完整性；有无提取、复制过程及原始存储介质存放地点的文字说明和签名。

(二) 审查判断电子数据收集的程序

对于电子数据应当审查收集程序、方式是否符合法律及有关技术规范；经勘验、检查、搜查等活动收集的电子数据，是否附有笔录、清单，并经办案人员、电子数据持有人、见证人签名；没有持有人签名的，是否注明原因；远程调取境外或者异地电子数据的，是否注明相关情况；对电子数据的规格、类别、文件格式等注明是否清楚。

(三) 审查判断电子数据的关联性

在实践中，判断电子数据待证事实的关联程度应从以下几个方面进行：(1) 电子数据与证明的待证事实存在何种关系及其关系的紧密程度，电子数据是否能够证明案件的某方面问题；(2) 电子数据证明的事实是否是案件中的实质性问题；(3) 电子数据对解决案件中的争议问题有多大的实质性意义。由于黑客技术和计算机远程控制技术出现，审查电子数据的关联性具有一定的难度，如行为人可以盗用他人的上网账号，或者留下虚假的 IP 地址或者邮箱地址等。鉴于此，在审查判断电子数据关联性时必须坚持综合印证原则，结合行为人的电子技术水平等，确认电子数据与案件事实的关联性。

(四) 审查判断电子数据的可靠性

可靠性是指电子数据内容上的真实性，有无删除、修改、增加等情形，是电子数据的内在质量特征。我国《电子签名法》第 8 条规定了审查数据电文的可靠性，应当考虑以下因素：(1) 生成、储存或者传递数据电文方法的可靠性；（2）保持内容完整性方法的可靠性；（3）用于鉴别发件人方法的可靠性；（4）其他相关因素。因此，对以数字或模拟信号的形式存储在各种电子介质如芯片、软盘、硬盘、光盘、磁带、移动存储设备等载体之上的电子证据，需要相应的设备将其显示出来，并需要提交电子数据打印件的形式。审查、制作、存储、传递、获得、收集、出示等程序和环节是否合法，取证人、制作人、持有人、见证人等是否签名或者盖章。

（五）审查判断电子数据的完整性

电子数据的完整性是其真实、客观的特殊指标，主要包括电子数据本身的完整性和电子证据所依赖的电子系统的完整性。其完整性主要涉及以下几个层面：（1）记录电子数据的系统必须处于正常的运行状态，如果系统曾处于不正常状态，则会对数据的完整性构成影响。（2）数据记录必须在业务活动的当时或即后制作，而专为某项目的诉讼而制作的电子记录无法确保其完整性。（3）在正常运行状态下，系统对业务活动必须有完整的记录，完整的记录是指数据电文信息、附属信息和系统环境信息要统一。审查判断电子数据的完整性主要是审查电子数据的内容是否真实，有无剪裁、拼凑、篡改、添加等伪造、变造情形。

第十六章 证据的审查判断

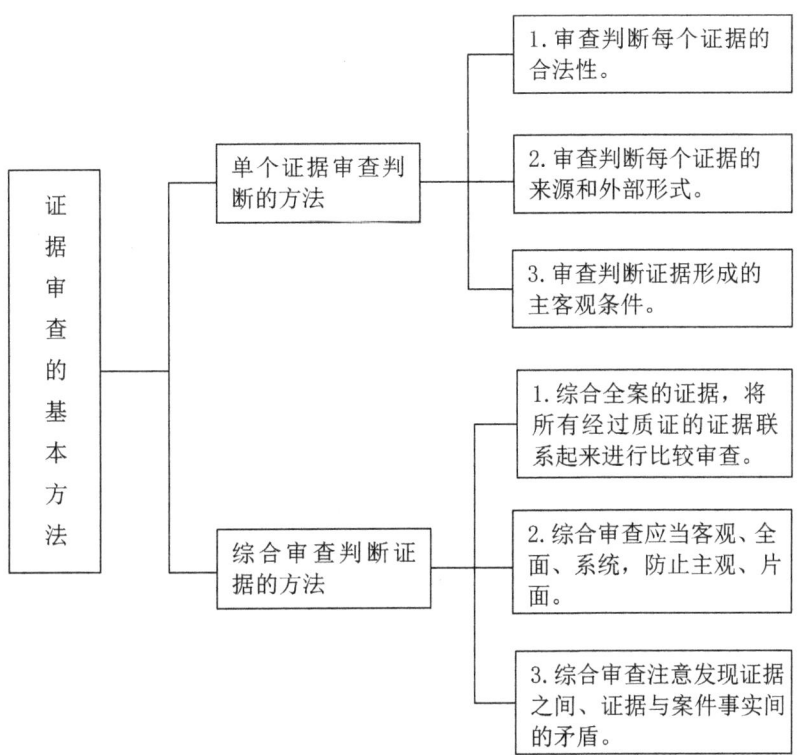

图 16.1　证据审查的基本方法

相关法律法规节选

《中华人民共和国刑事诉讼法》节选

第五章 证 据

第五十条 可以用于证明案件事实的材料，都是证据。

证据包括：

（一）物证；

（二）书证；

（三）证人证言；

（四）被害人陈述；

（五）犯罪嫌疑人、被告人供述和辩解；

（六）鉴定意见；

（七）勘验、检查、辨认、侦查实验等笔录；

（八）视听资料、电子数据。

证据必须经过查证属实，才能作为定案的根据。

第五十一条 公诉案件中被告人有罪的举证责任由人民检察院承担，自诉案件中被告人有罪的举证责任由自诉人承担。

第五十二条 审判人员、检察人员、侦查人员必须依照法定程序，收集能够证实犯罪嫌疑人、被告人有罪或者无罪、犯罪情节轻重的各种证据。严禁刑讯逼供和以威胁、引诱、欺骗以及其他非法方法收集证据，不得强迫任何人证实自己有罪。必须保证一切与案件有关或者了解案情的公民，有客观地充分地提供证据的条件，除特殊情况外，可以吸收他们协助调查。

第五十三条 公安机关提请批准逮捕书、人民检察院起诉书、人民法院判决书，必须忠实于事实真象。故意隐瞒事实真象的，应当追究责任。

第五十四条 人民法院、人民检察院和公安机关有权向有关单位和个人收集、调取证据。有关单位和个人应当如实提供证据。

行政机关在行政执法和查办案件过程中收集的物证、书证、视听资料、电子数据等证据材料，在刑事诉讼中可以作为证据使用。

对涉及国家秘密、商业秘密、个人隐私的证据，应当保密。

凡是伪造证据、隐匿证据或者毁灭证据的，无论属于何方，必须受法律追究。

第五十五条 对一切案件的判处都要重证据，重调查研究，不轻信口供。只有被告人供述，没有其他证据的，不能认定被告人有罪和处以刑罚；没有被告人供述，证据确实、充分的，可以认定被告人有罪和处以刑罚。

证据确实、充分，应当符合以下条件：

（一）定罪量刑的事实都有证据证明；

（二）据以定案的证据均经法定程序查证属实；

（三）综合全案证据，对所认定事实已排除合理怀疑。

第五十六条 采用刑讯逼供等非法方法收集的犯罪嫌疑人、被告人供述和采用暴力、威胁等非法方法收集的证人证言、被害人陈述，应当予以排除。收集物证、书证不符合法定程序，可能严重影响司法公正的，应当予以补正或者作出合理解释；不能补正或者作出合理解释的，对该证据应当予以排除。

在侦查、审查起诉、审判时发现有应当排除的证据的，应当依法予以排除，不得作为起诉意见、起诉决定和判决的依据。

第五十七条 人民检察院接到报案、控告、举报或者发现侦查人员以非法方法收集证据的，应当进行调查核实。对于确有以非法方法收集证据情形的，应当提出纠正意见；构成犯罪的，依法追究刑事责任。

第五十八条 法庭审理过程中，审判人员认为可能存在本法第五十六条规定的以非法方法收集证据情形的，应当对证据收集的合法性进行法庭调查。

当事人及其辩护人、诉讼代理人有权申请人民法院对以非法方法收集的证据依法予以排除。申请排除以非法方法收集的证据的，应当提供相关线索或者材料。

第五十九条 在对证据收集的合法性进行法庭调查的过程中，人民检察院应当对证据收集的合法性加以证明。

现有证据材料不能证明证据收集的合法性的，人民检察院可以提请人民法院通知有关侦查人员或者其他人员出庭说明情况；人民法院可以通知有关侦查人员或者其他人员出庭说明情况。有关侦查人员或者其他人员也可以要求出庭说明情况。经人民法院通知，有关人员应当出庭。

第六十条 对于经过法庭审理，确认或者不能排除存在本法第五十六条规定的以非法方法收集证据情形的，对有关证据应当予以排除。

第六十一条 证人证言必须在法庭上经过公诉人、被害人和被告人、辩护人双方质证并且查实以后，才能作为定案的根据。法庭查明证人有意作伪证或者隐匿罪证的时候，应当依法处理。

第六十二条 凡是知道案件情况的人，都有作证的义务。

生理上、精神上有缺陷或者年幼，不能辨别是非、不能正确表达的人，不能作证人。

第六十三条 人民法院、人民检察院和公安机关应当保障证人及其近亲属的安全。

对证人及其近亲属进行威胁、侮辱、殴打或者打击报复，构成犯罪的，依法追究刑事责任；尚不够刑事处罚的，依法给予治安管理处罚。

第六十四条 对于危害国家安全犯罪、恐怖活动犯罪、黑社会性质的组织犯罪、毒品犯罪等案件，证人、鉴定人、被害人因在诉讼中作证，本人或者其近亲属的人身安全面临危险的，人民法院、人民检察院和公安机关应当采取以下一项或者多项保护措施：

（一）不公开真实姓名、住址和工作单位等个人信息；

（二）采取不暴露外貌、真实声音等出庭作证措施；

（三）禁止特定的人员接触证人、鉴定人、被害人及其近亲属；

（四）对人身和住宅采取专门性保护措施；

（五）其他必要的保护措施。

证人、鉴定人、被害人认为因在诉讼中作证，本人或者其近亲属的人身安全面临危险的，可以向人民法院、人民检察院、公安机关请求予以保护。

人民法院、人民检察院、公安机关依法采取保护措施，有关单位和个人应当配合。

第六十五条 证人因履行作证义务而支出的交通、住宿、就餐等费用，应当给予补助。证人作证的补助列入司法机关业务经费，由同级政府财政予以保障。

有工作单位的证人作证，所在单位不得克扣或者变相克扣其工资、奖金及其他福利待遇。

《中华人民共和国行政诉讼法》节选

第五章 证 据

第三十三条 证据包括：

（一）书证；

（二）物证；

（三）视听资料；

（四）电子数据；

（五）证人证言；

（六）当事人的陈述；

（七）鉴定意见；

（八）勘验笔录、现场笔录。

以上证据经法庭审查属实，才能作为认定案件事实的根据。

第三十四条 被告对作出的行政行为负有举证责任，应当提供作出该行政行为的证据和所依据的规范性文件。

被告不提供或者无正当理由逾期提供证据，视为没有相应证据。但是，被诉行政行为涉及第三人合法权益，第三人提供证据的除外。

第三十五条 在诉讼过程中，被告及其诉讼代理人不得自行向原告、第三人和证人收集证据。

第三十六条 被告在作出行政行为时已经收集了证据，但因不可抗力等正当事由不能提供的，经人民法院准许，可以延期提供。

原告或者第三人提出了其在行政处理程序中没有提出的理由或者证据的，经人民法院准许，被告可以补充证据。

第三十七条 原告可以提供证明行政行为违法的证据。原告提供的证据不成立的，不免除被告的举证责任。

第三十八条 在起诉被告不履行法定职责的案件中，原告应当提供其向被告提出申请的证据。但有下列情形之一的除外：

（一）被告应当依职权主动履行法定职责的；

（二）原告因正当理由不能提供证据的。

在行政赔偿、补偿的案件中，原告应当对行政行为造成的损害提供证据。因被告的原因导致原告无法举证的，由被告承担举证责任。

第三十九条 人民法院有权要求当事人提供或者补充证据。

第四十条 人民法院有权向有关行政机关以及其他组织、公民调取证据。但是，不得为证明行政行为的合法性调取被告作出行政行为时未收集的证据。

第四十一条 与本案有关的下列证据，原告或者第三人不能自行收集的，可以申请人民法院调取：

（一）由国家机关保存而须由人民法院调取的证据；

（二）涉及国家秘密、商业秘密和个人隐私的证据；

（三）确因客观原因不能自行收集的其他证据。

第四十二条 在证据可能灭失或者以后难以取得的情况下，诉讼参加人可以向人民法院申请保全证据，人民法院也可以主动采取保全措施。

第四十三条 证据应当在法庭上出示，并由当事人互相质证。对涉及国家秘密、商业秘密和个人隐私的证据，不得在公开开庭时出示。

人民法院应当按照法定程序，全面、客观地审查核实证据。对未采纳的证据应当在裁判文书中说明理由。

以非法手段取得的证据，不得作为认定案件事实的根据。

《中华人民共和国民事诉讼法》节选

第六章 证 据

第六十三条 证据包括：

（一）当事人的陈述；

（二）书证；

（三）物证；

（四）视听资料；

（五）电子数据；

（六）证人证言；

（七）鉴定意见；

（八）勘验笔录。

证据必须查证属实，才能作为认定事实的根据。

第六十四条 当事人对自己提出的主张，有责任提供证据。

当事人及其诉讼代理人因客观原因不能自行收集的证据，或者人民法院认为审理案件需要的证据，人民法院应当调查收集。

人民法院应当按照法定程序，全面地、客观地审查核实证据。

第六十五条 当事人对自己提出的主张应当及时提供证据。

人民法院根据当事人的主张和案件审理情况，确定当事人应当提供的证据及其期限。当事人在该期限内提供证据确有困难的，可以向人民法院申请延长期限，人民法院根据当事人的申请适当延长。当事人逾期提供证据的，人民法院应当责令其说明理由；拒不说明理由或者理由不成立的，人民法院根据不同情形可以不予采纳该证据，或者采纳该证据但予以训诫、罚款。

第六十六条 人民法院收到当事人提交的证据材料，应当出具收据，写明证据名称、页数、份数、原件或者复印件以及收到时间等，并由经办人员签名或者盖章。

第六十七条 人民法院有权向有关单位和个人调查取证，有关单位和个人不得拒绝。

人民法院对有关单位和个人提出的证明文书，应当辨别真伪，审查确定其效力。

第六十八条 证据应当在法庭上出示，并由当事人互相质证。对涉及国家秘密、商业秘密和个人隐私的证据应当保密，需要在法庭出示的，不得在公开开庭时出示。

第六十九条 经过法定程序公证证明的法律事实和文书，人民法院应当作为认定事实的根据，但有相反证据足以推翻公证证明的除外。

第七十条 书证应当提交原件。物证应当提交原物。提交原件或者原物确有困难的，可以提交复制品、照片、副本、节录本。

提交外文书证，必须附有中文译本。

第七十一条 人民法院对视听资料，应当辨别真伪，并结合本案的其他证据，审查确定能否作为认定事实的根据。

第七十二条 凡是知道案件情况的单位和个人，都有义务出庭作证。有关单位的负责人应当支持证人作证。

不能正确表达意思的人，不能作证。

第七十三条 经人民法院通知，证人应当出庭作证。有下列情形之一的，经人民法院许可，可以通过书面证言、视听传输技术或者视听资料等方式作证：

（一）因健康原因不能出庭的；

（二）因路途遥远，交通不便不能出庭的；

（三）因自然灾害等不可抗力不能出庭的；

（四）其他有正当理由不能出庭的。

第七十四条 证人因履行出庭作证义务而支出的交通、住宿、就餐等必要费用以及误工损失，由败诉一方当事人负担。当事人申请证人作证的，由该当事人先行垫付；当事人没有申请，人民法院通知证人作证的，由人民法院先行垫付。

第七十五条 人民法院对当事人的陈述，应当结合本案的其他证据，审查确定能否作为认定事实的根据。

当事人拒绝陈述的，不影响人民法院根据证据认定案件事实。

第七十六条 当事人可以就查明事实的专门性问题向人民法院申请鉴定。当事人申请鉴定的，由双方当事人协商确定具备资格的鉴定人；协商不成的，由人民法院指定。

当事人未申请鉴定，人民法院对专门性问题认为需要鉴定的，应当委托具备资格的鉴定人进行鉴定。

第七十七条 鉴定人有权了解进行鉴定所需要的案件材料，必要时可以询问当事人、证人。

鉴定人应当提出书面鉴定意见，在鉴定书上签名或者盖章。

第七十八条 当事人对鉴定意见有异议或者人民法院认为鉴定人有必要出庭的，鉴定人应当出庭作证。经人民法院通知，鉴定人拒不出庭作证的，鉴定意见不得作为认定事实的根据；支付鉴定费用的当事人可以要求返还鉴定费用。

第七十九条 当事人可以申请人民法院通知有专门知识的人出庭，就鉴定人作出的鉴定意见或者专业问题提出意见。

第八十条 勘验物证或者现场，勘验人必须出示人民法院的证件，并邀请当地基层组织或者当事人所在单位派人参加。当事人或者当事人的成年家属应当到场，拒不到场的，不影响勘验的进行。

有关单位和个人根据人民法院的通知，有义务保护现场，协助勘验工作。

勘验人应当将勘验情况和结果制作笔录，由勘验人、当事人和被邀参加人签名或者盖章。

第八十一条 在证据可能灭失或者以后难以取得的情况下，当事人可以在诉讼过程中向人民法院申请保全证据，人民法院也可以主动采取保全措施。

因情况紧急，在证据可能灭失或者以后难以取得的情况下，利害关系人可以在提起诉讼或者申请仲裁前向证据所在地、被申请人住所地或者对案件有管辖权的人民法院申请保全证据。

证据保全的其他程序，参照适用本法第九章保全的有关规定。